KB069203

동방의 빛 ❹

정역 下

正易

동방의 빛 ❹

정역 下

| 금시명 지음 |

學古房

광활한 우주에서 우리 인간은 티끌 같은 존재일 뿐이다. 도처에 널려 있는 그 흔하디흔한 바닷물의 성분과 전혀 다르지 않는 물(H_2O), 또 그다지 특별하지도 않는 탄소(C)를 비롯한 몇몇 원소들, 그리고 진공으로 구성된 혼합체에 불과하지만 우리는 불가사의하게도 생각을 하면서 살아간다. 매순간 쉬지 않고 많은 생각들을 하면서 살아가는 기이한 존재들이다. 지금 21세기를 살아가는 우리들은 통상적으로 우리 자신들과 주변의 것들에 대해서 그 어느 때보다도 많은 것들을 알고 있다고 착각하면서, 스스로 한껏 뽐내기도 하고 그 알량한 지식을 이용해서 최대한의 욕심을 한껏 부려가며 무언가를 끊임없이 추구하며 살아가고 있다. 그러나 매일의 일상에 치여 그다지 긴 시간은 아니겠지만, 때때로 자신도 모르게 문득문득 찾아드는 질문들이 항상 우리들 주변을 배회하고 있다. 나는 어디서 왔으며 어디로 가는 것일까? 나는 누구인가? 주위를 둘러보면 우리는 이 세상이 결코 원자들로 구성된 물질적 조합만이 존재의 전부가 아니란 것을 느낄 수 있다. 원자들의 조합보다 훨씬 더 중요해 보이는 그 무엇이 있다는 것이다. 그것이 무엇인가? 바로 우리들이 매순간 살아내는 삶과 영혼의 호흡들이다. 삶과 영혼이라는 것은 이야기와 이야기의 연속선상에서만 풀이되고 이해될 수 있는 그 무엇이다. 이러한 삶과 영혼의 문제를 과학이 해결해줄 수 있을 거리고 믿는다면 번지수를 잘못 짚은 것이다. 애초에 과학에는 그런 기능이 존재하지를 않는다. 물리학, 화학, 생물학, 의학, 심리학 등등을

모두 다 합친다고 해도 과연 그것이 기대하는 만큼 제대로 작동해낼
수 있을까? 심히 의심스럽지 않을 수가 없다. 그렇다고 서양 철학이나
또는 그 어떤 다른 인문학이 과연 대안이 되어줄 수 있을까? 마찬가지로
그다지 믿음이 가지를 않는다. 바로 이것이 필자가 동아시아에서 발달한
독특한 학문체계인 동양 역리학(易理學)에 눈을 돌리게 된 이유라고
할 수 있다. 놀랍게도 역리학은 우주를 구성하는 미립자들로부터 시작해
서 사람들이 살아가는 삶과 영혼의 이야기들까지 묘사하며 관통해내는
기묘한 학문 체계라는 것을 알게 되면서 거기에 깊이 매료되지 않을
수가 없었던 것이다. 주역 원전에 적혀있는 괘사나 효사들이 죽어 있는
글귀들이 아니라 살아 있는 삶의 언어로 다가오고, 제반 역리학의 상징들
이 삶에서 실제 벌어지는 사건들로써 생생하게 체험되면서 전율을
느끼지 않을 수가 없었다. 이런 것들이 한낱 지극히 개인적이고 주관적인
경험이라고 치부해버릴 수도 있으나, 사실 눈을 크게 뜨고 보면 역리학의
놀라움은 거기서 그치질 않는다. 우주 깊숙이 숨겨져 있던 비밀들이
첨단 과학의 발달과 더불어 하나하나 그 실체들이 드러나면서 전혀
새로운 상황이 전개되고 있는 것이다. 가령 64개의 생체 유전자코드와
주역 64괘의 상징체계가 너무나 놀라울 정도로 일치하고 있기에 서구의
과학자들이 경악하지 않을 수 없었다. 태생적으로 일반 수학적 개념으로
는 백 번 죽었다 깨어나도 64개 유전자 코드와 일치될 가능성은 전혀
없었던 것이다. 뿐만 아니라 이미 많은 과학자들이 주역 팔괘와 동양
철학에서 영감을 받았다고 고백하고 있는 것 또한 엄연한 사실이다.
오늘날 컴퓨터가 주역과 똑같은 체계의 이진법을 사용하고 있다는
얘기는 이제 너무 많이 들어서 진부한 얘기가 되어버렸다. 고도로 논리적

이고 합리적인 사고 체계로 중무장한 전문 과학자들이 최첨단 도구들을 동원하며 이 우주의 실상을 구석구석 샅샅이 분석하게 되면서 놀라운 성과들이 속속 나오고 있지만, 전혀 역설적이게도 동양 역리학의 오묘함이 다시 한 번 더 조명 받는 일이 잦아지고 있고, 결과적으로 동양 역리학 자신의 수준이 답보 상태를 벗어나지 못하고 있는 데에 반해, 현대 과학이 동양 역리학을 다시 한 번 더 돌아보게 만드는 데에 있어서 동양 역리학 그 자신보다도 훨씬 더 큰 공헌과 기여를 하고 있는 셈이다. 기묘하게도 상황은 다시 역전되고 있다. 동양 역리학 체계는 구시대의 산물이고 우매한 동양적 사고방식이 아니라, 이제는 아예 신비한 동양을 넘어서 너무도 놀라운 동양으로 격상될 가능성이 매우 크다.

그러나 이렇게 점증하는 서구의 관심과는 달리 제반 역리의 본고장이라 할 수 있는 동아시아에서의 위상은 오히려 바닥을 치고 있는 상황이다. 작금의 한국은 그 나라 경제의 한 지표라 할 수 있는 주식시세에서조차 만성적 저평가를 벗어나지 못하고 있다. 그리고 그 근본을 따지고 들어가 보면 만성적 저평가는 우리 자신들이 스스로 자기 자신을 낮게 깔보는 습성에서 비롯되는 것이 아닐까 싶다. 역리학에 대한 평가도 마찬가지이다. 불행히도 스스로 가치를 판단할 줄 아는 눈이 현대 한국인들에게는 구비되어 있질 못하다. 분명 그것이 결여되어 있다. 서구인들이 가치를 인정해주어야만 비로소 눈을 돌리는 정도이다. 더욱이 역리학계에 팽배해 있는 현재 풍토 또한 그러한 저평가를 부채질하는 측면이 크다는 것도 부정할 수가 없다. 동양 역리학의 그 놀라운 체계와 또 그 놀라운 가능성에 비해서, 작금의 역리학, 그 밑바닥을 가만히 들여다보노라면 한심하기가 이루 짝이 없을 지경이다. 근본 원리는 어느 것 하나 온전하지가 않다. 6하 원칙에 의해서 말할 수 있는 것이 거의 없다고 할 수 있다. 또 학문하는 태도를 살펴보면 경전의 내용이니까 처음부터 끝까지, 그것도 모자라서 끝에서부터 거꾸로 처음까지 달달달 외우고, 성현의 말씀이니까 아무런 의심도 없이 그것이 왜 그렇게 되는 지도 모르면서 공식처럼 달달달 외워야 한다는 사고방식을 접하노라면 저절로 한숨이 흘러나오지 않을 수가 없는 지경이다. 그러면서 잘 외우고 있으니 잘 알고 있다고 착각한다. 앵무새처럼 잘 외우지 못하면 아예 아무것도 모르는 것으로 치부해버리거나 무시해버리기도 한다. 그러나 지금 세상이 어떤 세상인가? 잘 외우는 것으로 치면 아마 필자가 가지고 있는 노트북보다 더 잘 외울 수 있는 사람은 없을 것이다. 잘 외우는 것과 잘 아는 것은 전혀 별개의 문제라는 것을 그들은 잘 모르는 듯하다.

그리고 오늘날의 우리들 자신을 스스로 돌아보자. 우리는 사실 겉모양만 동양인이다. 우리들은 이미 수십 년 이상 서구적 방식으로 교육을 받아오고 있고, 합리적이고 논리적인 사고 체계로 훈련받아왔다. 이러한 사고 체계에 비추어보아 이해될 수 없는 것들은 그것이 그 어떤 것이라 해도 살아남을 수가 없는 세상이 된 것이다. 아무리 신비화를 시도하려고 해도 도저히 그것이 잘 되지를 않는다는 말이다. 유일한 방법은 합리적인 사고로써 그것을 이해할 수 있을 때, 비로소 그것이 무엇이든 간에 용납될 가능성이 생기는 법이다. 이것이 바로 필자가 이 책을 집필하기로 결심한 이유이다. 합리적, 논리적 시각으로 밑바닥부터 철저하게 다시 분석해보자는 것이다. 사실 필자는 제반 역리 서적들 읽기를 좋아하는 지극히 평범한(?) 독자의 한 사람이었을 뿐이었다. 하지만 합리적 시각에 바탕을 둔 역리학 기초 이론서가 나오기를 오랫동안 기다리다가 결국은 포기를 하고, 직접 연구를 시작하게 된 지극히 불행한(?) 독자라고 할 수 있다.

이 책에는 실전에서 적용되는 고도의 응용법이 정리되어 있지는 않다. 하도와 낙서라고 하는 지극히 기본적인, 그야말로 역리에서 기본 중의 기본에 해당하는 것들에 대해 정리를 해놓은 책이다. 나아가 복희팔괘가 무엇이고, 문왕팔괘가 무엇이고, 정역팔괘가 무엇인지에 대해 진지하게 고민하고, 거기서 얻은 지식들을 총정리 한다는 생각으로 만들어 본 책이다. 도대체 복희팔괘는 어떻게 문왕팔괘로 전환되고, 또 문왕팔괘는 어떻게 정역팔괘로 전환되는 것인지를 고민한 내용들을 정리해보았다. 나아가 120여 년 전 이 땅에 일부 김항 선생께서 남겨놓으셨다는 새로운 주역이론, 이른바 정역의 본문이 대체 무엇을 의미하는지를 탐구해보았다. 더 나아가 9000여 년 전 국조 한인께서 인류 최초로 남기셨다는 천부경의 경문 81자가 도대체 무엇을 의미하는 지를 탐구해보았다. 필자의 생각으로는 역리학의 밑바탕에는 반드시 이러한 분석들이 필요하다고 보았고, 또 오랫동안 그것을 기다렸지만 그것을 얻을 수 없어 직접 연구를 해 볼 수밖에 없었다. 이 책을 읽으면 음괘와 양괘들로 표현되는 팔괘를 바탕으로 하는 주역 체계는 분명 하도 낙서, 그리고 천부경과 불가분의 관계를 가지고 있다는 것을 알게 될 것이다. 더불어 60갑자 부호를 사용하는 음양오행이론도 마찬가지로 하도 낙서, 그리고 천부경과 불가분의 관계를 가지고 있다는 것을 알게 될 것이다.

복희팔괘와 문왕팔괘, 그리고 정역팔괘의 의미를 알게 될 것이다. 정역 본문에 담긴 진정한 의미를 이해할 수 있게 될 것이다. 천부경 81자가 무엇을 의미하는지를 알게 될 것이다. 이러한 필자의 노력이 성공적인지 아닌지는 전적으로 독자 여러분들이 판단해야 할 몫일 것이다.

우리는 지금 정보가 주체할 수 없으리만큼 홍수처럼 넘실대는 시대에 살고 있다. 3천 권의 책에 해당하는 정보가 불과 몇 분이면 노트북으로 다운될 수 있다. 대형 서점에 가보면 수십만 권의 책들이 진열되어 있다. 만약 지금 당신이 서점 매장 여기저기 널려 있는 그 많은 책들 중에서 우연히 이 책을 골라 읽고 있는 거라면 그것은 우연이 아닐지도 모른다. 어쩌면 영겁의 세월을 지나오면서 쌓이고 쌓인 인연의 끈이 당신과 이 책을 이어주고 있을지도 모른다. 그 소중한 모처럼의 인연의 끈을 부디 헛되이 되지 않도록 만들고 싶은 것이 필자의 바램이다. 이 책을 읽는 독자들이 보잘 것 없는 이 책에서 무언가 얻는 것이 있게 되기를 진심으로 바라마지 않는다. 사실 필자는 이 책을 저술하면서 필자 자신이 저술하는 것이 아니라, 우주가 필자를 통해 우주 자신을 표현하고 있는 게 아닌가하는 착각에 빠져들곤 했었다. 독자 여러분들이 이 책을 읽으면서 우리의 선조였던 고대 동아시아인들이 바라보던 우주의 모습이 어떤 것이었으며, 그들이 어떤 우주를 꿈꾸고 있었는지를 마음껏 느껴볼 수 있기를 바라마지 않는다.

서점에서 책을 고를 때에는 깔끔하게 정리된 책들을 선호하면서도 정작 깔끔하지 못한 책을 저술해놓고 보니 부끄러운 마음을 금할 수 없으며, 책을 쓴다는 것이 얼마나 어려운 일인지를 절감할 수 있었다. 수많은 다른 저자 분들에게 존경의 마음을 표하고 싶다. 그리고 특별한 허락도 얻지 않고 많은 책들과 논문들을 인용해놓았고, 심지어는 출처를 찾지 못해 인용 표시조차도 제대로 못한 부분까지 있는데, 이 자리를 빌어서 그 모든 분들에게 진심어린 감사의 마음과 죄송한 마음을 함께 전하고 싶다. 그리고 이 책이 햇빛을 볼 수 있도록 도와주신 하운근 사장님과 박은주 편집장님께 깊이 감사드린다. 마지막으로 집필한답시고 오랫동안 가장의 역할을 등한시 하는 동안에도 묵묵히 곁에서 지켜봐준 사랑하는 가족들에게 이 책을 바치고 싶다는 말을 빼놓을 수가 없다. 이제 이 책은 필자만의 것이 아니라, 이 책을 읽는 모든 독자들의 것이다. 모든 분들에게 행운과 만복이 깃들기를 빌어본다.

을미년의 새 봄을 바라보며…
금시명

목 차

제10장 대변혁 / 15

14 ·

부록 정역원문 / 237

大 대 變 변 革 혁 10

大變革
대 변 혁

　　지금 또 다시 지구대격변을 이야기하면 대다수의 사람들은 피로감에 지쳐서, '또 그 얘기?'라고 외치면서 손사래를 칠 것이 분명하다. 이미 수많은 양치기 소년들이 늑대가 나타났다고 수도 없이 외쳐댔으니 충분히 그럴 만도 할 것이다. 그런데 양치기 소년의 이야기에서 마지막에는 결국 늑대가 나타나고야 만다는 것이 문제다. 정역도 이미 많은 이들이 닳고 닳았을 정도로 수도 없이 써먹은 재료 중의 하나라고 할 수 있다. 많은 이들이 정역을 빙자하면서 지축정립을 주장해왔다. 과연 그럴까? 정역은 지축정립을 말하고 있는 것일까? 그런데 아무리 들여다보아도 정역에는 지축정립이란 말은 전혀 적혀 있지를 않다. 별 근거도 없이 지축정립을 운운했던 것일 뿐, 자기의 생각을 정역을 빌어서 들이민 것일 뿐, 정역은 지축정립을 주장한 바가 전혀 없다. 지축정립이 되면 과연 지상낙원이 될까? 그 반대일 것 같다. 열대지방은 항상 더울 것이고, 한대지방은 항상 추울 것이고, 사계절의 변화도 없을 것이다. 그런 세상이 어떻게 지상낙원이 될 수 있을까? 그럼 정역은 무엇을 예고하고 있는 것일까? 정말 무시무시한 변화를 예고하고 있다. 깜짝 놀라게 될 정도의 지구대격변을 예고하고 있다. 정말 말하고 싶지 않은 이야기, 정말 믿고 싶지 않은 이야기, 정말 무시해버리고 싶은 이야기, 미루고 미루었던 그 이야기를 지금부터 해나가야 한다. 믿어달라고 말하는 것이 아니다. 필자 자신도 외면해버리고 싶은 이야기, 정역을 연구하다보니, 이렇게 밖에는 달리 결론이 나지 않아서, 정말 믿고 싶지 않는 그 이야기를 마지못해 적어 내려가고 있을 뿐이다. 일어나지 말았으면, 제발 일어나지 말았으면 하고 바라는 마음이고, 제발 달리 설명할 수 있는 다른 대안이 나오기를 바라는 간절한 마음을 담아 적어 내려가고 있는 중이다. 제발 필자의 이 연구가 잘못된 가설에 불과한 것이기를…. 마음속 깊이 빌고, 또 빌어본다.

天地合德三十二 천지가 덕을 합하니 32

地天合道六十一 지천이 도를 합하니 61

日月同宮有无地 일월은 유무지에서 동궁하고,

月日同度先后天 월일은 선후천이 동도이다.

三十六宮先天月大明后天三十日 36궁 선천 달이 후천 30일을 크게 밝힌다.

四象分體度一百五十九 사상분체도 159[1]

一元推衍數二百一十六 일원추연수 216[2]

后天政於先天水火 후천은 선천에서 정사하니 수와 화

先天政於后天火水 선천은 후천에서 정사하니 화와 수

---

1) 무극61+황극32+일극36+월극30 = 159
2) 『주역』「계사상전」9장에 언급된 건책수.

지금 이 시점에서 이 대목을 아무리 설명한다고 해도, 독자들은 도저히 이해가 가지 않을 것이다. 아직 준비가 덜 되어 있기 때문이다. 따라서 이 대목을 이해할 수 있을 때까지 참고 기다리는 것 외에는 현재로선 다른 도리가 없다. 지금은 그저 눈으로 "이런 것도 있구나."라고 하면서 넘어가기로 한다.

1 체위도수

여기서 등장하는 소위 체위도수(體位度數)란 말은 다른 역학 관련 용어에서는 들어본 적이 없는 전혀 생소한 용어에 해당된다. 오직 정역에서만 목격할 수 있는 이 용어, 정역의 난해함을 모두 이곳에 모아놓았다고 해도 과언이 아닐 정도로 어렵고도 어려운 대목이 바로 이 부분이다.

무극체위도수

체위도수 중에서도 10무극과 관련된 체위도수를 언급하고 있는 부분이다. 여기서 10무극이라 함은 당연히 己土를 말하는 것이다. 지금 본문에 명시되어 있는 바를 읽어 내려가보자.

<ruby>己<rt>기</rt></ruby><ruby>巳<rt>사</rt></ruby><ruby>戊<rt>무</rt></ruby><ruby>辰<rt>진</rt></ruby><ruby>己<rt>기</rt></ruby><ruby>亥<rt>해</rt></ruby><ruby>戊<rt>무</rt></ruby><ruby>戌<rt>술</rt></ruby>

己巳戊辰己亥戊戌 기사 무진 기해 무술

度逆道順 도(度)는 역행하고, 도(道)는 순행한다.

而數六十一 그 수는 61이다.

소위 무극의 체위도수가 무엇인지를 짐작하게 해주는 현재까지 나온 거의 유일한 단서이지만, 아쉽게도 그 단서가 그리 강력하지 않다. 단지 여기서 소위 도수라는 것이 60갑자라는 것과 밀접하게 연관되어 있는 것 같다는 점만 겨우 짐작해볼 수 있을 뿐이다. 그런데 60갑자가 역행한다는 것은 대체 무슨 의미일까? 알쏭달쏭할 뿐이다.

己位度逆而道順 己의 자리는 도(度)는 역행하고 도(道)는 순행하니,

度成道於六十一度 도수는 61도에서 성도

先天火木太陽之父 선천이며 화목(火木), 태양의 아버지(父)

그리고 이 대목은 앞에서 설명이 생략된 채로 넘어갔던 부분(부록 243페이지 참조)인데, 이것이 지금 논의 중인 무극의 체위도수를 짐작해볼 수 있게 해주는 또 하나의 단서가 된다. 이 두 가지 단서를 가지고 추론을 해보면 60갑자가 다음과 같은 도표로 정리될 수 있을 것 같다.

	1	2	3	4	5	6	7	8	9	10
1	**기사**	**무진**	정묘	병인	을축	갑자	계해	임술	신유	경신
2	기미	무오	정사	병진	을묘	갑인	계축	임자	신해	경술
3	기유	무신	정미	병오	을사	갑진	계묘	임인	신축	경자
4	**기해**	**무술**	정유	병신	을미	갑오	계사	임진	신묘	경인
5	기축	무자	정해	병술	을유	갑신	계미	임오	신사	경진
6	기묘	무인	정축	병자	을해	갑술	계유	임신	신미	경오
7	**기사**	무진	정묘	병인	을축	갑자	계해	임술	신유	경신

이 도표를 살펴보면, 60갑자가 기사에서 시작하여 역순으로 진행되고 있으면서, 다시 61번째가 되는 기사에서 마무리 된다는 점이 매우 특이하다. 즉 기사에서 시작해서 다시 기사에서 마무리(성도) 되고 있다. 그런데, 도표 중에서 유독 1·2번째 그리고 31·32번째 순서에 있는 간지를 왜 굳이 호명을 해둔 것일까? 역시 알쏭달쏭하다.

황극체위도수

이번에는 5황극과 관련된 체위도수를 언급하고 있는 부분이다. 여기서 5황극이라 함은 당연히 戊토를 말하는 것이다. 본문을 읽어내려가보자.

_{무 술 기 해 무 진 기 사}
戊戌己亥戊辰己巳 무술 기해 무진 기사
_{도 순 도 역}
度順道逆 도(度)는 순행하고, 도(道)는 역행한다.
_{이 수 삼 십 이}
而數三十二 그 수는 32이다.

이 대목도 마찬가지이다. 소위 황극의 체위도수가 무엇인지를 짐작하게 해주는 현재까지 나온 거의 유일한 단서이지만, 아쉽게도 그리 강력한 단서가 아니다. 단지 여기서도 60갑자와 밀접하게 연관되어 있는 것 같다는 정도만 겨우 짐작해볼 수 있을 뿐이다.

_{무 위 도 순 이 도 역}
戊位度順而道逆 戊의 자리는 도(度)는 순행하고 도(道)는 역행하니,
_{도 성 도 어 삼 십 이 도}
度成道於三十二度 도수는 32도에서 성도(成道)

후 천 수 금 태 음 지 모
后天水金太陰之母 후천이며 수금(水金), 태음의 어머니(母)

그리고 이 대목도 앞에서 설명이 생략된 채로 넘어갔던 부분(부록 243페이지 참조)인데, 지금 살펴보는 문구와 짝을 이루면서 중요한 단서가 된다. 두 단서를 연관 지어서 보면, 60갑자가 다음과 같은 도표로 정리될 수 있다.

	1	2	3	4	5	6	7	8	9	10
1	무술	기해	경자	신축	임인	계묘	갑진	을사	병오	정미
2	무신	기유	경술	신해	임자	계축	갑인	을묘	병진	정사
3	무오	기미	경신	신유	임술	계해	갑자	을축	병인	정묘
4	무진	기사								

이 도표를 살펴보면, 60갑자가 무술에서 시작하여 순행으로 진행되고 있으면서 32번째가 되는 기사에서 마무리 된다는 점이 특이하다. 그리고 1 · 2번째와 31 · 32번째 순서에 있는 간지를 굳이 호명을 해두었다는 점이 특이하지만, 여전히 알쏭달쏭할 뿐이다.

월극체위도수

그리고 지금 놀라운 용어가 등장한다. 생전 처음 들어보는 용어, 월극? 대체 월극이 무엇일까? 이 또한 지금 정역 이외에서는 들어본 적이 없는 말이다. 지인은 월극을 태음의 별칭으로 사용하고 있다. 쉽게 말해서 달을 일컬어 월극이라 표현한 것이고, 그 달이라는 것이 체위도수를 갖고 있다는 것도 참 생소하게 느껴진다. 달의 체위도수라는 것이 대체 무엇을 의미하는 것일까? 달의 한 주기를 의미하는 것일까?

^{경 자 무 신 임 자 경 신 기 사}
庚子戊申壬子庚申己巳 경자 무신 임자 경신 기사

^{초 초 일 도 유 이 무}
初初一度有而无 초초 1도는 유이무, 즉 있으면서 없는 자리

^{오 일 이 후}
五日而候 5일은 1후이다.

^{이 수 삼 십}
而數三十 그 수는 30이다.

　지금 이 구절이 소위 월극 체위도수가 무엇인지를 짐작하게 해주는 유일한 단서이지만, 아쉽지만 이 또한 그리 강력하지가 않다.

^{태 음 역 생 도 성}
太陰逆生倒成 태음은 역생도성하니

^{선 천 이 후 천 기 제 이 미 제}
先天而后天旣濟而未濟 선천이면서 후천이고 기제이면서 미제

^{일 수 지 혼 사 금 지 백}
一水之魂四金之魄 1수의 혼(魂), 4금의 백(魄)

^{포 어 무 위 성 도 지 월 초 일 도}
胞於戊位成度之月初一度 戊의 자리가 성도하는 월초1도에서 포(胞)

^{태 어 일 구 도 양 어 십 삼 도}
胎於一九度養於十三度 9도에서 태(胎), 13도에서 양(養),

^{생 어 이 십 일 도 도 성 도 어 삼 십}
生於二十一度度成道於三十 21도에서 생(生), 도수는 30도에서 성도

^{종 우 기 위 성 도 지 년 초 일 도}
終于己位成度之年初一度 己의 자리가 성도하는 년초 1도에서 끝나고,

^{복 어 무 위 성 도 지 년 십 일 도}
復於戊位成度之年十一度 戊의 자리가 성도하는 년 11도에서 회복한다.

　그리고 앞에서 설명이 생략된 채로 넘어갔던 이 대목(부록 243페이지 참조)이 월극체위도수를 짐작해볼 수 있게 해주는 또 하나의 단서가 되는데, 두 단서를 종합해서 보면 60갑자가 다음과 같은 도표로 정리될 수 있다는 점만 확인할 수 있다.

1(포)	2	3	4	5	6	7	8	9(태)	10
경자	신축	임인	계묘	갑진	을사	병오	정미	무신	기유
11	12	13(양)	14	15	16	17	18	19	20
경술	신해	임자	계축	갑인	을묘	병진	정사	무오	기미
21(생)	22	23	24	25	26	27	28	29	30(성도)
경신	신유	임술	계해	갑자	을축	병인	정묘	무진	기사

조금 신기한 점은 앞에서 거명된 간지들과 그 뒤에 등장한 대목에서 호명된 숫자들이 서로 완벽하게 부합되고 있다는 점이다. 가령 1도 胞가 경자에 해당한다는 점, 그리고 9도 胎가 무신, 그리고 13도 養에 임자가 정확히 배당되는 식이니, 이는 분명 의도된 모종의 의미를 내포하고 있다는 추정을 하게 만든다. 대체 무엇을 이야기해주고 싶었던 것일까? 여전히 알쏭달쏭할 뿐이다.

復之之理一八七 회복하는 이치는 1, 8, 7

그리고 두 번째 단서의 구문 뒤에 곧 바로 이어져 있던 구절이 바로 이것이다. 이 역시 앞에서 설명을 생략하고 넘어갔던 부분인데, 여기에 문제의 1·8·7이라는 참으로 요상한 코드 하나가 등장한다. 소위 말해서, 회복하는 이치가 1·8·7이라는 것은 대체 무슨 뜻을 담고 있는 것일까?

필자는 이것을 경오에 대한 암시라고 생각한다. 앞에서 선후천의 달에 대한 이야기를 할 때도 잠깐 언급한 바가 있지만, 갑자로부터 헤아려 내려가다가 보면 결국 187번째에 해당하는 간지는 경오가 될 수밖에 없다. 그런데 위에서 방금 언급된 경자로부터 시작해서 30번째 간지인 기사에서 성도가 된 이후에는 반드시 또 다시 경오에서부터 또 다른 30이라는 과정을 시작해야 할 것으로 추정되는데, 그 새로운

1 갑자	2 을축	3 병인	4 정묘	5 무진	6 기사	7 경오	8 신미	9 임신	10 계유
갑술	을해	병자	정축	무인	기묘	경진	신사	임오	계미
갑신	을유	병술	정해	무자	기축	경인	신묘	임진	계사
갑오	을미	병신	정유	무술	기해	경자	신축	임인	계묘
갑진	을사	병오	정미	무신	기유	경술	신해	임자	계축
갑인	을묘	병진	정사	무오	기미	경신	신유	임술	계해
갑자	을축	병인	정묘	무진	기사	경오	신미	임신	계유
갑술	을해	병자	정축	무인	기묘	경진	신사	임오	계미
갑신	을유	병술	정해	무자	기축	경인	신묘	임진	계사
갑오	을미	병신	정유	무술	기해	경자	신축	임인	계묘
갑진	을사	병오	정미	무신	기유	경술	신해	임자	계축
갑인	을묘	병진	정사	무오	기미	경신	신유	임술	계해
갑자	을축	병인	정묘	무진	기사	경오	신미	임신	계유
갑술	을해	병자	정축	무인	기묘	경진	신사	임오	계미
갑신	을유	병술	정해	무자	기축	경인	신묘	임진	계사
갑오	을미	병신	정유	무술	기해	경자	신축	임인	계묘
갑진	을사	병오	정미	무신	기유	경술	신해	임자	계축
갑인	을묘	병진	정사	무오	기미	경신	신유	임술	계해
갑자 181	을축 182	병인 183	정묘 184	무진 185	기사 186	경오 187			

시작점인 경오를 은근히 드러내고 있는 게 아닌가하고 추정된다. 즉 다시 말해서 庚子 말고 또 다른 포胞 하나가 바로 庚午이고, 그 경오가 하필이면 187번째 간지이기도 하고, 이러한 특별한 위치에 대한 경오를 일러서 소위 <u>복지지리</u>, 즉 <u>회복하는</u> 이치라고 표현한 것이 아닌가 하고 추정해본다. 이것이 좀 더 구체적으로 어떤 의미를 내포하는 지는 현재로 선 알 수 있는 도리가 없지만, 분명 서로 연관이 되고 있다는 점만은 틀림이 없어 보인다. 앞에서 설명을 미루고 넘어갔던 문구를 마저 소개해 보자.

五日一候十日一氣十五日一節 5일은 1후, 열흘은 1기, 15일은 1절,

三十日一月十二月一朞 30일은 1개월이고, 12개월은 1기이다.

하루는 12시간이고, 5일이 흐르면, 시간단위의 60갑자가 완성된다. 이것을 일컬어 1후라고 표현한다. 이는 이미 제반 동양학에서 널리

사용되고 개념이므로 그리 특별할 것도 없다. 1후가 3번 반복되면, 60갑자가 3번 반복된 것이니, 상원·중원·하원이 완료된 180시간이다. 그리고 이것이 바로 1절, 즉 15일에 해당한다.

　지금까지 거론된 것들이 모두 하나같이 알쏭달쏭한 것들뿐이었지만, 그중에서도 특히 '초초1도는 유이무'라는 이 구절도 참으로 알쏭달쏭하기가 그지없는 부분이다. 소위 초초1도라 하는 것은 최초의 1도인 경자를 말하는 것일까? 아니면 그 앞에 있는 기해를 말하는 것일까? 그리고 유이무, 즉 소위 말해서, 있지만 없다고 하는 것은 대체 또 무슨 의미를 담고 있는 것일까? 좀 더 명쾌하게 말하고 싶지만, 단서가 너무 없다는 현실적인 한계에 봉착해 한 발짝도 더 나아갈 수가 없다. 필자가 가장 미워하고 혐오하는 알쏭달쏭, 아리송이라는 구덩이에 여지없이 스스로 빠져들고 말았으니 참으로 안타까울 따름이다. 안타까움을 조금이라도 보완해보기 위해 조금 더 이야기를 진전시켜보자. 무戊의 자리가 성도하는 월초 1도에서 포라고 했는데, 무戊(황극)의 자리가 성도하는 간지는 이미 황극체위도수에서 언급되었던 바와 같이 당연히 己巳가 되어야 할 것 같다. 그런데 월극체위도수 부분에서 지인이 거명한 간지는 분명 己巳나 庚午가 아니라 庚子였다. 이는 무엇을 말하는 것일까? 바로 여기에 지인의 의도가 담긴 모종의 그 무엇인가가 분명히 있다고 생각된다. 지인은 庚子를 거명했지만 사실은 庚午를 말하고 있기도 한 것이다. 그리고 초초1도 유이무에 해당하는 간지는 己巳임이 분명하다. 바로 그 己巳가 소위 있지만 없다고 하는 유이무 자리임에 틀림없어 보인다. 황극체위도수를 말할 때는 己巳가 있지만, 월극체위도수를 말할 때는 없다고 보아야 한다는 의미일까? 그리고 유이무 己巳 자리의 그 다음은

반드시 庚午이어야 한다. 여기까지가 필자가 지인의 의중을 헤아려
본 바이다.

	1	2	3	4	5	6	7	8	9	10
1	기사	경오	신미	임신	계유	갑술	을해	병자	정축	무인
2	기묘	경진	신사	임오	계미	갑신	을유	병술	정해	무자
3	기축	경인	신묘	임진	계사	갑오	을미	병신	정유	무술
4	기해	경자	신축	임인	계묘	갑진	을사	병오	정미	무신
5	기유	경술	신해	임자	계축	갑인	을묘	병진	정사	무오
6	기미	경신	신유	임술	계해	갑자	을축	병인	정묘	무진
1	기사	경오	신미	임신	계유	갑술	을해	병자	정축	무인

지인은 알게 모르게 己巳 다음의 庚午를 은밀하게 드러내고 있는
것만은 분명해 보인다. 경오를 입에 담고 있지 않으면서도 계속 은밀히
庚午를 드러내는 데에는 분명 어떤 연유가 숨어있는 것이 아닐까?
혹 선천의 마지막 날이 기사일이나 경오일이라고 말해주고 있는 것은
아닐까? 가능성이 전혀 없는 것도 아니다. 장차 선천이 끝나고 후천이
시작된다면, 그 날도 반드시 60갑자 중의 어느 한 날이어야 한다. 필자가
지금 이 대목에서 특별히 己巳와 庚午를 의심하게 되듯이, 일제 강점기에
살았던 차경석이라는 인물도 정역의 이 대목을 근거로 모년모월모일모
시에 개벽이 있을 것이라고 확신하게 되었고, 여기서 바로 그 모에
해당하는 간지가 己巳였던 것이다!

한편 187에 대한 추가 검토 사안이 한 가지 더 남아있다. 이번에는
경오를 기점으로 해서 187을 진행해보는 것이다. 그러면 경오에서 기사
까지 세 번을 반복해서 일단 180이란 숫자가 채워질 것이고, 이후 다시
경오 · 신미 · 임신 · 계유 · 갑술 · 을해 · 병자의 순으로 7개의 간지를 더
진행해나가면 丙子가 187번째가 될 것이다. 마침내 도착하는 곳이 병자
인데, 이는 놀랍게도 소위 일극체위도수의 출발점이라는 것을 이제

곧 알게 될 것이다.

일극체위도수

또 하나의 놀라운 용어가 등장한다. 이번에도 생전 처음 들어보는 용어, 일극? 지인은 일극을 태양의 별칭으로 사용하고 있다. 쉽게 말해서 해를 일컬어 일극이라고 표현하고 있다. 태양의 체위도수란 것은 또 무엇일까? 태양의 주기를 말하는 것일까?

_{병 오 갑 인 무 오 병 인 임 인 신 해}
丙午甲寅戊午丙寅壬寅辛亥 병오, 갑인, 무오, 병인, 임인, 신해

_{초 초 일 도 무 이 유}
初初一度无而有 초초 1도는 무이유, 즉 없으면서 있는 자리

_{칠 일 이 복}
七日而復 7일에 회복한다.

_{이 수 삼 십 육}
而數三十六 그 수는 36이다.

소위 일극체위도수를 논하면서 갑자기 몇 가지 간지들이 열거되고 있지만 이것들이 어디에서 비롯된 것인가? 아마도 아래에 열거된 문구에 근거를 둔 것일 것이다. 이는 월극체위도수에서 이미 경험한 바이기 때문에 당황하지 않을 수 있게 되었다. 그리고 초초1도 무이유, 즉 없으면서 있는 자리라는 용어가 등장하는데, 이는 다음에 보이는 도표에서 찾아보면 기해를 염두에 두고 나온 말임이 분명하다. 체위도수 36이 어디에서 나온 것인지는 차후에 살펴보기로 한다. 이번에도 앞에서 생략하고 넘어갔던 구절을 다시 *끄*집어내보자. (부록 243페이지 참조)

太陽倒生逆成 태양은 도생역성하니,

后天而先天未濟而旣濟 후천이면서 선천이요, 미제이면서 기제

七火之氣八木之體 7화의 기, 8목의 체

胞於己位成度之日一七度 己의 자리가 성도하는 날 7도에서 포,

胎於十五度養於十九度 15도에서 태, 19도에서 양,

生於二十七度度成道於三十六 27도에서 생, 36도에서 성도

終于戊位成度之年十四度 戊의 자리가 성도하는 년 14도에서 끝나고,

復於己位成度之年初一度 己의 자리가 성도하는 년초 1도에서 회복된다.

復之之理一七四 회복하는 이치는 1, 7, 4

十五分一刻八刻一時十二時一日 15분은 1각, 8각은 1시, 12시 는 1일.

월극체위도수와 마찬가지로 여기 일극체위도수에서도 호명된 간지와 그곳에 배당된 숫자의 일치가 참으로 묘하다.

	1	2	3	4	5	6	7	8	9	10
1	기해	경자	신축	임인	계묘	갑진	을사	병오	정미	무신
2	기유	경술	신해	임자	계축	갑인	을묘	병진	정사	무오
3	기미	경신	신유	임술	계해	갑자	을축	병인	정묘	무진
4	기사	경오	신미	임신	계유	갑술	을해	병자	정축	무인
5	기묘	경진	신사	임오	계미	갑신	을유	병술	정해	무자
6	기축	경인	신묘	임진	계사	갑오	을미	병신	정유	무술
7	기해	경자	신축	임인	계묘	갑진	을사	병오	정미	무신
8	기유	경술	신해	임자	계축	갑인	을묘	병진	정사	무오

이 도표에서 경자에서 시작하면 7번째 도수가 병오가 되는데, 바로 그 병오가 정확히 호명되고 있는 것이다. 즉 7도 포와 거명된 병오가 완전히 일치한다. 나머지 간지들도 모두 마찬가지이다. 그런데, 무슨 뜻인지는 잘 모르지만, 일단 일극체위도수가 36이라고 가정하면, 庚子에

서 시작하여 반드시 乙亥에서 마무리가 되어야 하는데, 엉뚱하게도 辛亥에서 마무리가 되고 있고, 이렇게 되면 도저히 36이라는 숫자가 성립되지 않는다. 따라서 그 이유를 알아야 한다. 그 이유는 丙寅에서 壬寅으로 돌연한 점프가 이루어졌기 때문이고, 이 점프라는 개념에는 지인이 무엇을 알려주고자 하는지 그 의도하는 바가 분명히 드러난다. **바로 36허도수**라는 개념을 여실히 드러내주고 있는 것이다. 병인부터 시작해서 임인 바로 직전 신축까지를 모두 세어보면 바로 36이라는 허도수라는 개념이 성립된다. 이 허도수는 대체 왜 생기는 것일까? 그런데 우리는 이미 그 이유를 알고 있다. 그것이 무엇일까?

	先 3	先 2	先 1	기준점	後 1	後 2	後 3
선천	辛	壬	癸	甲	乙	丙	丁
후천	丁	戊	己	庚	辛	壬	癸

　주역 산풍고괘가 중풍손괘로 변하는 과정에 근거를 두고 나타나는 10천간의 변화 때문이다. 즉 위의 도표의 일례로 병화가 임수로 바뀐다는 것이니, 그 결과가 바로 병인이라는 간지가 임인이라는 간지로 한 순간에 점프를 해버리는 것이다. 그 점프 과정을 고스란히 담고 있는 것이 바로 이 대목이다. 이것이 바로 36허도수라는 개념을 우리들에게 알려하는 지인의 표현방식인 것이다. 그리고 우리는 앞에서 십일귀체를 이끌어 내는 과정에서 사용하면서도 자세한 설명을 생략하고 넘어갔던 부분, 바로 아래 도표의 근거가 되는 곳이 바로 지금 이 대목이기도 한 것이다.

선후천 도수 변화표									
1	2	3	4	5	6	7	8	9	10
5	6	7	8	9	10	1	2	3	4

　십일귀체가 나타나게 했던 바로 이 변화표에서 가령 丙화라는 것은 바로 7에 해당하는 것이고, 후천에 바뀌게 되는 1이 바로 壬수에 해당한다. 지인이 도표로 보여주지 않아서 조금 찾기 어려웠을 뿐이고, 사실은 이 내용을 고스란히 본문에서 표현하고 있었던 것이다. 그런데, 여기서 나타나는 36허도수라는 것에 대한 물리적 의미는 대체 무엇일까? 나중에 그 이유를 알고 나면, 또 다시 오금이 저리게 될 것이므로, 충격을 조금이라도 줄이기 위해서 일단 여기서는 설명을 미루기로 한다.

　그리고 일극체위도수에서 지인이 보여주는 또 하나의 요상한 코드 1·7·4를 잠시 다루어보기로 한다. 앞서 살펴본 1·8·7이라는 코드가 선천을 표시하는 것이었다면, 1·7·4라는 코드는 그와 대대를 이루면서 후천을 표시하는 것으로 보인다.

	1	2	3	4	5	6	7	8	9	10
1	기해	경자	신축	임인	계묘	갑진	을사	병오	정미	무신
2	기유	경술	신해	임자	계축	갑인	을묘	병진	정사	무오
3	기미	경신	신유	임술	계해	갑자	을축	병인	정묘	무진
4	기사	경오	신미	임신	계유	갑술	을해	**병자**	정축	무인
5	기묘	경진	**신사**	임오	계미	갑신	을유	병술	정해	무자
6	기축	**경인**	신묘	임진	계사	**갑오**	을미	병신	정유	무술
7	기해	경자	신축	**임인**	계묘	갑진	을사	병오	정미	무신
8	기유	경술	**신해**	임자	계축	갑인	을묘	병진	정사	무오

앞의 도표는 소위 일극체위도수라는 것이 36이고, 그것이 신해에서
마무리된다는 가정 하에서 다시 간지를 재구성해본 바이다. 신해에서
마무리되기 위해서는 먼저 庚子라는 간지가 아니라 丙子라는 간지에서
카운트가 시작되어야 하고, 이른바 포胞의 자리는 병오 대신에 임오가
호명되어야 한다.

기축	경인	신묘	임진	계사	갑오	을미	병신	정유	무술
기해	경자	신축	임인	계묘	갑진	을사	병오	정미	무신
기유	경술	신해	임자	계축	갑인	을묘	병진	정사	무오
기미	경신	신유	임술	계해	갑자	을축	병인	정묘	무진
기사	경오	신미	임신	계유	갑술	을해	병자	정축	무인
기묘	경진	신사	임오	계미	갑신	을유	병술	정해	무자
기축	경인	신묘	임진	계사	갑오	을미	병신	정유	무술
기해	경자	신축	임인	계묘	갑진	을사	병오	정미	무신
기유	경술	신해	임자	계축	갑인	을묘	병진	정사	무오
기미	경신	신유	임술	계해	갑자	을축	병인	정묘	무진
기사	경오	신미	임신	계유	갑술	을해	병자	정축	무인
기묘	경진	신사	임오	계미	갑신	을유	병술	정해	무자
기축	경인	신묘	임진	계사	갑오	을미	병신	정유	무술
기해	경자	신축	임인	계묘	갑진	을사	병오	정미	무신
기유	경술	신해	임자	계축	갑인	을묘	병진	정사	무오
기미	경신	신유	임술	계해	갑자	을축	병인	정묘	무진
기사	경오	신미	임신	계유	갑술	을해	병자	정축	무인
171 기묘	172 경진	173 신사	**174 임오**	계미	갑신	을유	병술	정해	무자

그러니 정역 본문에는 호명이 되어 있지 않지만, 지인은 壬午를 포胞의
자리라고 호명한 셈이 된다. 그래야 신해에서 성도가 될 수 있다. 그런데
여기서 임오라는 것이 또한 묘하게도 174번째에 해당하는 숫자가 된다.
앞에서 경오라는 간지가 187번째에 해당한다는 것과 정확히 대대가
되는 부분이다. 대체 임오가 어떻게 174번째가 된다는 것일까? 후천에는
60갑자를 나열할 때, 갑자에서 시작하는 것이 아니라 기축에서 시작한다.
왜 그렇게 되는 것일까? 그 이유는 지금 논의된 36허도수라는 것을
반영해야하므로 그렇게 된다. 즉 갑자에서 기산해서 36칸을 앞쪽으로
당겨서 보면 그 자리가 바로 기축이 된다. 간단히 위의 도표를 살펴보면

이해가 매우 쉬워진다. 그리고 기축에서 174번째 간지는 결과적으로 임오가 된다.

여기서 짐작할 수 있는 것 중의 하나가 바로 회복한다는 용어에 대한 의미이다. 지인은 회복한다는 것을 어떤 의미로 사용했을까? 하나의 주기가 완성되고, 새로 시작하는 시점에 도달한 것을 일컬어 회복한다고 말하는 것일까? 분명하지는 않지만, 적어도 회복한다는 것이 포胞라는 것과 깊은 관련이 있다는 점만큼은 명확하다. 위에서 壬午가 바로 포의 자리에 해당한다. 그리고 174의 묘함은 비단 여기서 끝나지 않는다. 이번에는 임오를 기점으로 174를 진행하면 어디에 도달하게 될까? 을해에 도달하고 여기가 바로 174가 된다. 그리고 을해 다음에는 당연히 병자이다. 앞에서 신해 36을 완성하기 위해 필요한 기점이 바로 병자였고, 월극체위도수가 경오를 기점으로 187을 진행하면 도착하는 곳이 병자이기도 했다. 그리고 병자 · 정축 · 무인 · 기묘 · 경진 · 신사 · 임오의 순으로 7칸을 진행하면 또 다시 포에 해당하는 임오이다. 이것이 칠일이복, 또 다시 회복이라는 용어가 나오는데, 이번에는 7일 만에 회복한다는 의미가 된다. 여기서 또 정리해보아야 할 한 가지는 병자를 중심으로 앞쪽으로 7칸을 가면 경오가 있고, 뒤쪽으로 7칸을 가면 임오가 있다는 사실이다. 따라서 소위 187과 174라는 것은 결국 병자를 중심으로 앞뒤에 포진하고 있는 두 개의 말, 즉 백말(경오)과 흑말(임오)이라고 정리된다. 병자(붉은 쥐)는 백말과 흑말의 중간에 서는 180이라는 중심점으로서, 187과 174의 중간에 놓이게 된다. 또한 187과 174를 합해보면 361이 되고, 여기에서 1태극수를 제하고 보면 360이라는 후천도수가 되기도 한다. 무언가가 분명히 있는 것 같은데 안개 속 저 너머에서 실체가 잘 보이지 않고 있다.

2 생성의 흐름

정역, 참으로 난해하고도 난해하다. 세상에 이렇게 어려운 것이 또 있을까? 용어가 어려워서 어렵고, 쉬운 용어가 나와도 어렵다. 그 의도를 정확하게 알아차리지 못하면, 결국 제대로 이해한 것이 아닌 것이기 때문이다. 지금부터 나오는 문구들이 또한 그 경우에 해당한다. 용어 자체는 어려운 것이 없다. 그러나 그 의도를 짐작할 수가 없기 때문에 어렵기만 하다.

化翁无位原天火生地十己土 화옹무위니 원천화로 지10 기토를 생한다.

인류 역사상 수많은 성자들이 다녀갔지만 그들에게 한 가지 공통점이 있다. 제대로 된 성자라면 모두 하나같이 불을 이야기한다는 점이다. 지금 지인도 마찬가지이다. 원천에 해당하는 火를 그 무엇보다도 앞세운다. 헤라클레이토스를 비롯해서 장자가 그랬고, 선불교에서도 불씨를 찾았고, 라즈니쉬도 불타는 자각을 말하였다. 그 무엇보다도 근본에 해당하는 것이 바로 불이다. 이는 책을 통해서 머리로 알 수 있는 영역이 아니다. 오직 진리 탐구를 통한 체험을 통해서만 체득할 수 있는 영역이다. 필자가 여기에 한 마디만 덧붙인다면, 십우도에 등장하는 그 소가 바로 원천 화이다. 스스로 그 소를 찾기 이전에 종교를 운운하고 신앙을 운운하는 것은 그야말로 어불성설이 된다. 도라는 글자를 운운한다는 그 자체가 이미 모독이 된다. 책을 통해서 얻을 수 있는 것이 아니다. 독자들도 부지런히 수도하여 원천 화를 심득할 수 있기를 바라마지 않는다.

己巳宮先天而后天 기사궁은 선천이면서 후천이다.

地十己土生天九辛金 지10 기토는 천9 신금을 낳고

天九辛金生地六癸水 천9 신금은 지6 계수를 낳고,

地六癸水生天三乙木 지6 계수는 천3 을목을 낳고

天三乙木生地二丁火 천3 을목은 지2 정화를 낳고

地二丁火生天五戊土 지2 정화는 천5 무토를 낳는다.

戊戌宮后天而先天 무술궁은 후천이면서 선천이다.

天五戊土生地四庚金 천5 무토는 지4 경금을 낳고

地四庚金生天一壬水 지4 경금은 천1 임수를 낳고

天一壬水生地八甲木 천1 임수는 지8 갑목을 낳고

地八甲木生天七丙火 지8 갑목은 천7 병화를 낳고

天七丙火生地十己土 천7 병화는 지10 기토를 낳는다.

地十己土生天九庚金 지10 기토는 천9 경금을 낳고

天九庚金生地六癸水 천9 경금은 지6 계수를 낳고

36 ·

<ruby>地六癸水生天三甲木<rt>지 육 계 수 생 천 삼 갑 목</rt></ruby> 지6 계수는 천3 갑목을 낳고

<ruby>天三甲木生地二丙火<rt>천 삼 갑 목 생 지 이 병 화</rt></ruby> 천3 갑목은 지2 병화를 낳고

<ruby>地二丙火生天五戊土<rt>지 이 병 화 생 천 오 무 토</rt></ruby> 지2 병화는 천5 무토를 낳고

<ruby>天五戊土生地四辛金<rt>천 오 무 토 생 지 사 신 금</rt></ruby> 천5 무토는 지4 신금을 낳고

<ruby>地四辛金生天一壬水<rt>지 사 신 금 생 천 일 임 수</rt></ruby> 지4 신금은 천1 임수를 낳고

<ruby>天一壬水生地八乙木<rt>천 일 임 수 생 지 팔 을 목</rt></ruby> 천1 임수는 지8 을목을 낳고

<ruby>地八乙木生天七丁火<rt>지 팔 을 목 생 천 칠 정 화</rt></ruby> 지8 을목은 천7 정화를 낳고

<ruby>天七丁火生地十己土<rt>천 칠 정 화 생 지 십 기 토</rt></ruby> 천7 정화는 지10 기토를 낳다.

<ruby>地十己土成天一壬水<rt>지 십 기 토 성 천 일 임 수</rt></ruby> 지10 기토는 천1 임수를 이루고

<ruby>天一壬水成地二丁火<rt>천 일 임 수 성 지 이 정 화</rt></ruby> 천1 임수는 지2 정화를 이루고

<ruby>地二丁火成天九辛金<rt>지 이 정 화 성 천 구 신 금</rt></ruby> 지2 정화는 천9 신금을 이루고

<ruby>天九辛金成地八乙木<rt>천 구 신 금 성 지 팔 을 목</rt></ruby> 천9 신금은 지8 을목을 이루고

<ruby>地八乙木成天五戊土<rt>지 팔 을 목 성 천 오 무 토</rt></ruby> 지8 을목은 천5 무토를 이루고

<ruby>天五戊土成地六癸水<rt>천 오 무 토 성 지 육 계 수</rt></ruby> 천5 무토는 지6 계수를 이루고

<ruby>地六癸水成天七丙火<rt>지 육 계 수 성 천 칠 병 화</rt></ruby> 지6 계수는 천7 병화를 이루고

<ruby>天七丙火成地四庚金<rt>천 칠 병 화 성 지 사 경 금</rt></ruby> 천7 병화는 지4 경금을 이루고

<ruby>地四庚金成天三甲木<rt>지 사 경 금 성 천 삼 갑 목</rt></ruby> 지4 경금은 천3 갑목을 이루고

<ruby>天三甲木成地十己土<rt>천 삼 갑 목 성 지 십 기 토</rt></ruby> 천3 갑목은 지10 기토를 이룬다.

　지금 긴 문장이 이어졌다. 그리고 결과적으로 끝없이 생하고, 끝없이 성한다는 결론이다. 금이 수를 생하고, 금이 목을 극하는 것은 지극히 기초적인 것인데, 지인은 어찌해서 이렇게 방대한 문구들을 동원한 것일까? 진정 알려주고 싶었던 것이 이것뿐이란 말인가? 필자가 이 대목을 어렵다고 여기는 것은 바로 지인이 의도하는 바가 정확히 무엇인지를 짐작해낼 수가 없기 때문이다. 그래서 이 대목이 필자는 정말로 어렵게 느껴진다. 금화문이나, 황심월이나, 영동천심월보다도 더 어렵다.

병 갑 경 삼 궁 선 천 지 천 지
丙甲庚三宮先天之天地 병갑경 3궁은 선천의 하늘과 땅이다.

정 을 신 삼 궁 후 천 지 지 천
丁乙辛三宮后天之地天 정을신 3궁은 후천의 땅과 하늘이다.

　여기서 병갑경이라는 것을 숫자로 환산해보면 丙은 7을 말하고, 甲은 3을 말하고, 庚은 9를 말할 것이다. 여기서 언급된 바와 같이 병갑경이 3개의 궁이라는 단서를 가지고, 대체 선천의 하늘과 땅이라는 것이 어디를 지칭하는 것인지를 추론해보기로 한다.

　먼저 위 두 문장이 과연 선천의 수상도를 근거로 말하는 것인지, 아니면 후천의 수상도를 근거로 말하는 것인지를 판별해볼 필요가 있다. 우선 왼쪽 선천의 수상도에서 丙·甲·庚과 丁·乙·辛을 찾아보자. 丙·甲·庚을 천반수와 지반수에서 찾아보면, 빨간색으로 표시된 바와 같이 모두 5개의 궁이 관련된다. 丁·乙·辛도 마찬가지이다.

선천의 수상數象		
7 1	3 5	9 9
8 10	2 7	5 3
4 4	10 8	6 2

후천의 수상數象		
1 5	7 9 선천	3 3 선천
2 4 후천	6 1	9 7 선천
8 8 후천	4 2 후천	10 6

파란색으로 표시된 바와 같이 모두 5개의 궁이 관련된다. 따라서 왼쪽 선천의 수상도는 위에서 언급된 문구와 부합하는 내용이 아님을 알 수 있다. 3개의 궁이 되어야 하는데 5개의 궁이 관련되고 있기 때문이다. 그에 비해 오른쪽 수상도에서는 3개의 궁이라는 말에 정확히 부합한다. 丙·甲·庚과 丁·乙·辛이 각각 3개의 궁으로 확정되고 있으니, 정확히 후천의 수상도를 근거로 언급되는 내용임을 눈치 챌 수 있게 된다. 그리고 이어지는 문구 丙·甲·庚이 바로 선천이고 丁·乙·辛이 후천이 라고 문구에서, 우리는 후천의 선천이 어디를 말하고, 후천의 후천이 어디를 말하는 것인지를 확정지을 수 있게 되었고, 그것을 도표 상에 표시까지 할 수 있게 되었다.

先天三天兩地后天三地兩天 선천은 3천2지이고, 후천은 3지2천이다.
<small>선 선 삼 천 량 지 후 천 삼 지 량 천</small>

또한 위의 그림에서 선천이란 것은 1·3·5·7·9 등으로 홀수로

이루어져 있고, 후천이란 것은 2·4·6·8·10 등으로 짝수로 이루어져 있다는 것을 알 수 있다. 여기서 홀수 중에서 1·3·5는 생수이고 7·9는 성수이다. 이를 일컬어 삼천양지라고 표현한 것이다. 그리고 후천은 2·4가 생수이고 6·8·10이 성수이고, 이를 일컬어 삼지양천이라고 표현한 것이다. 필자는 어떤 근거를 갖고 감히 이와 같이 확정지을 수 있다고 말하는 것일까? 이미 정역 본문을 수백 차례 혹은 수천 차례 이상 훑어보았기 때문일 것이다.

구 칠 오 삼 일 기
九七五三一奇 9, 7, 5, 3, 1은 홀수

이 사 륙 팔 십 우
二四六八十偶 2, 4, 6, 8, 10은 짝수

기 우 지 수 이 오
奇偶之數二五 홀짝의 수가 두 가지 경우의 5개이니

선 오 천 도 후 오 지 덕
先五天道后五地德 먼젓번 홀수 5개는 천도, 뒤의 짝수 5개는 지덕이다.

일 삼 오 차 도 천
一三五次度天 또한 1, 3, 5차는 도천이고,

제 칠 구 차 수 지
第七九次數地 7, 9차는 수지이다.

삼 천 량 지
三天兩地 삼천양지, 즉 천은 3개이고, 지는 2개이다.

이 대목은 장차 「십일일언」에서 등장하도록 예정되어 있지만, 잠시 먼저 인용을 할 필요가 있다(부록 261페이지 참조). 성현께서 정역을 엮으시면서 관련되는 문구들을 보기 좋게 일목요연하게 정리하는 방식이 아니라, 여기저기 흩어놓는 방식을 택하셨기 때문에 어쩔 수 없이 수시로 앞뒤를 왔다 갔다 할 수밖에 없는 것이다. 이 대목을 살펴보면 삼천양지라는 것이 어떻게 성립된 것인지가 명확하게 묘사되어 있다. 앞에서 살펴본 문장과 연관 지어보면 선천의 삼천양지를 설명하고 있음을 단박에 알아차릴 수 있고, 따라서 후천의 삼지양천은 별다른 추가 설명이 없더라도 저절로 눈앞에 떠오르는 상황이 된다. 정리하면 선천은 삼천양지이고, 후천은 삼지양천이라고 할 수 있겠다. 그런데 이를 십일도에서도 이해해 볼 수 있으니, 이를 소개해보기로 한다. 먼저 다음의 십일도에서 파란색 돌 45개는 낙서를 상징하고, 흰색 돌 55개는 하도를 상징한다는 것을 알고 있다. 그리고 또 하나의 표현 으로 이를 숫자로 이야기해보면 대 각선에 표시된 숫자를 읽어서 낙 서는 1·3·5·7·9 이고, 그에 반해 하도는 2·4·6·8·10 이라고 말

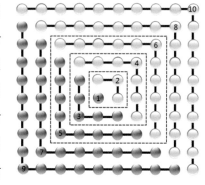

할 수 있다. 이미 주지하고 있는 바와 같이 1·3·5·7·9 는 선천을 상징하고, 2·4·6·8·10 은 후천을 상징한다. 따라서 또 다시 우리는 선천의 경우 1·3·5·7·9 에서 나오는 1·3·5 의 삼천과 7·9 의 양지를 발견하게 된다. 마찬가지로 후천의 경우에는 6·8·10 에서 나오는 삼지와 2·4 에서 나오는 양천을 조우하게 된다. 정역과 십일도가 똑같은 한 가지 소리를 내고 있는 듯하다.

子寅午申先天之先后天 자인과 오신은 선천의 선천과 후천이고,

丑卯未酉后天之先后天 축묘와 미유는 후천의 선천과 후천이다.

그런데 문제는 이 구절이다. 갑자기 12지지를 말하고 있는데, 위의 두 문구가 담고 있는 메시지 자체를 시각화해서 보면 다음과 같이 간단하다.

선천의 하루 : **자** 축 **인** 묘 진 사 **오** 미 **신** 유 술 해
후천의 하루 : **축** 인 **묘** 진 사 오 **미** 신 **유** 술 해 자

선천의 경우는 하루가 자시에서 시작해서 해시로 끝났다. 하루의 흐름은 자·축·인·묘·진·사·오·미·신·유·술·해의 순이면서, 자시에서 사시까지는 오전(선천)이었고 오시에서 해시까지는 오후(후천)라고 말할 수 있었다. 바로 그것을 일컬어 子·寅은 선천의 선천이고, 午·申은 선천의 후천이라고 표현해놓은 것으로 보인다. 여기까지는 그리 어렵지가 않다. 그러면 그에 대응해서 후천에서는 축시에서 시작해서 자시로 끝나게 되는 것일까? 가령 축·인·묘·진·사·오·미·신·유·술·해·자의 순으로 하루가 흘러가고 축시에서 오시까지는 오전(선천)이고 미시에서 자시까지는 오후(후천)가 된다는 것일까? 그것을 일컬어 丑·卯는 후천의 선천이고 未·酉는 후천의 후천이라고 표현해놓았던 것일까? 물론 이럴 가능성도 있을 것이다. 그러나 나중에 「십일일언」에서 다시 다루겠지만 후천의 하루는 해시에서 시작한다고 표현되는 문구가 등장한다. 「십일일언」의 삼오착종삼원수라는 문구에서는 다음과 같이 갑·기일에는 자시가 갑자시라고 표현되어 있다. 이는 선천의 상황을 말해주고 있다. (부록 262페이지 참조)

갑 기 야 반 생 갑 자 병 인 두
甲己夜半生甲子丙寅頭 갑기야반에 갑자가 생하니 병인으로 머리한다.

반면 「십일일언」의 구이착종오원수라는 문구에서는 다음과 같이 기·갑일에는 해시가 계해시라고 표현되어 있다. 이는 후천의 상황을 말해주고 있다.

<ruby>己甲夜半生癸亥丁卯頭<rt>기 갑 야 반 생 계 해 정 묘 두</rt></ruby> 기갑야반에 계해가 생하니 정묘로 머리한다.

여기에 따르면 후천의 하루는 해·자·축·인·묘·진으로 오전이 되고, 사·오·미·신·유·술로 오후가 된다는 말이 된다. 그러면 지금 논의 중인 축·묘·미·유 운운과는 서로 모순이 될 수밖에 없는데, 축·묘·미·유는 정녕 무엇을 말해주고자 함이란 말인가? 아~ 정말, 어렵고도 어렵다. 속 시원하게 어디 가서 물어볼 수도 없고…. 따라서 후천의 하루가 축시에서 시작하는지, 해시에서 시작하는 지, 이 문제에 대해서는 미제로 남길 수밖에 다른 도리가 없을 듯하다. 또 하나 의아하게 생각되는 점은 선후천 수상도에서 병갑경이 선천이라고 정의했던 것과 지금 12지지에서 선천이라고 하는 것과는 대체 서로 무슨 연관이 있는 것일까? 어떤 의도로 두 가지 선천을 이야기하고 있는 지를 짐작해낼 수가 없다는 점이 또한 답답한 부분이라고 할 수 있겠다. 이 모든 것이 현재로선 미제로 남을 수밖에 없을 것 같다. 쉬운 것 같으면서도 정작 결코 쉽지가 않은 것이 바로 이 부분이다.

<ruby>子寅午申先天之先后天<rt>자 인 오 신 선 천 지 선 후 천</rt></ruby> 자인과 오신은 선천의 선천과 후천이고,

<ruby>丑卯未酉后天之先后天<rt>축 묘 미 유 후 천 지 선 후 천</rt></ruby> 축묘와 미유는 후천의 선천과 후천이다.

또 다른 대안으로 지금 이 대목에 대해서 전혀 색다른 해석법을 하나 더 소개해보기로 한다. 바로 다음의 그림에서 보이는 것처럼, 건괘와 곤괘의 대비로 이해해보는 것이다. 그리고 건괘와 곤괘에다가 전통적으로 경방의 납갑을 대입해보면 바로 다음의 그림이 된다.

戌↑ ▬▬▬	酉↓ ▬ ▬
申↑ ▬▬▬	亥↓ ▬ ▬
午↑ ▬▬▬	丑↓ ▬ ▬
辰↑ ▬▬▬	卯↓ ▬ ▬
寅↑ ▬▬▬	巳↓ ▬ ▬
子↑ ▬▬▬	未↓ ▬ ▬

이 그림 상에서 선천은 바로 건괘의 상황이다. 선천의 선천은 건괘의 하괘에서 맨 밑에 있는 子에서 시작해서 올라가고, 선천의 후천은 상괘의 午에서 시작해서 올라가는 구성이다. 이것이 바로 선천의 상황이었다면, 그에 비해서 후천의 상황은 시작부터가 달라서 상괘와 하괘의 중간에 해당하는 丑에서 시작하고, 그 흘러가는 방향도 거꾸로 내려가는 방향이다. 오전은 丑에서 시작해서 아래로 내려가고, 오후는 未에서 시작해서 아래로 내려간다. 이렇게 선천과 후천을 각각 건괘와 곤괘로 대대해서 비교한 것이라고 풀이해볼 수도 있을 것 같다. 옳고 그름을 떠나 한 가지 확실한 것은 선천은 건괘로 표상되는 건도乾道의 세상이었지만, 후천은 곤괘로 표상되는 곤도坤道의 세상인 것만은 분명하다. 하여 선천은 양이 우대받았지만, 후천은 음이 우대받는 세상이다. 선천의 달이 1일부터 시작한다면, 후천의 달은 16일부터 시작한다는 것도 기억해볼 필요가 있다. 지금 건괘와 곤괘의 괘상이 보여주는 바와 선천과 후천의 달의 주기가 서로 일맥상통하는 것이 분명 있는 것 같다.

상원축회간지도

후천에는 삼원三元의 구성도 선천과 크게 달라진다. 여기서 말하는 소위 삼원이라 함은 상원·중원·하원, 즉 60갑자가 상·중·하원을 세 번 반복함으로써 180년을 한 주기로 구성하는 것을 뜻한다. 선천에서는 갑자에서 계해까지의 60갑자가 세 번을 반복하는 것이 상·중·하의 삼원이었다면, 후천에서는 36허도수를 반영해서 갑자가 기축으로 옮겨진다. 그리고 기축에서 무자까지의 60갑자가 상·중·하 세 번을 반복하는 것으로 삼원의 내용이 바뀌게 된다.

기축궁	경인	신묘	임진	계사	갑오	을미	병신	정유	무술
己丑宮	庚寅	辛卯	壬辰	癸巳	甲午	乙未	丙申	丁酉	戊戌
기해궁	경자	신축	임인	계묘	갑진	을사	병오	정미	무신
己亥宮	庚子	辛丑	壬寅	癸卯	甲辰	乙巳	丙午	丁未	戊申
기유궁	경술	신해	임자	계축	갑인	을묘	병진	정사	무오
己酉宮	庚戌	辛亥	壬子	癸丑	甲寅	乙卯	丙辰	丁巳	戊午
기미궁	경신	신유	임술	계해	갑자	을축	병인	정묘	무진
己未宮	庚申	辛酉	壬戌	癸亥	甲子	乙丑	丙寅	丁卯	戊辰
기사궁	경오	신미	임신	계유	갑술	을해	병자	정축	무인
己巳宮	庚午	辛未	壬申	癸酉	甲戌	乙亥	丙子	丁丑	戊寅
기묘궁	경진	신사	임오	계미	갑신	을유	병술	정해	무자
己卯宮	庚辰	辛巳	壬午	癸未	甲申	乙酉	丙戌	丁亥	戊子

제목에서 상원축회간지도(上元丑會干支圖)라 함은 후천의 삼원 중에서 오직 상원만을 언급하고 있지만, 중원이나 하원이란 것도 결국 상원 60갑자가 그대로 반복되는 것이니 굳이 따로 추가할 필요조차 느끼지 못했기 때문일 것이다. 또한 선천의 경우는 당연히 60갑자의 시작은 갑자甲子로 시작해서 계해癸亥로 끝나는 것이었으므로, 이를 자회간지도라고 불러야 할 것 같다. 하지만 후천이 되면 기축己丑부터 시작해서

무자戊子로 마무리되는 것으로 바뀐다. 바로 이것이 축회를 강조하는 이유이다. 즉 지나간 선천의 경우에는 자회였으나, 이제 후천에는 축회인 것이다.

天政開子地政闢丑 하늘 정사는 자에서 열리고, 땅의 정사는 축에서 열린다.

지금 이 문구는 앞으로 「십일일언」에서 등장하게 될 문구인데, 지인은 다시 한 번 더 선천과 후천을 비교해놓고 있다(부록 261페이지 참조). 하늘 정사가 子에서 열린다는 것은 선천의 자회간지도를 일컫는 말이고, 땅의 정사가 丑에서 열린다는 것은 후천의 축회간지도를 일컫는 말이다. 「십일일언」에서 다시 다루기로 한다.

嗚呼丑宮得旺子宮退位 아아, 축궁이 득왕이니 자궁은 퇴위한다.

그리고 화옹친화감화사에서 등장했던 이 문구, 축궁이 득왕하니 자궁이 퇴위한다는 이 문구도 똑같은 메시지를 전하고 있다. 甲子가 선두에 서서 60갑자를 이끌었던 선천 시대가 막을 내리고, 己丑이 선두에 서서 60갑자를 이끄는 후천 시대가 도래 하게 되는 것을 의미하는 것이다.

3 28수 운기도

정역에 의하면 장차 후천으로 넘어가면서 달라지는 것들이 상당히 많은데, 그 중의 하나로 가장 손꼽히는 것이 28수의 운행이 달라진다는 점이다. 어떻게 달라지는 것일까? 28수가 거꾸로 돌아가게 된다. 28수는 항성들이다. 그런데 이런 항성들이 어떻게 거꾸로 돈다는 것일까? 항성들은 움직이지 않는 것이고, 실은 지구와 같은 행성들이 태양을 중심으로 돌고 있기 때문에 28수가 운행하는 것처럼 보일 뿐이다. 그러므로 28수가 거꾸로 운행한다는 것은 그 자체로 이미 중대한 변화를 예고하는 것이다. 정역에서 소위 28수의 운기도(運氣圖)에 언급된 내용은 아래와 같다.

癸未 軫 癸丑	계미 진 계축	戊戌 室 戊辰	무술 실 무진
甲申 翼 甲寅	갑신 익 갑인	己亥 危 己巳	기해 위 기사
乙酉 張 乙卯	을유 장 을묘	庚子 虛 庚午	경자 허 경오
丙戌 星 丙辰	병술 성 병진	辛丑 女 辛未	신축 녀 신미
丁亥 柳 丁巳	정해 류 정사	壬寅 牛 壬申	임인 우 임신
戊子 鬼 戊午	무자 귀 무오	癸卯 斗 癸酉	계묘 두 계유
己丑 井 己未	기축 정 기미	甲辰 箕 甲戌	갑진 기 갑술
庚寅 參 庚申	경인 삼 경신	乙巳 尾 乙亥	을사 미 을해
辛卯 觜 辛酉	신묘 자 신유	丙午 心 丙子	병오 심 병자
壬辰 畢 壬戌	임진 필 임술	丁未 房 丁丑	정미 방 정축
癸巳 昴 癸亥	계사 묘 계해	戊申 氐 戊寅	무신 저 무인
甲午 胃 甲子	갑오 위 갑자	己酉 己卯	기유 기묘
乙未 婁 乙丑	을미 루 을축	庚戌 庚辰	경술 경진
丙申 奎 丙寅	병신 규 병인	辛亥 亢 辛巳	신해 항 신사
丁酉 壁 丁卯	정유 벽 정묘	壬子 角 壬午	임자 각 임오

일일이 28수 이름의 양옆에다가 60갑자를 좌우에 배치해 놓았는데, 이것이 의미하는 바가 무엇일까? 위에 열거되고 있는 사항으로 보아 아마도 일진을 적어 놓은 듯하다. 30일이 모여서 한 달이 되는 것이니 일진을 적어 놓은 것이 거의 틀림없다. 후천의 한 달은 이미 주지하는 바와 같이 30일이 될 것이기 때문이다. 요즘에 와서는 우리나라에서는 좀처럼 찾아볼 수 없게 되었지만, 예전에는 달력에다가 28수를 매일 하나씩 배정해서 적어 놓았었다. 동양 3국 중에서는 아직도 일본에서 이 28수를 달력에다가 표시해놓고 사용하고 있다.

일요일	월요일	화요일	수요일	목요일	금요일	토요일
星 1 5.27 병오	張 2 5.28 정미	翼 3 5.29 무신	軫 4 6.1 기유	角 5 6.2 경술	亢 6 6.3 신해	氐 7 6.4 임자 소서
房 8 6.5 계축	心 9 6.6 갑인	尾 10 6.7 을묘	箕 11 6.8 병진	斗 12 6.9 정사	牛 13 6.10 무오	女 14 6.11 기미
虛 15 6.12 경신	危 16 6.13 신유	室 17 6.14 임술	壁 18 6.15 계해	奎 19 6.16 갑자	婁 20 망 6.17 을축	胃 21 6.18 병인
昴 22 6.19 정묘	畢 23 6.2 무진 대서	觜 24 6.21 기사	參 25 6.22 경오	井 26 6.23 신미	鬼 27 6.24 임신	柳 28 6.25 계유
星 29 6.26 갑술	張 30 6.27 을해	翼 31 6.28 병자				

가령 성현께서 살아계시던 1883년 양력 7월의 달력을 그대로 재현해본다면 바로 위와 같았을 것이다. 각 날짜마다 28수가 하나씩 배정되어 있었고, 그 순서는 각·항·저·방·심·미·기의 차례였다. 가령 5일이 각角이었다면 그 다음날 6일은 항亢이고, 그 다음날 7일은 저氐가 배정되

는 식이었다. 그런데 그 28수의 운행이 거꾸로 된다? 대체 이것이 무엇을 의미하는 것일까? 하지만 그것을 따져보기 이전에 후천에도 28수가 운행된다는 이 한 가지만으로도 매우 중대한 의미를 알려준다. 이것은 곧 지구의 공전 궤도면이나 지구 자전축의 기울기 자체가 명왕성3) 이나 천왕성과 같이 극단적으로 변하지 않는다는 것을 의미하기 때문이다. 가령 현재의 명왕성처

럼 공전 궤도면이 크게 달라진다거나, 천왕성과 같이 자전축이 극단적으로 휙 돌아가기라도 한다면, 밤하늘에서 28수를 두루 구경하기는 정말 어려워질 수도 있기 때문이다. 현 시점에서 태양계의 행성들이 자전하는 축들을 살펴보면 상황을 좀 더 이해하기 쉬울 것이다. 다음 그림을 보게 되면 얼마든지 자전축이 제멋대로 기울수도 있다는 것을 느낄 수 있을 것이다. 자전의 방향도 대부분의 행성들은 반시계방향으로 회전하고 있지만 금성은 반대로 회전하고 있다.

수성　금성　지구　화성　　목성　　토성　　　　천왕성　　　해왕성　　명왕성

　이처럼 자전방향과 자전축이 어떻게 되는가는 결국 모든 경우의 수가 다 가능한 것이지만, 그 행성 안에서 살아가는 생명체들에게는

---

3) 명왕성의 경우 공전궤도면이 약 15도 정도 틀어져 있다.

자칫 치명적인 재앙으로 다가올 가능성이 얼마든지 있는 것이다. 그리고 이는 제2권에서 말세에 땅꾼자리가 나타나 28수, 즉 청룡·백호·주작·현무의 4마리 뱀들을 잡아 죽이는 그 일만큼은 결국 실패로 끝날 것임을 알려준다. 따라서 지금 28수를 여전히 두루 볼 수 있다는 이 언급만으로도 대략 안심할 수 있는 부분이 있는 것이다.

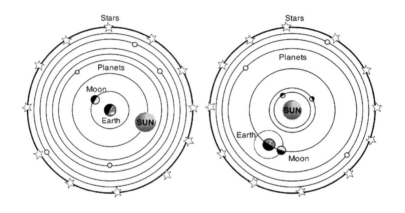

그런데 진짜 문제는 후천이 되면 28수가 완전히 거꾸로 운행된다는 언급이라고 할 수 있다. 아래에서 위로 읽어야 비로소 각·항·저·방·심·미·기의 순서가 나오니 말이다. 이렇게 28수가 거꾸로 운행된다는 것은 대체 무엇을 의미하는 것일까? 28수가 거꾸로 운행된다? 이것의 가장 직설적인 천체 물리학적 현상은 달의 공전방향이 달라짐을 의미한다. 위에 있는 거대한 시계 중에서 특히 왼쪽의 그림을 보자. 달이 28수를 차례대로 방문하는데, 그 방문 순서가 거꾸로 된다는 것은 두 말할 것도 없이 달의 공전 방향이 거꾸로 된다는 것을 의미한다. 하지만 달의 공전방향이 어떻게 하루아침에 역전될 수 있다는 말인가? 달의 원심력과 지구와의 중력 균형 때문에 달이 지구의 둘레를 맴돌고 있는 것이다. 이것이 어느 순간 무너진다는 말일까? 참으로 엄청난 말이고, 도저히 믿기 힘든 말이기도 하다. 그러나 그 외에는 28수가 거꾸로 운행된다는 것이 도저히 불가능하니 답답한 노릇이 아닐 수 없다. 그래서 정역에 기술되어 있는 28수의 역행에다가 약간의 상상력을 보태서 하나의 시나리오를 생각해보았다. 달이 혼자서 공전 궤도를 역행한다는 것은 도저히 불가능한 일인 것으로 보이기 때문이다. 그나마 일말의 가능성이라도 있어 뵈는 얘기는 지구가 어떤 원인에 의해 남북이 휙 뒤집어지는 것이다. 북반구가 아래로 내려가고, 남반구가 위로 올라가는 것이다. 그렇게 되면서 지구 주위를 돌던 달의 공전궤도도 지구를 따라 함께 통째로 뒤집어지고, 결과적으로 달의 공전 방향이 거꾸로 된 것처럼 보이게 될 수도 있을 것 같다. 만약 가상의 우주인이 먼 우주여행을 마치고 지구로 귀환한다고 가정한다면 그의 눈에는 마치 지구가 거꾸로 자전을 하고 있고 달도 거꾸로 공전하고 있는 것으로 보이게 될 것이다. 사람들은 정역을 인용하면서 지축정립을 예고하고 있다고들 말하고 있지만 자세히 알고 보면 지축정립이 아니라, 엄청난 극이동을 예고하는 것일지 모른다. 그러한 엄청난 변화를 지인은 차마 입에 담기가 싫어서, 28수의 운행을 거꾸로 도는 것으로 표현해놓았던 것은 아닐까?

그런데 이런 엄청난 극 변화는 처음 있는 일일까? 그리고 지인이 이런 메시지를 전한 최초의 지구인일까? 모두 아니다. 극이동이란 것은 그리 자주 일어나는 일은 아니지만, 또 결코 일어나지 않는 일에 속하는 것도 아니다. 수십억 년 간의 지난 천체의 역사를 돌이켜보면 행성들이 이따금씩 한 번씩 뒤집어지는 일들이 심심치 않게 있어왔다는 과학적 증거들이 발견되고 있다. 지구는 물론이고, 화성도 가끔씩 이렇게 뒤집어져 왔다는 것이다. 필자의 이 말이 도저히 믿어지지 않는가? 지금은 그 무엇보다도 과학이 대우를 받고 있고, 과학적인 것이 아니라면 잘 믿지도 않는 경향이 있으니, 먼저 극이동을 연구하는 여러 과학자들의 말부터 들어볼 필요가 있을 것 같다.

추론의 천재로 불리는 영국 킬 대학의 교수 피터 워로우는 1979년 물리학 전문지에 게재한 그의 논문[4]을 통해, 급격한 지구 극이동 가설을 주장했다. 그는 극이동이 일어나면 지구의 자장이 크게 변하여 이것이 수많은 동물군의 전멸이라든가 기후의 급작스런 변화, 대규모 지진활동 등의 이상 현상에 깊은 영향을 끼친다고 말했다. 또한 인류의 진화 과정에서 중요한 아종의 출현이나 다음 문화기로의 변화는 자기의 역전이나 극이동과 깊은 관련이 있을 것으로 추측했다. 그는 자기의 역전은 수일간 혹은 하루 사이에도 일어날 수 있다고 기술하고 있는데, 만약 실제로 하루 사이에 극 역전이 일어난다고 해도, 그것이 멸망으로 이어질만한 종극적인 대 격변은 아닐 것이라고 예측하고 있다. 그는 하루사이에 극이동이 일어나면, 지표에서의 최대가속도가 중력가속도 9.8m/sec2의 1/1000 정도인 1cm/sec 가량 증가할 뿐이라고 계산하였다. 그러면 이러한 극이동을 일으키는 방아쇠는 과연 무엇인가? 이 문제를 그는 **혜성이나 행성의 접근**이라고 생각하였다. 즉 지구에 다른 우주 물체가 짧은 시간 동안이라도 접근하면 천체간의 상호 인력 및 전자기 작용 등으로 지구에 극이동을 불러일으킬 수 있다고 설명한다.

---

4) 그의 논문, 〔지구 자장의 변동은 있었던가〕

또 스프링필드 대학의 역사학자 찰스 햅굿은 1958년『지각의 이동』이라는 책에서 극이동은 지구 중심부까지 기울어지는 것이 아니라, 지구 표면, 즉 지각만이 이동하기 때문에 발생하는 것이라고 주장했다. 지구 중심부는 이동하지 않고 지각만 이동하더라도 지표면의 극점이 이동한다는 것이다. 그는 십 수 년 후 다시『극의 통로』라는 책에서 지각의 이동은 남극의 빙하가 아닌 지구 내부의 운동에서 기인하는 것이며, 또한 지각 이동으로 인한 극이동이 과거에 적어도 200회 이상 발생했었다고 주장했다. 그는 지각은 서서히 이동하면서도 때로는 급격하게 이동할 수도 있다고 보았다.

그리고 정신병 의학자이며 역사연구가인 이마뉴엘 벨리코프스키는 극이동을 주제로 한 1950년『충돌하는 우주』, 1955년『대혼란의 지구』에서 주로 고대 신화나 고대 전설 등에 공통적으로 나타나는 천변지이에 관한 방대한 자료를 과학적으로 실증하려고 시도했다. **그는 지구 극이동의 주요 원인으로 지구에 접근하는 혜성이나 금성, 화성과 같은 행성의 영향을 꼽았다.** 그는 지구뿐 아니라 태양계의 구조까지도 과거에 여러 번 변화했었다고 주장했다. 그리고 지구 북극의 이동이 규명되면 인류가 안고 있는 수많은 수수께끼가 간단히 해결된다고 하면서 이런 말을 남겼다.

"지구는 과거에 지구 바깥으로부터의 힘에 의해서 갑자기 크게 몇 번이나 되풀이하여 흔들렸고, 또 마치 물고기가 낚시에 물렸을 때처럼 요동을 친 일이 있었다."

실제로 이집트의 파피루스, 플라톤의 국가론, 중국의『회남자』와 같은 세계 각 민족의 신화와 고대사 등의 기록을 보면, 극이 이동하여 지구가 뒤집혀 운행한 적이 여러 번 있었음을 시사해주는 내용이 많이 발견된다. 이집트의 파피루스에 쓰인 기록 속에서도 지구가 거꾸로 되었다던가, 남쪽이 북쪽으로 되어 지구가 완전히 뒤집혔다고 적혀 있다. 그는 이들 기록을 토대로 지축이 두 번에 걸쳐 역전하여 남극과 북극이 뒤바뀌고, 이에 따라 갖가지 지구의 변동이 생겼다고 해석하였다.

"이 일은 파피루스뿐만이 아니라 쎈맛트의 묘비에도 천계의 12궁 및 남방 하늘의 성좌 위치가 뒤바뀌었다고 기술되어 있다."

그는 또한 플라톤의 국가론도 인용하고 있다. 그때 일출이나 일몰 무렵의 방각이 어떻게 바뀌었나 하면 일출하는 시각에 해가 졌으며, 일몰 지점으로부터 해가 떠올랐다는 것이다.

"어느 시기엔 우주는 현재와 같은 방향으로 움직였으며, 또 다른 어떤 시기엔 완전히 반대 방향으로 전환했다.…(중략)…우주에 있어서의 온갖 이변 속에서 이 전환이 가장 규모가 컸으며, 또한 빈틈없이 이루어진 것이었다. 이때에 많은 동물들은 대량으로 사멸했으며, 인류도 지극히 작은 한 줌의 부분밖에 살아남지 못했다."

그리고 전 세계의 신화와 전설이 이에 대한 내용이 기록되어 있다는 것은 그 현상이 국지적인 것이 아니라 전 지구적으로 생겨난 증거라고 말한다. 그린랜드의 에스키모조차도 선교사들에게 옛날 옛적에 지구가 뒤집혔다는 전설을 이야기했다고 한다. 그는 지구가 중심부의 이동을 포함한 지축의 이동과 지각의 변동이라는 두 가지를 모두 경험했다고 주장했다. 따라서 나침반의 기점도, 사계절의 순서도, 기후도, 하루의 길이도, 일 년의 길이도 모조리 변화했다는 것이다. 한마디로 지구 밖 천체의 영향으로 지구의 자전과 공전, 기후 등의 뒤바뀌게 된다는 것이다.

그리고 프랑스의 쇼베 동굴 벽화에도 그려져 있던 매머드라는 동물에 대한 수수께끼를 들 수 있다. 약 1만3천 년 전에 멸종한 것으로 알려진 이 거대한 동물은 지금까지 여러 차례 시베리아와 알래스카 등 북극해 주변에서 완벽한 원형을 유지한 채로 발견됐다. 화석 형태가 아니라 얼음에 묻혀 냉동된 상태로 발견된 것이다. 특히 1846년 시베리아의 인디기르카 강 바닥에서 찾아낸 키 4m, 몸길이 4.5m의 매머드는 어찌나 보존상태가 좋았던지 마치 얼음을 녹이게 되면 다시 살아 돌아오기라도 할 것 같은 모습이었다. 그러나 그보다 더 중요한 특징은 서있는 자세로 얼어붙었다는 점이다! 이는 매머드가 죽은 뒤 나중에 냉동된 게 아니라는 것이다. 다시 말해서 매머드가 살아서 움직이는 동안 어느 한순간에 급랭되었음을 말해준다. 급속 냉동을 보여주는 증거는 또 있다. 그 후 발견된 다른 매머드에서 위뿐만이 아니라 입 안에도 씹던 풀들이 남아있었다. 그야말로 '식사하는 중'에 그대로 동결됐다는 얘기다. 희한 한 사실이 하나 더 있다. 매머드가 먹던 풀들은 열대 지방이나 온대 지방에서 자라는 식물들이 었다. 여러 가설들이 있지만 그 중 가장 유력한 것이 '극이 동', 또는 '극 점프'설이다. 강 력한 유성의 충돌로 지구의 자전축이 약 20도 정도 이동 함에 따라 온화하던 지역이 단 한 순간에 현재의 북극권

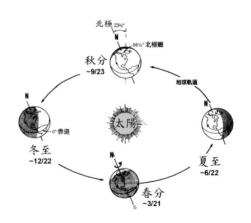

으로 기후대가 급속하게 바뀌었다는 게 골자이다. 이로써 북반구에서는 시베리아와 알라스카, 남반구에서는 남극대륙에서 갑작스런 결빙이 야기됐다고 한다. 다음은 월간과학 1999년 10월호 『Newton』에 실려 있던 기사 내용 중의 일부이다.

'자석에는 N, S극이 있으며, 나침반의 바늘에 있는 N, S극은 항상 지도상의 북과 남을 가리키게 되는데, 이는 지구 자체가 거대한 자석임을 의미한다. 그리고 대부분의 모든 전기 장치를 작동할 때 필연적으로 자기장이 생기게 되는데, 지구가 자석이라면 지구 바깥의 우주 공간에 자기장이 형성되어 있을 것이다. 과거의 지구자기의 역사를 연구하기 위해서는 암석이 지닌 자기적 성질을 이용한다. 예를 들면, 마그마가 냉각되어 암석으로 굳어질 때, 암석 속에 포함된 자철석과 같은 자성을 띠는 광물들은 그 당시의 지구 자기장 방향으로 자화磁化되어 남아 있기 때문이다. 맨틀로부터 상승하는 마그마가 중앙 해령의 확장 축을 따라 분출하면서 냉각되어 새로운 해양 지각을 만들고 해양은 점점 더 넓어지는데, 다음의 정상과 역전을 나타내는 검고 흰 줄무늬는 과거 지질 시대에 지구 자기장의 N극이 북극을 가리키는 정상과 남극을 가리키는 역전이 되풀이하는 동안, 당시의 지구 자기장의 방향에 따라 대칭적으로 자화된 줄무늬이다. 이 현상은 지축의 이동, 극의 역전이 주기적으로 발생한다는 강력한 증거가 된다. 왜냐하면 해저는 지구의 과거역사를 기록하는 녹음기이기 때문이다. 지구의 자기장이 활발하게 변동하고 있다는 것이 알려진 것은 상당히 최근의 일이다.…(중략)… 자기장의 가장 큰 변화는 지구 자기장의 남북이 완전히 바뀌는 역전현상 이다.…(중략)…해저의 용암을 조사함으로서 지구의 자기장이 아득한 옛날부터 오늘에 이르기까지 몇 백 번이나 남북이 서로 바뀌었다는 것을 알게 되었다.…(중략)…약 5~8만 년 전에도 짧은 기간의 역전 기록이 남아 있지만, 아직 확실하지 않다.…(중략)…지구 자기장의 갑작스런 역전에 따라, 대부분의 경우 생물종의 멸종과 진화를 보게 된다. 하지만 그 이유는 아직 명확하게 밝혀진 바 없다.'

이처럼 태고의 암석에서 자연잔류자기를 살피는 고자기학적 연구에 의하면, 지난 약 8000만 년 간 적어도 170회 이상의 자극 역전, 혹은 자장의 반전이 일어난 것으로 알려져 있다.

이 정도의 증거들이라면, 이제는 필자의 말이 전혀 터무니없는 허무맹랑한 이야기를 하고 있는 게 아닐지도 모르겠다는 생각이 들게 되었을 것이다. 한편 지인의 예언 이전에 이미 이름만 들으면 누구든지 알 수 있는 저명한 한 지식인이 극이동을 예언했었다면 믿어지는가? 그 사람은 바로 이탈리아가 자랑하는 세계적인 대천재 레오나르도 다빈치[5]이다. 이탈리아의 역사가이며 예언 연구가인 파비오는 최근 그의 저서[6]에서 레오나르도 다빈치가 남긴 예언 하나를 소개했다. 19세기 말 다빈치의 원고에서 발견된 소량의 예언록 구절들을 파비오가 영어로 번역한 것이다. 예언 내용은 미래에 발생할 극이동에 관한 것으로서, 그에 의하면 다빈치는 다음과 같이 예언했다고 한다.

"바닷물이 산꼭대기보다 더 높이 올라와 하늘을 향할 것이며 바닷물이

5) 레오나르도 다 빈치(Leonardo da Vinci, 1452년 4월 15일~1519년 5월 2일). 그는 화가이자 조각가, 발명가, 건축가, 기술자, 해부학자, 식물학자, 도시 계획가, 천문학자, 지리학자, 음악가였다.
6) 파비오 R. 드 아라우조『선택된 예언들과 예언가들』

사람들 집을 덮칠 것이다.…(중략)…그때 사람들은 땅이 뒤집어지고 지구의 반구가 반대방향에 있는 것을 보게 되며,…(중략)…아프리카의 하늘이 바뀔 것이다. 아프리카의 하늘이 유럽에 있을 것이고 유럽의 하늘이 아프리카에 있게 될 것이다. 해당 지역들은 지축의 대이동으로 격변할 것이다.…(중략)…모든 환경이 거대한 변혁으로 인해 혼란스러울 것이다. 일순간에 지구의 중앙을 향해 이동하다가 다른 순간에 하늘을 향해 이동하고 남쪽 부분이 추운 북쪽으로 이동하며 동쪽이 서쪽으로 이동할 것이며 이쪽이 다른 반구로 바뀔 것이다."

전해져 오는 소문대로 다빈치가 정말 재주가 많기는 많았던 모양이다. 무슨 근거를 가지고 그가 이런 말을 하고 있는지는 알 수 없으나, 그는 마치 그 장면을 자신의 눈으로 직접 목도하기라도 한 것처럼 매우 사실적으로 묘사를 하고 있음을 알 수 있다. 그가 그 장면을 바라보는 관점자체도 이탈리아의 어느 한 지역이 아니다. 마치 그 자신이 지구 대기권 밖에라도 나가 유럽 대륙과 아프리카 대륙 전체를 멀리서 조망하고 있는 듯이 묘사하고 있다. 참으로 신기한 일이 아닐 수 없다.

항각이수존공시

지금 항각이수존종시(亢角二宿尊空詩)에서 말하는 항과 각이란 별은 앞에서 살펴본 28수 중에서도 각·항·저·방·심·미·기의 동방7수에 속하는 별들이다. 동방7수는 청룡, 백호, 주작, 현무 중에서 청룡을 상징한다. 그리고 7개의 별들은 각각 아래와 같은 의미를 갖는다.

각角 : 청룡의 뿔. 28수 전체의 기준, 하늘의 관문, 춘분점이 있는 곳, 생성과 소멸, 위엄과 신용을 의미한다.

항亢 : 청룡의 목. 천자의 집무실, 조공을 받고 송사와 심리를 의미한다.

저氐 : 청룡의 가슴. 천자와 황후가 거처하는 궁, 휴식처를 의미한다.

방房 : 청룡의 배. 천자가 정치를 펴는 궁, 명당을 의미한다.

심心 : 청룡의 심장. 천자의 올바른 자리로 명당과 상벌을 의미한다.

미尾 : 청룡의 꼬리. 황후와 후궁의 거처, 아홉 자식(九龍子)를 의미한다.

기箕 : 청룡의 항문. 천자의 후궁이 있는 곳, 혹은 변방 부족을 의미한다.

何物能聽角 어떤 물건이 능히 뿔 소리를 들을 수 있는가?

神明氐不亢 신명이라, 저와 항을 잇지 못한다.

室張三十六莫莫莫無量 실에서 장까지 36은 막막하기가 헤아릴 수 없다.

武功平胃散文德養心湯 무공은 평위산, 문덕은 양심탕

正明金火理律呂調陰陽 금화의 이치를 바르게 비추고, 율려가 음양을 조율한다.

하물능청각? 어떤 물건이 능히 뿔 소리를 들을 수 있는가? 의문문으로 되어 있지만, 아마도 청룡의 뿔에 해당하는 각角만이 뿔 소리를 들을 수 있다고 강조하는 것으로 보인다.

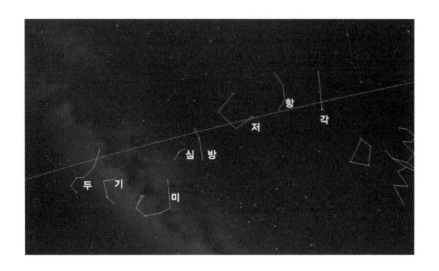

 신명저불항, 신명이라 저와 항을 곧바로 잇지 못한다고 한다. 앞에서 이미 살펴본 바와 같이 저와 항 사이의 두 칸에 공란이 있었음을 기억할 것이다. 후천은 정확히 30일이기 때문에 28수를 배정하다보면 당연히 매달마다 두 개의 간지가 빌 수밖에 없을 것인데, 바로 그것을 말하는 것으로 보인다. 그리고 그 이유가 바로 저와 항 사이에는 신명이 있기 때문이라고 말하는 것 같다. 이해가 쉽지는 않다. 또한 시의 제목에서 말한 항각이수존공시에서 소위 존공尊空의 대상은 문맥상으로 보아 항이나 각이 아니라, 항과 각 사이에 있는 빈칸 두 곳을 말하는 것임을 짐작할 수 있다. 그리고 다음에 이어지는 문장, 정말 막막할 정도로 해석이 어려운 부분이다. 실장삼십육막막막무량, 여기서 말하는 36이란 것이 36일 동안 막막하다는 것인지, 의미하는 바가 정녕 무엇인지 참으로 이해하기 어렵다. 일단 넘어가기로 한다.

武功平胃散文德養心湯 무공은 평위산, 문덕은 양심탕

무공평위산문덕양심탕? 여기서 무공은 역리적으로 진괘(☳)를 말하고, 문덕은 이괘(☲)를 말한다. 그러면 평위산은 무엇이고, 양심탕은 무엇일까? 이들은 일종의 한약의 이름들이다. 마치 1970년대에 서민들이 흔하게 찾던 활명수나 아스피린과 같은 약들처럼, 조선말 그 무렵에도 배가 아플 때는 평위산이란 약을 찾았고, 두통이 날 때는 양심탕을 찾았다. 즉 뱃속이 편치 못할 때는 평위산이 약이고, 머릿속이 편치 못할 때는 양심탕이 약이었다. 그런데 무공과 평위산은 어떻게 연결되고, 문덕은 또 양심탕과 어떻게 연결되는 것일까? 이를 역리적으로 풀이하면, 뱃속은 곤괘(☷)를 말하고, 머리는 건괘(☰)를 말한다. 따라서 곤괘(뱃속)가 편치 않을 때는 진괘(무공)가 약이라는 것이고, 건괘(머리)가 편치 않을 때는 이괘(문덕)가 약이라는 의미이다. 이 말은 곧 율려의 작용을 말한다. 무슨 근거로 이렇게 말할 수 있을까?

六水九金會而潤而律 6수, 9금은 모여서 윤택함이니 율이 되며,

二火三木分而影而呂 2화, 3목은 나뉘어 그림자로서 려가 된다.

지금 이 문장은 금화5송의 맨 마지막 부분에 나왔던 율려에 대한 최초의 언급이었고 이를 다시 가지고 왔다. 그 내용은 율려의 구성 성분을 말해주고 있다. 즉 6·9 가 바로 율(律)이고 2·3이 려(呂)인 것이다. 그리고 이제 다음의 그림에서 정역팔괘의 괘상과 수상을 함께 자세히 들여다보면, 곤괘(☷)의 9地가 불안할 때는 진괘(☳)의 6地가 약이고, 건괘(☰)의 2地가 불안할 때는 이괘(☲)의 3地가 약이라는 말이

성립되니, 이는 앞서 언급된 금화5송에서 가져온 율려의 문장과 서로
정확히 일맥상통하는 바이다.

정역팔괘 배정원리(1) 구궁의 천지반수를 표시		
7 1 ☲	3 5 ☳	9 9 ☴
8 10 ☶	2 7	5 3 ☱
4 4 ☵	10 8 ☷	6 2 ☷

정역팔괘 괘상과 수상 건곤의 문제를 율려로 치유한다.		
1 5 ☵	7 9 ☱	3 3 ☴
2 4 ☳	6 1 ☶	9 7 ☲
8 8 ☷	4 2 ☵	10 6 ☴

그 뿐만이 아니다. 또한 진괘(☳)와 곤괘(☷)가 합하면 뇌지예(䷏)가
되어 64괘중에서 음악을 의미하는 괘상이 된다. 게다가 건괘(☰)와
이괘(☲)가 합하면 천화동인(䷌) 즉 여러 사람이 함께하는 것이 되니,
뇌지예와 결합해서 보면 여러 사람들이 장단에 맞추어 춤추며 노래하는
상이 된다. 이처럼 6·9와 2·3에 해당하는 수를 64괘 괘상으로 바꾸어
보아도 역시 율려의 뜻이 나온다. 따라서 '무공평위산'과 '문덕양심탕'이
란 6수9금, 그리고 2화3목이라고 하는 율려의 작용에 힘입어 조화되는
것임을 한 번 더 부연 설명해주는 대목이다. 이는 바로 이어지는 그

다음 문장을 보면 율려와의 연관성이 틀림없음을 더 확실히 느낄 수 있게 된다.

正明金火理律呂調陰陽 금화 이치를 바르게 비추고, 율려가 음양 조율한다.

만약 지인이 감추어두신 후천 수리 배열을 전혀 몰랐다고 한다면, 이어지는 이 문장에서 느닷없이 튀어나오는 율려에 대한 언급이 전혀 생뚱맞은 소리로 들릴 수도 있었을 것이다. 율려가 음양을 조율하는 한편에는 금화의 이치가 바르게 빛난다. 이는 결국에는 금화의 이치와 율려의 조율로 인해서 배탈이 낫게 될 것이고, 두통이 해소될 것이라는 희망의 메시지를 던져주고 있는 것이다.

室張三十六莫莫莫無量 실에서 장까지 36은 막막하기가 헤아릴 수 없다.

그리고 아까 도저히 이해가 안 되어서 뒤로 미루었던 이 문장. 이제는 조금 감이 잡히는 것이 있을 것이다. 율려는 알고 보면 어떤 병통에 대한 처방이라는 것을 알 수 있다. 병이 있으므로 약이 필요한 것이다. 그러면 정확히 병명이 무엇인가? 배가 아프고 머리가 아프다. 다시 말해서 땅이 아프고, 하늘이 아프다는 것이다. 그것이 병명이다. 그것을 평위산과 양심탕으로 처방하고자 하는 것이고, 율려로 처방하고자 하는 것이다. 그러면 이제 짐작이 될 것이다. 실에서 장까지 막막하다는 것이 무엇을 의미하는지? 바로 하늘과 땅이 아픈 기간이다. 36의 단위는 년·월·일·시 중에서 뭐? 바로 일日이다. 그렇게 판단한 근거는 28수를 언급하고 있기 때문이다. 실이며 장이라고 하는 것이 모두 28수의 하나가 아닌가! 따라서 36일 동안 아픈 것이고, 그 동안 지구와 그리고 지구의 위성인 달은 무진장 아파서 요동을 치게 된다. 그 기간 동안 진괘(☳)와 이괘(☲), 그리고 6·9와 2·3의 율려가, 환자를 치료하는 의사가 되어, 요동치는 지구와 달을 안정시키기 위해서 최선을 다하게 될 것이다. 그렇게 새로운 사이클로 완전히 안정화되기까지는 약 36일이 걸릴 것이고, 그러한 안정화 기간 동안에는 글자 그대로 막막막무량, 막막하기가 그지없게 될 것이다. 그리고 지인은 은밀히 그 시작되는 날이 며칠인지를 알려주고 있다. 그날은 미래의 어느 날, 28수로 실室이 배정되는 날에 시작된다. 그리고 재조정을 거친 후에 완전히 안정화 되는 후천의 첫째 날이 바로 장張이 배정되는 날일 것이라고 말해주고 있다.

여기 이 중차대한 부분에 대해, 고금의 미래 예언 전문가들이 뭐라고 말들을 했는지 안 들어볼 수가 없을 것이다. 이렇게 절체절명의 중대한 대목에 대해, 만약 아무런 언급이 없다면 그자는 틀림없이 가짜임이 분명할 것이다. 그 유명한 프랑스의 예언가 미셀 노스트라다무스가 당시의 국왕이었던 앙리 2세에게 보내는 편지의 내용 일부분을 들어보자. 설마 한 나라의 국왕에게 보내는 편지에다가 말도 안 되는 얼토당토한 말을 쓰지는 않았을 것이다.

"…(중략)…그리고 커다란 대이동이 일어나 사람들은 지구의 중력이 규칙적인 운행을 벗어나 영원한 암흑으로 추락한 것으로 여기게 되는 사건이 10월에 있을 것입니다.…(중략)…."

지구의 공전궤도상에 무언가 중대한 변화가 있음을 예고하고 있다는 것을 눈치 챌 수 있을 정도로 명명백백하게 묘사를 해놓았다. 여기서 말하는 영원한 암흑이란 게 무엇을 말하는지도 그리 어렵지 않게 추정해 볼 수 있을 정도이다. 궤도를 벗어나 갈 수 있는 영원한 암흑이란 게 대체 무엇일까? 차마 입에 담기가 싫어 그냥 상상에 맡기도록 하겠다. 그리고 중요한 단서 하나, 그 일이 일어나는 시점이 10월이라고 한다. 노스트라다무스가 살던 당시의 역법을 기준으로 10월을 말하는 건지, 현재의 역법을 기준으로 양력 10월을 말하는 것인지는 분명치 않으나, 아무튼 가을 녘에 그 일이 일어난다는 것을 알 수 있게 되었다. 그리고 다음은 조선말의 도인이었던 송하노인이란 분이 썼다는『송하비결』의 마지막에 나오는 구절이다.

龍吐庚炎(용토경염); 화산 폭발로 뜨거운 용암이 분출되고
湯湯覆覆(탕탕복복); 물이 끓어오르고 땅이 뒤집어진다.
天卑地尊(천비지존); 하늘은 낮아지고 땅이 높아진다.
三十六宮(삼십육궁); 사방팔방 온 세상이 모두
都是寒冬(도시한동); 도무지 추운 겨울이다.
海龍吐山(해룡토산); 바다에서 육지를 토해내고,
桑田碧海(상전벽해); 육지가 바다로 변한다.
子午正立(자오정립); 남과 북이 바르게 서니
三道順行(삼도순행); 천지인 삼도가 순행하게 된다.

이 대목을 읽어보면, 지구의 상황이 결코 가벼운 병통이 아니라는 것을 직감할 수 있을 것이다. 오히려 지구대변혁이면서, 지구가 엄청나 게 아프게 될 것임을 예고 해주고 있다. 다행인 것은 결국은 해피엔딩으로 마무리한다는 점이다. 그나마 이 하나가 유일한 위안거리인 셈이다.

4 구구음

소위 구구음(九九吟)이라는 제목에서 표현되는 두 개의 9라는 것이 과연 무엇을 뜻하는 것일까? 혹 천부경의 경문? 혹시 9 × 9 = 81이라도 된다는 말일까? 언뜻 누구든지 한번쯤은 저절로 구구단을 연상해보게 만드는 제목이지만, 구구음에서 구구란 것은 놀랍게도 지금까지 필자가 마치 전가傳家의 보도寶刀처럼 휘둘러대고 있는 두 개의 수상도를 일컫는 용어라는 것을 이제 곧 알게 될 것이다. 이 대목을 음미하면서 독자들은 이 두 가지 수상이 결코 근거가 박약한 모래성이거나 허깨비 망량 같은 존재가 아니라, 매우 견고한 반석 위에 성립된 확고부동한 진리의 실체임을 느낄 수 있게 될 것이다. 필자가 마치 전가의 보도처럼 휘둘러대 던 바로 그것이 실제로 보물 중에 보물이었다는 것을 비로소 확신하게 될 것이란 말이다. (필자 스스로도 이 대목이 정역 본문에 실려 있었기 때문에 비로소 두 개의 수상도가 반드시 필요하다는 것을 분명하게 인식할 수 있었다.)

凡百滔滔儒雅士 무릇 수많은 도도한 선비들아
聽我一曲放浪吟 나의 방랑 노래 한 곡을 들어보라.

조선시대 성리학을 공부하신 우리 선비님들이 얼마나 도도한 양반들 이었을까? 지인이 그 도도한 양반들에게 방랑곡 한 곡을 들어보라고 권하고 있다. 지인은 일평생 벼슬을 하지 않았고 충청도 한 작은 시골에 살았던 일개 서생에 불과했었다. 그런 촌티 팍팍 풍기던 지인이 도도한 분들에게 들려주고 싶으신 말씀이 있으신가 보다. 그런데 이 대목은 굳이 당시의 양반에 국한할 필요가 없을 것 같다. 지금도 우리들 주변에는 도도하게 권위를 앞세우는 높으신 양반들이 지천으로 널려있지 않은가! 아마도 그들의 도도한 권위가 능히 하늘을 찌르고도 남을 것인데, 그들도 지금 지인의 방랑곡을 한 번 들어보아야 할 것 같다.

讀書學易先天事 책을 읽으며 역을 배우는 것이 선천의 일이었다면,
窮理脩身后人誰 이치를 궁구하며 수신하는 것은 후천의 누구일까?

그 한 말씀이란 곧 후천의 공부법에 대한 것이다. 선천에는 서책이나 줄줄이 암송하면서 공부를 했었다면, 후천에는 이치를 궁구해야 한다고 말해주고 있다. 지인이 정역을 왜 이런 식으로 편집을 해놓았는지, 그 이유가 이 대목에서 명확하게 드러난다. 책을 암송하며 공부하는 선천의 방식으론 아예 접근조차 불가능하게 만들어놓았으니, 오직 이치를 궁구해가며 수신하는 도리 외에는 다른 길이 없게 구성해놓았던 것이다. 그러니 몸소 후천의 공부법을 가르치고 있었던 셈이 아니겠는가!

三絶韋編吾夫子 가죽 끈이 세 번 끊어질 정도로 주역을 공부하신 공자는
不言无極有意存 무극은 말씀하지 않으시고 뜻만을 두셨도다.

이 대목은 이미 앞에서 충분히 다루었으므로 간단하게 넘어가기로 한다. 공자가 이미 10무극을 십분 염두에 두었다는 지인의 판단이 얼마나 확고부동했었는지에 대해서만 한 번 더 눈여겨보면 될 것 같다.

六十平生狂一夫 　**육십평생광일부**　60 평생 미친 일부는

自笑人笑恒多笑　**자소인소항다소**　스스로도 웃고, 사람들도 웃었으니, 웃음이 항상 많았다.

笑中有笑笑何笑　**소중유소소하소**　웃음 속에 웃음 있으니 무슨 웃음을 그리 웃었던가?

能笑其笑笑而歌　**능소기소소이가**　능히 그 웃음 잘 웃으며 웃고 노래하였도다.

이 대목에서 지인 스스로가 어찌해서 미쳤다고 표현하는지, 그 이유를 지인에 대한 일화를 통해서 충분히 이해할 수 있을 것이다. 세인들의 눈으로 보았을 때 비록 겉으로는 미친 사람과 다를 바 없는 것으로 보였겠지만, 내면의 진면목은 항상 진리의 한 가운데를 철두철미하게 꿰뚫고 있었으므로, 이렇게 써내려가면서도 그 마음만큼은 그 누구보다도 떳떳하고, 그 누구보다도 희열에 충만해 있었을 것이다. 참된 진리의 희열보다 더 큰 희열이 세상 그 어디에 존재할 수 있겠는가!

三百六十當朞日　**삼백육십당기일**　이제 1년 360일을 만나게 되니

선천은 1년이 365일이라서 윤달을 둘 수밖에 없었지만, 이제 곧 후천이 되면서 360일 정도수를 만나게 되니, 이 360이란 숫자가 비록 숫자의 하나에 불과하지만 내용을 알고 보면 중하고도 중할 수밖에 없다.

大一元三百數九九中排列　**대일원삼백수구구중배열**　대일원 300수는 구구 중에서 나오고

대일원 300수를 구구 중에 배열하셨다고 하는데, 여기서 등장하는 九九라는 것이 대체 무엇을 의미하는 것일까? 설마 구구단을 언급하는

것은 아닐 텐데, 단지 구궁九宮이라면 그것은 두 말할 것도 없이 낙서의 구궁을 말하는 것인데, 문제는 구궁 하나가 아니라 구구九九, 즉 九와 九라는 점이다.

대일원 300을 유추하기 이전에 낙서의 수리에 숨겨져 있는 비밀 한 가지를 더 다루어보도록 한다. 대일원수를 구하기 전에 미리 한 가지 예습이 필요하기 때문이다. 낙서 구궁의 수리는 사실 오묘하고도 오묘하여 말로써 전부 형언하기가 어려울 정도인데, 오죽하면 이 낙서를 대문 앞에 떡 걸어놓으면 저승사자가 데리러 왔다가도 자기의 할 일도 잃어버리고, 낙서를 들여다보다가 새벽녘 꼬꼬댁 소리에 놀라 저승으로 혼자 돌아가게 된다는 얘기가 있을 정도이겠는가! 이미 널리 알려진 바와 같이 어느 쪽에서 보더라도 3궁이 합하여 15가 된다는 정도의 수리적 해설은 사실 어린아이 장난 정도에 불과하다.

낙서 구궁의 여러 비밀 중 하나가 백십자와 흑십자가 낙서 구궁에 숨어 있다는 것이다. 쉽게 말해서 사정방이 백십자이

흑십자 곱셈기호 ×		
4	9	2
3	5	7
8	1	6

백십자 덧셈기호 +		
4	9	2
3	5	7
8	1	6

고, 사유방이 흑십자이다. 사정방의 백십자는 수학의 덧셈 기호를 닮았으니 사정방의 마주보는 것끼리 덧셈으로 셈을 하고, 사유방의 흑십자는 수학의 곱셈 기호를 닮았으니 마주보는 것끼리 곱셈으로 셈을 한다. 이렇게 셈을 하면 백십자는 10 + 10 = 20이니, 도합 20이라는 숫자가

되고, 흑십자는 모두 24 + 16 = 40이니, 도합 40이라는 숫자가 되니 그 둘을 더해보면 60이 된다. 그리고 거기에 중궁에 홀로 있으면서 곱셈이나 덧셈에 참가하지 않고 있던 5라는 숫자까지 더해주면 65라는 숫자가 된다. 여기서 1태극을 제하고보면 낙서 9궁 안에 64라는 숫자가 들어있었던 셈이니 이것이 바로 주역 64괘의 숫자이다. 낙서 9궁이 주역 64괘와 모종의 수리적 관계를 맺고 있었던 것이다. 그리고 우리가 앞서 논의된 두 개의 수상도를 나란히 배치하자. 이것을 모두 지금 방금 낙서 구궁에서 계산한 방식과 똑같이 계산해보자.

선천 수상도 백십자 곱셈			후천 수상도 백십자 곱셈		
7 1	3 5	9 9	1 5	7 9	3 3
8 10	2 7	5 3	2 4	6 1	9 7
4 4	10 8	6 2	8 8	4 2	10 6

먼저 위의 두 그림에서 소위 백십자 곱셈법으로 산출한다는 것은 사우방에서 서로 마주보는 것끼리 곱셈을 행하는 것이고, 그리고 그 결과는 다음과 같을 것이다.

$7 \times 6 = 42$ $1 \times 10 = 10$

$1 \times 2 = 2$ $5 \times 6 = 30$

$4 \times 9 = 36$ $8 \times 3 = 24$

$4 \times 9 = 36$ $8 \times 3 = 24$

합계 = 116   **합계 = 88**

이렇게 나온 숫자들을 더해야 한다. 116 + 88 = 204가 된다. 이렇게
나온 계산 결과는 일단 마음 속에 담아두기로 하고, 그 다음을 계산해볼
차례이다. 다음은 흑십자 덧셈법으로써, 사정방에서 서로 마주보는
숫자끼리 덧셈을 행하는 것이다. 다음의 그림을 보면서 계산해보면,
훨씬 이해가 용이할 것이다.

선천 수상도 흑십자 덧셈			후천 수상도 흑십자 덧셈		
7 1	**3** **5**	9 9	1 5	**7** **9**	3 3
8 **10**	2 7	**5** **3**	2 4	6 1	**9** **7**
4 4	**10** **8**	6 2	8 8	**4** **2**	10 6

지금 계산하고자 하는 것은 바로 흑십자 덧셈법으로써, 사정방에서
서로 마주보는 숫자끼리 덧셈을 행하는 것이다.

3 + 10 = 13	7 + 4 = 11
5 + 8 = 13	9 + 2 = 11
8 + 5 = 13	2 + 9 = 11
10 + 3 = 13	4 + 7 = 11
합계 = 52	**합계 = 44**

이제 대일원수를 계산할 수 있는 준비가 완료되었다. 이제 앞에서 마음속에 넣어두었던 숫자들을 모두 꺼내 이들을 전부 합해주기만 하면 된다.

116 + 52 + 88 + 44 = 300

이렇게 해서 모두 더해주면, 결국 소위 대일원수 300이란 숫자를 얻을 수 있게 된다. 구구 중에 배열했다는 바로 그 300이란 숫자 말이다. 이제 소위 구구란 것이 의미하는 바가 정확히 무엇인지를 굳이 부가적으로 설명하지 않아도 또렷하게 알 수 있게 되었을 것이다.

无无位六十數一六宮分張 무무위 60수는 1, 6궁에 분장한다.

여기서 말하는 무무위라는 것은 없고도 없는 자리, 혹은 없는 자리와 없는 자리라고 풀이할 수 있을 것 같다. 이 문장에 의하면 가장 먼저 이른바 그 무무위라는 곳에서 60이라는 숫자를 찾아내야 하고, 그 다음에는 이를 1·6궁에 나누어 펼쳐놓아야 한다. 그런데 무무위라는 것이 과연 어디를 지칭하는지를 알아야 60을 찾든지, 말든지 할 것이 아닌가?

선천 수상도의 중궁		
7 1	3 5	9 9
8 10	2 7	5 3
4 4	10 8	6 2

후천 수상도의 중궁		
1 5	7 9	3 3
2 4	6 1	9 7
8 8	4 2	10 6

먼저 두 수상도를 나란히 놓고, 이제 대일원수를 계산하는데 참가하지 않았던 부분을 유심히 살펴볼 필요가 있다. 계산에서 빠진 곳은 오직 단 한 곳, 바로 중궁이다. 위에서 보이는 두 개의 중궁이 바로 무무위임에 틀림없을 것이다. 과연 필자의 직감이 맞는지를 검산해보기 위해 두 수상도의 중궁과 중궁에서 백십자 계산법과 흑십자 계산법으로 숫자를 산출해보도록 한다.

$2 \times 1 = 2$	$7 + 1 = 8$
$7 \times 6 = 42$	$2 + 6 = 8$
합계 = 44	**합계 = 16**

그리고 이렇게 나온 두 숫자들을 다시 더해주면, 이제 문제의 그 60이란 숫자를 얻을 수 있게 된다. 빙고~. 이렇게 해서 소위 무무위란 것이 무엇을 염두에 두고 말한 것인지를 정확히 알 수 있게 되었다. 두 말할 것도 없이 수상도의 중궁이 바로 무무위인 것이고, 무무위에

대한 보다 정확한 풀이는 없고도 없는 자리가 아니라, 없는 자리와 없는 자리라는 해석이 훨씬 더 잘 어울린다고 말할 수 있게 되었다.

<ruby>赤<rt>적</rt></ruby><ruby>赤<rt>적</rt></ruby><ruby>白<rt>백</rt></ruby><ruby>白<rt>백</rt></ruby><ruby>互<rt>호</rt></ruby><ruby>互<rt>호</rt></ruby><ruby>中<rt>중</rt></ruby> 적적백백, 서로 서로 마주하는 한 가운데,

<ruby>中<rt>중</rt></ruby><ruby>有<rt>유</rt></ruby><ruby>學<rt>학</rt></ruby><ruby>仙<rt>선</rt></ruby><ruby>侶<rt>려</rt></ruby><ruby>吹<rt>취</rt></ruby><ruby>簫<rt>소</rt></ruby><ruby>弄<rt>롱</rt></ruby><ruby>明<rt>명</rt></ruby><ruby>月<rt>월</rt></ruby> 그 중에 공부하는 신선의 벗이 있어 통소 불며 밝은 달을 희롱한다.

그리고 위의 두 구절은 금화3송에서 다루었던 문구지만, 지금 여기 무무위와 서로 잘 어울린다고 말할 수 있겠다. 소위 무무위란 곳은 곧 적적백백의 한 가운데이기도 하면서 신선의 벗이 밝은 달을 희롱하며 통소를 부는 곳이기도 한 것이다. 이렇게 속 시원하게 무무위를 찾아놓았으니, 그 다음은 60이란 숫자를 1·6궁에 분장을 해야 하는데, 1·6궁은 또 대체 어디를 염두에 둔 것일까?

선천 수상도의 1·6궁			후천 수상도의 1·6궁		
7 1	3 5	9 9	1 5	7 9	3 3
8 10	2 7	5 3	2 4	6 1	9 7
4 4	10 8	6 2	8 8	4 2	10 6

그에 대한 답도 역시 두 수상도에서 찾아야 할 것이다. 위의 두 수상도

에서 모두 1·6궁이 공교롭게도 정역팔괘에서 진·손괘가 배당된 궁이다. 그 외에 오른쪽 수상도의 중궁에 1·6이 있기는 하지만, 그래서그 중궁이 또한 1·6궁에 대한 유력한 후보가 될 수 있겠지만, 필자의느낌상으로 왠지 너무 한쪽으로 쏠려 있다는 생각이 들게 된다. 후천수상도의 중궁에만 있고 선천 수상도에선 중궁에 1·6궁이 없다는 뜻이다. 따라서 중궁이 아니라 진·손괘의 위치가 바로 지인이 말하는 1·6궁에 해당한다고 판단된다. 그러니 60이란 숫자를 마땅히 바로 여기에분장해야 할 것이다.

單五歸空五十五點昭昭 무무위 60수에서 5를 귀공하면 55점 소소하고,

十五歸空四十五點斑斑 무무위 60수에서 15를 귀공하면 45점 반반하다.

대일원 300과 무무위 60를 찾았는데도 불구하고, 구구음이 계속 이어진다. 이번에는 5를 귀공하면 55점 소소가 나오고, 15를 귀공하면 45점

선천 수상도 - 45점 반반			후천 수상도 - 55점 소소		
7 1	3 5	9 9	1 5	7 9	3 3
8 10	2 7	5 3	2 4	6 1	9 7
4 4	10 8	6 2	8 8	4 2	10 6

반반이 나온다고 한다. 여기서 55는 누가보아도 하도의 수이고, 45는 낙서의 수가 분명하다.

문제는 위의 두 수상도 중에서 어느 쪽이 소소이고, 어느 쪽이 반반인지를 구별해야 한다. 선천에는 지반수를 사용하는데, 사용하지 않는 천반수중에서 10과 5가 보인다. 그 반면에 후천에는 천반수를 사용하는데, 사용하지 않는 지반수중에서 5가 보인다. 따라서 왼쪽 수상도 상에서 무무위 60으로부터 10과 5를 귀공하여 45점 반반이 나오고, 오른쪽 수상도에서 5를 귀공하여 55점 소소가 나온다고 정리가 될 수 있을 것 같다. 즉 왼쪽이 반반이고, 오른쪽이 소소라는 결론이고, 반반 45이니 낙서이고 선천이 되고, 소소 55이니 하도이고 후천이 된다고 결론을 내릴 수 있을 것 같다.

我摩道正理玄玄眞經 아마도 바른 이치 현현진경이

只在此宮中 다만 이 궁 가운데에 있는 것이니

바로 이 대목에 근거해서 필자가 두 개의 수상도를 전가의 보도처럼 휘둘러 댈 수가 있었던 것이고, 또 앞으로도 그리할 것이다. 필자가 다른 BACK은 하나도 가진 게 없는데, 오직 지인의 이 말씀 하나를 BACK으로 삼고 있다. Thank you, Master~.

誠意正心終始无怠 정성스런 뜻과 바른 마음으로 처음부터 끝까지 태만하지 않으면

丁寧我化化翁必親施教 정녕 화옹께서 반드시 친히 가르쳐주실 것이니

是非是好吾好 내가 정성을 쏟는 것을 화옹께서 가상히 여기시지 않겠는가?
^{시 비 시 호 오 호}

필자가 2004년부터 역의 원리를 본격적으로 탐구하기 시작하여, 정역 팔괘의 성립 이치까지 알아낸 것이 2005년이었다. 하지만 그것이 비록 퍼즐을 풀어낼 수 있는 중요한 열쇠인 것은 분명한 사실이었지만 그것만 가지곤 사실 전혀 턱없는 일에 속하는 것이기도 했다. 그 누구든지 정역 앞에서는 얼마 못가서 완전히 무장해제를 당하게 되고, 자기 자신이 얼마나 무력하고 얼마나 무지한 존재인가를 뼈저리게 느껴야 할 정도로 그렇게 강력한 포스를 자랑하는 그런 존재가 바로 정역이었다. 그것을 조금이라도 해독해보기 위해서는 반드시 역경은 기본이고, 시경, 서경, 논어, 역사, 천문, 기문, 자미 등의 제반 동양학은 물론이고 심지어는 천부경과 달력 만드는 법까지 동양의 모든 것을 줄줄이 꿰차고 있어야만 했던 것이다. 또한 불가, 유가, 선가의 진리를 어깨너머로라도 어느 정도 섭렵하고 있어야 무슨 말을 하는지를 눈치로라도 때릴 수 있는 그런 것이었다. 그것도 모르고 감히 겁(?)도 없이 발을 들여놓았던 것이니…. 지금 돌이켜 보면 정말 무모하기 짝이 없는 일이었던 것 같다. 수록된 본문이 정말 하나같이 난해하고 어려워 이 난수표를 해독해 나가는데 상당한 세월이 소요될 수밖에 없었다. 그렇게 세월이 흐르고 흘러서 2015년 현재, 그러니까 이 정도 수준의 본문 해독에만 꼬박 10년이 걸린 셈이 된다. 그 긴 세월동안 지인이 남긴 지금 이 대목, 종시무태 친필시교 운운하는 이 대목 하나를 버팀목으로 삼아, 결국은 끝끝내 포기하지 않고 지금까지 매달린 결과가 바로 본서라고 말할 수 있다. 도저히 풀릴 것 같지 않아 포기하고 싶을 때가 어디 한 두 번뿐이었을까? 책 자체를 아예 오랫동안 던져버리기도 했고, 다른 한편

으론 간절한 마음으로 화옹친필시교를 갈구하기도 했다. 그렇게 나름 치열하게 흘러간 세월들, 아마 지금 이 대목이 없었다면 끝내 정역을 손에서 놓아버리고 말았을 것이다. 우연인지 필연인지 무엇에 홀리기라도 한 듯 누가 시키지도 않았는데 스스로 뛰어들어 자발적(?)으로 맺어지게 된 전혀 뜻하지 않았던 인연의 끈, 그 하나 때문에 남몰래 홀로 지인의 유훈을 받드는 것을 숙명으로 받아들이고, 수도 없이 던지고 던지던 자문들, 그리고 치열하게 얻어내던 자답들, 그렇게 순간순간 끝없이 울고 웃으면서, 끝없는 자문자답의 향연을 계속하는 가운데 한발 한발 내딛다보니, 어느새 나 자신도 모르게 여기까지 오게 되었다. 그럼에도 불구하고 앞으로 가야할 길이 아득하기만 하다.

5 십오가

십오가(十五歌)란 말을 풀이하면 10과 5에 관한 노래, 혹은 15에 관한 노래라는 뜻이 될 것이다. 정역 상경 자체의 제목이 이미 「십오일언」이므로 10과 5, 혹은 15를 대단히 특별히 여기고 있음을 알 수 있는데, 이를 다시 노래까지 지어 그 의미를 더욱 드러내고자 하는 것으로 보인다.

水火旣濟兮火水未濟 수화기제, 화수미제

지인이 이번에는 전혀 밑도 끝도 없이 수화기제를 던지고, 이어서 화수미제까지 던져놓는다. 수화기제와 화수미제에는 어떤 의미가 담겨 있는 것일까? 전후 문맥상으로 볼 때, 선천을 수화기제라고 정리한 것으로 보인다. 따라서 화수미제는 그와 대대가 되어 후천을 의미하는 것이 된다. 지인은 어찌해서 선천을 수화기제라고 말하는 것일까? 그 근거가 무엇일까? 선천이 오전이면 후천은 오후이다. 즉 선천은 자·축· 인·묘·진·사이고, 후천은 오·미·신·유·술·해라고 정리할 수 있다. 이를 다시 숫자로 표현하면, 선천은 1·3·5·7·9이고, 후천은 2·4·6·8·10이다. 선천이 양이 드러난 양의 시대였다면, 후천은 음이 드러난 음의 시대인 것이다. 따라서 선천은 자水가 앞서고 사火가 나중이 므로, 수화기제의 상이 된다. 또 1水가 먼저이고, 7火가 나중이다. 따라서 이 또한 수화기제의 상이다. 그에 비해 후천은 오火가 먼저이고 해水가 나중이다. 따라서 화수미제의 상이다. 또한 2火가 먼저이고 6水가 나중 이다. 그러므로 이 또한 화수미제의 상이다.

^{기 제 미 제 혜 천 지 삼 원}
既濟未濟兮天地三元 기제미제, 천지삼원
^{미 제 기 제 혜 지 천 오 원}
未濟既濟兮地天五元 미제기제, 지천오원
^{천 지 지 천 혜 삼 원 오 원}
天地地天兮三元五元 천지지천, 삼원오원

천지삼원과 지천오원이 서로 대대를 이룬다. 하늘이 앞서고 땅이 따르는 형국이 선천이었고, 이러한 선천을 삼원이라고 표현하고 있다. 그에 비해서 후천은 땅이 앞서고 하늘이 따르는 형국일 것이고, 이러한 후천을 오원이라고 표현하는 것임이 분명할 것이다. 그런데 삼원과

오원? 대체 무슨 뜻일까? 선천과 후천의 12지지가 돌아가는 방법이 달라짐을 알려주고 있다. 선천의 하루는 자·축·인·묘·진·사·오·미·신·유·술·해시의 순으로 달렸고, 선천의 1년은 인·묘·진·사·오·미·신·유·술·해·자·축월의 순이었다. 여기서 하루와 1년의 차이가 바로 3원이다. 즉 하루에서는 자시에서 시작했지만, 1년에서는 인월에서 시작하였고, 이처럼 자·축·인으로 3칸을 더 가서 시작하는 이 모습을 일컬어 이른바 3원이라고 표현한 것이다. 그러면 후천은 어떻게 달라질까? 후천의 하루는 해·자·축·인·묘·진·사·오·미·신·유·술시의 순으로 달리고, 후천의 1년은 묘·진·사·오·미·신·유·술·해·자·축·인월의 순으로 달리게 된다. 따라서 하루와 1년의 차이가 해·자·축·인·묘로 5칸을 더 가는 것이므로 이 모습을 이른바 5원이라고 표현한다. 결국 선천은 3원이고, 후천은 5원이 되니, 일종의 전문용어라고 생각하면 될 것 같다.

三元五元兮上元元元 삼원오원, 상원·중원·하원

선천의 상원·중원·하원은 갑자에서 시작해서 계해로 마무리 되는 60갑자가 3번 반복되는 것이고, 후천의 상원·중원·하원은 기축에서 시작해서 경자로 마무리 되는 60갑자가 3번 반복된다.

上元元元兮十五一言 상원 중원 하원이니 십오일언

十五一言兮金火而易 십오일언이니 금화가 교역하네.

金火而易兮萬曆而圖 금화가 교역하니 만세력이 그려지네.

萬曆而圖兮咸兮恒兮 만세력이 그려지니 택산함, 뇌풍항.

咸兮恒兮兮十兮五兮 복희팔괘 택산함이 정역팔괘 뇌풍항되니, 그 수가 십과 오.

  선천의 상원·중원·하원은 갑자에서 시작해서 계해로 마무리 되는 60갑자가 총 3번을 반복하는 것이고, 후천의 상원·중원·하원은 기축에서 시작해서 경자로 마무리 되는 60갑자가 총 3번을 반복한다. 그리고 이어지는 문구들이 최종적으로 향하는 곳을 가만히 살펴보니, 팔괘로는 정역의 손괘와 진괘이고, 수상으로는 5와 10이라는 것을 알 수 있다. 주역의 구성을 보아도 상경은 건·곤괘가 맨 앞에 놓이지만, 하경은 택산함괘와 뇌풍항괘가 맨 앞에 놓인다.[7] 후천의 괘상에서 가장 중요한 것이 바로 손괘와 진괘인 것이다.

---

7) 『주역』의 상·하경을 이런 식으로 구성해놓은 이가 누구일까? 바로 공자가 그렇게 해놓은 것이다. 공자는 『주역』「서괘전」에서 64괘의 순서를 왜 이런 식으로 배열해 놓았는지를 설명하고 있다. 공자는 이미 정확히 알고 있었던 것이다. 선천에는 건괘와 곤괘가 가장 중요한 것처럼, 후천에는 진괘와 손괘가 가장 중요하다는 것을.

정역팔괘의 괘상(卦象)			십일귀체의 수상(數相)		
☳	☷	☵	1 5	7 9	3 3
☶		☴	2 4	6 1	9 7
☳	☰	☷	8 8	4 2	10 6

그리고 수상으로는 5와 10이 바로 십오일언의 주인공이었던 것이다. 십오일언의 최종 종착점이 바로 위에 보이는 빨간색 표시, 바로 그것이라는 말이다. 바로 이것을 상기시켜주기 위해서 지인은 굳이 십오가라는 노래까지 지어가며 우리를 다시 한 번 더 일깨어주었던 것이다. 그리고 이들이 바로 후천의 만세력을 지어내는 근본이기도 한 것이다.

6 선후천정윤도수

선후천정윤도수(先后天正閏度數)라는 것은 선천의 치윤도수와 후천의 정도수를 비교해서 말해준다. 선천과 후천이 서로 차이가 나는 원인에 대해서는 다음과 같이 설명하고 있다.

^{선 천 체 방 용 원}
先天體方用圓 선천은 체가 방이고, 용이 원이니

^{이 십 칠 삭 이 윤}
二十七朔而閏 27삭에 윤달이고

^{후 천 체 원 용 방}
后天體圓用方 후천은 체가 원이고, 용이 방이니

^{삼 백 육 순 이 정 원 천 무 량}
三百六旬而正原天无量 360으로 바르니 원천이 무량하다.

　여기서 방方이라 함은 낙서를 말하고, 원圓이라 함은 하도를 말한다. 선천은 낙서를 체로 하고 하도를 용했지만, 후천은 하도를 체로 하고 낙서를 용하게 된다고 한다. 그리고 선천이 낙서를 체로 한다는 그 근거는 바로 왼쪽 그림의 45점 반반이 된다.

선천 수상도 - 45점 반반			후천 수상도 - 55점 소소		
7 1	3 5	9 9	1 5	7 9	3 3
8 10	2 7	5 3	2 4	6 1	9 7
4 4	10 8	6 2	8 8	4 2	10 6

　그리고 후천이 하도를 체로 한다는 그 근거도 바로 위에서 오른쪽 그림의 55점 소소가 된다. 간단하게 정리하면, 선천은 낙서가 체이고 후천은 하도가 체이다. 따라서 선천은 체가 둥그렇지 못하고 모가 나있었기 때문에 365일을 일 년으로 할 수밖에 없었고, 태양의 주기와 달의

주기가 일치하지 않아 치윤도수를 사용할 수밖에 없었던 것이다. 그에 비해 후천은 하도라는 체가 모가 나지 않고 둥그니 태양의 주기와 달의 주기가 딱 맞아떨어지고 360일을 일 년으로 하게 된다. 그 결과 선천에는 19년에 윤달을 7번두는 치윤법이 적용되어 태양과 달의 주기를 보정하면서 사용해왔으나, 후천에는 치윤이 필요가 없게 된다. 따라서 후천에는 달력 만들기에는 더없이 편해질 것이다.

7 선후천주회도수

소위 주회도수(周回度數)라는 것은 천체물리학적 용어로 바꿔보면 지구가 태양 주위를 공전하는 공전 길이를 말하는 것으로 보인다. 따라서 선천과 후천의 공전궤도를 비교하는 내용이 된다. 이 대목의 수학적 계산은 그리 어려운 부분이 없지만, 지구가 공전궤도가 바뀔 정도로 너무도 엄청난 변화를 예고하고 있다는 점에서 그리 쉽사리 글을 써내려 갈 수가 없는 대목이다. 선후천의 엄청난 변화를 크게 정리해보면, 지구의 공전궤도는 태양에서 상당히 멀어지고, 달의 공전방향은 거꾸로 된다고 요약할 수 있겠다.

先天二百一十六萬里 선천은 216만리 ($108 \times 2 = 6 \times 6 \times 6 = 36 \times 6$)

后天三百二十四萬里 후천은 324만리 ($108 \times 3 = 6 \times 9 \times 6 = 36 \times 9$)

先后天合計數五百四十萬里 선후천을 합하면 540만리이다.

　지구의 공전궤도가 비록 타원이지만 단순화하기 위해서 일단 둥근 원이라고 가정하기로 한다. 지구와 태양의 평균 공전반경은 약 1억 4960만km이다. 따라서 공전궤도의 길이는 2πR이므로, 약 9억4000만km라고 할 수 있다. 그런데 지인께선 공전길이를 고작 216만 리라고 표현하고 있다. 이는 길이 단위를 km가 아니라 다른 단위로 사용하고 있다고 생각하면 그만이다. 정말 중요한 것은 선천과 후천의 공전궤도길이가 상대적으로 달라진다는 바로 그 점이기 때문에 상수학적으로 숫자를 그런 식으로 표현해놓은 것에 불과하다. 다시 말해 선천의 공전은 36이라는 숫자에다가 6이란 숫자를 곱한 것에 해당하지만 후천의 공전은 36이라는 숫자에다가 9란 숫자를 곱한 것에 해당한다는 상수학적인 해석을 우리에게 선보여주고 계신 것이다.

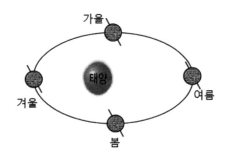

그렇다면 정작 중요한 포인트라고 했던 바로 그 공전궤도길이의 변화가 어느 정도인지를 계산해보기로 하자. 선천의 공전 궤도 반지름에 비해 후천 공전 궤도 반지름은 약 1.5배가 된다고 말해주고 있으므로 그 계산은 다음과 같이 이렇게 간단하다.

선천 공전길이 : **후천 공전길이** = 216만 리 : 324만 리

$$2\pi R_1 : 2\pi R_2 = 2 : 3$$

$$R_1 : R_2 = 2 : 3$$

$$\therefore R_2 = 1.5 \times R_1$$

즉 선천의 공전 반경이 2였다면, 후천의 공전 반경은 3이라는 말이니, 이는 앞에서 살펴보았던 다음의 문구가 다시 떠오르지 않을 수가 없다. (부록 255페이지 참조)

先天三天兩地后天三地兩天 선천은 3천2지이고, 후천은 3지2천이다.

天과 地중에서 地 부분만을 따로 주목해보기로 하면, 선천은 2지이고 후천은 3지가 된다. 바로 이 구절과 일맥상통하는 것이 아닌가 생각된다. 아무튼 지구가 태양에서 그만큼 멀어진다는 이야기이니, 이는 지구가 현재의 궤도를 벗어나 화성 쪽으로 접근하게 된다는 말이 된다. 문제는 어느 정도의 접근이냐가 관건인데, 아래의 도표를 보게 되면, 상황이 매우 심각해짐을 알 수 있게 된다. 만약 지구가 태양으로부터 1.5배의 위치로 멀어지게 되면, 화성의 궤도에 매우 근접하게 된다는 말이 되는 셈이다. 여기에서 생각해볼 수 있는 것 중의 하나가 지구와 달이 통째로 뒤집어지게 되는 결정적인 원인이다.

	태양까지의 거리	태양까지의 상대 거리
수성	0.58억 km	0.39
금성	1.00억 km	0.72
지구	1.50억 km	1.00
화성	2.30억 km	1.52
목성	7.80억 km	5.02
토성	14.30억 km	9.54
천왕성	28.70억 km	20.0
해왕성	45.00억 km	30.0
명왕성	60.00억 km	40.0

앞에서 어찌하여 멀쩡하게 잘 있던 지구와 달이 통째로 휙 하고 뒤집어지게 되느냐가 관건인데, 앞에서 우리는 추론의 천재라고 하는

영국 킬 대학의 교수 피터 워로우가 한 말을 떠올려보아야 할 것 같다. 그가 말하기를 행성이 휙 하고 뒤집어지게 만드는 결정적인 방아쇠 역할을 하는 것이 바로 혜성이나 행성의 접근이라고 했다. 이것이 무슨 말인가? 가령 하나의 시나리오를 생각해보면, 지구가 어떤 원인인지는 모르겠지만 태양과 지구간의 중력 균형이 어느 한 순간에 무너지고 그로 인해 지구가 공전궤도를 이탈하면서 결국 화성 쪽으로 내동댕이쳐 진다. 이때 지구의 위성인 달이 지구를 따라 나서면서 이 위험천만하기 그지없는 여행에 동행하게 된다. 그리고 결국 화성, 그리고 지구와 달, 이 세 개의 육중한 천체들이 서로 영향을 줄 수 있을 정도로 거리가 가까워지게 되면서, 결과적으로 지구의 남북이 뒤집어지고, 그와 동시에 지구 주위를 돌던 달이 공전궤도 상의 반대편으로, 가령 태양 쪽에 있던 달이라면 순식간에 태양 반대쪽으로 뒤집어지고…. 하지만 달이 공전 궤도상의 반대쪽으로 뒤집어지는 그런 일이 가능한지조차 사실 잘 모르겠다. 달이 공전 궤도상의 반대쪽으로 이동하고, 이후 지구

주위를 거꾸로 돌게 된다는 것 은 단지 결과가 그렇다는 것이 니, 지구가 궤도를 이탈하는 과정과 새로운 궤도에 정착하 는 과정, 그 사이 어디에선가 달의 모습이 그렇게 된다는 것을 말할 수 있을 뿐, 그중 정확히 어느 순간에 그렇게 되는지는 사실 정역 어디에도 적혀 있지를 않다. 아무튼 지구가 태양으로부터 멀어지고, 달이 공전궤도상의 반대쪽에 놓이면서 거꾸로 공전하게 되면, 이렇게 되면 앞에서 논의된 그 모든 것들이

설명되기 시작한다. 지구의 공전반경이 1.5배가 되고, 28수가 거꾸로 운행되고, 선후천간의 한 달이 서로 15일의 차이가 발생하는, 이 모든 것들이 모두 설명된다. 심지어는 36허도수라는 개념까지도 설명될 수 있다. 지구가 현재 약 10만㎞/Hour의 속도로 태양 주위를 공전하고 있다. 현재의 공전속도 그대로 지구가 화성 쪽으로 튕겨나간다고 가정하면 지구가 화성의 공전궤도 근처까지 도달하는데, 약 30여일이 소요될 것으로 보인다. 바로 여기서 추정해볼 수 있는 것이, 이 36허도수란 것의 의미가 혹시 지구가 궤도를 이탈하여 새로운 궤도로 자리 잡는데 걸리는 소요 시간을 의미하는 것일지도 모른다는 생각이 든다. 그리고 또 한 가지 제2권에서 땅꾼자리가 나타나 4마리 뱀들을 잡아 죽이려는 시도 자체가 의미하는 바이다. 우주 저 멀리에 있는 항성들을 모두 잡아 죽일 수는 없는 노릇일 테고, 그의 진정한 노림수는 바로 지구를 태양계에서 이탈시켜 우주 공간을 정처 없이 떠돌아다니는 떠돌이 행성으로 만들어버리려는 고도의 술책이 아니었을까? 너무도 오싹한 노림수가 아닐 수 없다.

	질량 (kg)	상대 질량 (kg)	적도 반경 (km)	궤도 장반경 (E6km)	공전 주기 (일)	자전주기
수성	3.30E23	0.0553	2,439	57.9	87.97	58.6일
금성	4.87E24	0.8150	6,052	108.2	224.70	243.0일
달	7.40E22	0.0120	1,738	0.384	365.25	29일 12시 44분
지구	5.97E24	1.0000	6,378	149.6	365.25	23시 56분 4.1초
화성	6.42E23	0.1074	3,397	227.9	687.02	24시 37분 22.7초

현재는 지구의 공전궤도가 타원형인 것처럼, 화성도 타원궤도를 돌고 있다. 그리고 우연히 지구와 화성이 평소보다 훨씬 근접하게 되는 일이

지금도 얼마든지 발생할 수 있다. 실제로 2003년 8월27일경 화성이 지난 73,000년 이래로 지구와 가장 가까이 접근하는 일이 있었고, 당시 매스컴에서도 이를 크게 보도했었다. 당시 화성과 지구의 거리는 약 5574만 6199㎞ 이내였다. 그때 화성은 다른 때보다 6배 이상 커지고, 85배 이상 밝아졌고, 달과 금성 다음으로 밤하늘에서 가장 밝은 천체가 되었었다.

 그러나 다음번 두 행성의 접근은 그 정도가 아니다. 말 그대로 어마어마한 접근이 될 것이다. 접근 속도도 보통 약 시속 3600㎞ 정도인 총알 날라가는 속도와는 비교도 안 될 정도로 훨씬 빠르게 쏜살같이 질주하게 될 것이다. 지구가 약 10만 ㎞/Hour의 속도로 궤도를 이탈하다가 화성을 만난다면 그 자체가 이미 큰일이기도 하지만, 어떻게 생각하면 지구인으로선 오히려 엄청난 행운일 수도 있다. 만약 지구가 공전궤도를 이탈하여 질주하는 그 행로 상에 화성이 없다고 가정한다면, 결국 지구는 태양계를 이탈할 운명에 처할 것이기 때문이다. 지금 이 부분을 접하면서 필자가 느끼는 것은 어릴 적 자주했던 전통 민속놀이 중의 하나인 팽이놀이를 연상하지 않을 수가 없다. 친구들과 팽이를 돌려 서로 쿵하고 팽이를 부딪치면 내 것이 쓰러지든 저쪽 것이 쓰러지든 둘 중의 하나는 쓰러지는 놀이였다. 그러고 보면 우리 선조들이 후손들에게 윷놀이뿐만 아니라 팽이놀이를 하게 했던 것도 뭔가 의미심장한 점이 있지 않을까하는 생각이 들지 않을 수 없게 된다. 우리의 선조들이 보통 사람들이 아니라 신국을 세운 분들이었고, 우리는 그들의 천손이므로, 놀이 하나하나에도 이미 미래에 일어날 중요한 사건에 대한 암시를 심어놓았던 것이 아니었을까? 이런 생각이 자꾸만 들게 된다. 앞에서 잠깐 노스트라다무스를 언급했었지만, 그가 자신의 아들에게 쓴 편지에는 지구 마지막 급변의 원인이 화성이란 점을 분명히 명시해놓은 구절이 있다.

"아들아, **그 원인은 화성이다.** 종말이 올 때 갖가지 이변이 덮쳐온다. 그리고 **지구 대이변의 마지막은 화성이 불러일으킨다.** 유례없는 질병, 전쟁, 기아, 대지진,…(중략)… 아들아, 이리하여 세상의 변혁과 별들은 합치하는 것이다. 모든 예언적 직감은 창조주이신 신으로부터 비롯되기 때문에, 그것을 다행히도 후세 사람들은 알게 될 것이다."

서양 점성학에선 화성이 황과 철이며, 또한 무기류인 칼과 창을 의미한다고 본다. 피를 뜻하는 빨간색이나 주홍색이면서 날카로운 각이나 뾰족한 끝이기도 하고, 따라서 화성은 전쟁이나 폭력 등을 상징한다. 그래서 사람들은 노스트라다무스가 언급한 화성을 점성학적인 의미로만 받아들였을 것이다. 밤하늘의 화성이 살기를 발하여 지구가 그 영향을 받아 전쟁 같은 것이 일어나는 것이라고 이해했을 것이다. 하지만 점성학적인 화성이 아니라, 실체적 화성이 지구에 영향을 주는 것으로 고쳐 생각해야 할지도 모르겠다. 또는 실체적 화성과 점성학적 화성이 겹쳐서 올 수도 있을 것이다. 위에서 노스트라다무스가 말하는 바,

"다행히 후세 사람들이 알게 될 것이다."

라고 한 부분은 어쩌면 지인의 『정역』을 언급하는 것은 아닐까? 현재 『정역』 이외에 지구 격변과 화성과의 연결고리를 언급하는 또 다른 소스들이 전무한 상태이므로 그 가능성은 충분이 있다고 생각된다. 한편 중국의 고전 『음부경』 「상편」에서는 이르기를,

"天發殺機(천발살기) 移星易宿(이성역수) 地發殺機(지발살기) 龍蛇起陸 (용사기륙) 人發殺機(인발살기) 天地反覆(천지반복)"

이라고 하였다. 즉 하늘이 살기를 말하면 하늘의 별들이 이동하고 위치가 바뀌고, 땅이 살기를 발하면 용과 뱀들이 땅 위로 올라오고, 사람이 살기를 발하면 마침내 하늘과 땅이 거꾸로 뒤집어지는 것으로 묘사되어 있다. 『송하비결』에서도,

  "龍吐庚炎(용토경염) 湯湯覆覆(탕탕복복) 天卑地尊(천비지존)"

이라고 하였으니, 즉 화산 폭발로 뜨거운 용암이 분출되고, 물이 끓어오르고 땅이 뒤집어지고, 하늘은 낮아지고 땅이 높아진다고 한다. 이 또한 결국 하늘과 땅이 뒤집어진다는 말의 또 다른 표현이다. 또 『성경』「요한계시록」 6장 12,13,14절에는

  "…(중략)…큰 지진이 나며 해가 총담같이 검어지고, 온 달이 피같이 되며, 하늘의 별들이 무화과나무가 대풍에 흔들려 선 과실이 떨어지는 것같이 땅에 떨어지며, 하늘은 종이 축이 말리는 것같이 떠나가고, 각 산과 섬이 제자리에서 옮기우매….″

라고 적혀있고, 또 16장 18절부터는

  "번개와 음성들과 뇌성이 있고 또 큰 지진이 있어 어찌 큰지 사람이 땅에 있어 옴으로 이같이 큰 지진이 없었더라.…(중략)…각 섬도 없어지고 산악도 간데없더라.″

라고 적혀 있다. 그리고 21장에는

  "또 내가 새 하늘과 새 땅을 보니 처음 하늘과 처음 땅이 없어졌고, 바다도 다시 있지 않더라.…″

라고 하여, 장차 우리가 살고 있는 지구상에 큰 변고가 있을 것이고 그 결과로 우리가 지금까지 알고 있는 그 하늘과 그 땅은 없어지고, 새 하늘과 새 땅이 나타난다는 것을 표현해놓고 있다. 참으로 두렵고도

두려운 일이 아닐 수 없다. 도대체 지구상에 어떤 일들이 벌어지기에 수십억 년 동안이나 멀쩡하던 우리 지구가 궤도를 이탈하는 사태까지 발생하는 것일까? 이에 대한 이유를 추정해보기 위해서는 『성경』의 「요한계시록」, 「다니엘서」, 「에스겔서」, 그리고 노스트라다무스가 남긴 『제세기』등을 샅샅이 뒤져보아야 할 것 같다. 사람들이 흔히 착각하는 것 중의 하나가 믿고 싶지 않다는 것과 사실이 그렇지 않다는 것과는 전혀 다른 것이라는 사실을 간과해버리고 만다는 점이다. 지구가 태양 주위를 돌고 있다는 사실을 믿고 싶지 않더라도 실제 벌어지는 현상은 믿고 안 믿고 하고는 전혀 무관하다. 본질을 꿰뚫어 보는 눈을 스스로 만들어야 한다. 누가 가르쳐주는 것이 아니고 스스로가 노력해야 한다. 다른 그 누구도 이 문제를 도와줄 수가 없기 때문이다. 노스트라다무스가 1999년 공포의 대왕이 내려온다고 했는데, 실제로는 그런 일이 벌어지지 않았다고들 말하고 있다. 그래서 노스트라다무스 얘기는 믿을 수가 없다고 한다. 그러나 여기에도 또 다시 중요한 본질이 간과되고 있다. 대체 언제 노스트라다무스가 1999년에 내려온다고 말했다는 것인가? 엄밀히 말하면 그가 그렇게 말한 것이 아니라, 단지 해설자 그 녀석이 제멋대로 그렇게 해석한 것이 아닌가? 어차피 제어하지 못할 정보라면 아예 무시해버리는 쪽이 차라리 마음이 편해지는 길일까? 단지 마음의 위안이 필요한 것인가? 질끈 눈을 감아버리면 모든 일이 저절로 해결되는 것일까? 회피하려고만 할 것이 아니라 본질을 직시할 필요가 있다. 지금과 같이 수상한 시대에 살면서 결코 놓치지 말아야 할 한 가지는 본질을 바라보는 밝은 눈을 가져야 한다는 것이다. 성경의 말씀처럼 수정같이 맑은 정신으로 항상 깨어있어야 한다. 이제 바야흐로 마지막 때가 무르익고 있다. 성경에 예언된 바, 이스라엘이 복원된 지도 어언 60여년의 세월이 지났다. 모든 징조들이 마지막 때가 임박했음을 알려주고 있다. 성경에 더하여 정역까지 커다란 변고를 알려주고 있다. 믿든 안 믿든, 그런 것과는 전혀 상관없이 그 일은 반드시 벌어지고야 말 것이다. 커다란 변고는 반드시 일어날 것이고, 그 일의 마지막은 분명 화성이라는 행성과 큰 연관성을 갖게 될 것으로 추정된다. 이미 2천 년 전에 예수가 마지막 때에 일어나는 최초의 징조에 대해 다음과 같이 언급한 바가 있다. 어느 날 예수가 감람산 위에 앉아 있을 때 제자들이 조용히 다가와서,

"어느 때에 이런 일이 있겠사오며, 또 주의 임하심과 세상 끝에는 무슨 징조가 있사오리이까?"

라고 물었을 때, 예수가 답변한 내용이 『성경』「마태복음」 24장 6,7,8절에 고스란히 적혀 있다.

"난리와 난리 소문을 들겠으나 너희는 삼가 두려워하지 말라. 이런 일이 있어야 하되 아직 끝은 아니니라. 민족이 민족을 나라가 나라를 대적하여 일어나겠고, 곳곳에 기근과 지진이 있으리니, 이 모든 것은 재난의 시작이니라."

라고 하여, 엄청난 재난의 시작이란 것이 다름 아니라 민족과 민족을 나라가 나라를 대적하여 일어나는 큰 전쟁이라는 사실을 우리에게 알려준다. 이어서 도처에 기근이 있고, 도처에 지진이 있고, 이것이 재난의 시작이라고 알려준다. 또한 송하노인[8]은 우리에게

---

8) 1845년 을사년 생으로 평안남도 대동군에서 살았던 사람으로 알려져 있다, 평생 산속에 은거하여 도를 닦았으며 『송하비결』을 남겼다.

"말세지세(末世之世) 자오충입(子午衝入) 송하유돈(松下有豚) 백광차목
(白光遮目)"

이라고 하여, 종말의 시기에 역시 크나큰 전쟁이 있을 것임을 암시해주고
있다. 또한 그 전쟁에서 반드시 핵폭탄이 터지게 되는 상황임을 알려주고
있다. 뿐만 아니라 그 참혹한 전쟁에 이어서

"월락오제(月落烏啼) 상만천중(霜滿天中) 사도상역(四道相逆)"

이라고 하여, **해와 달이 떨어지고, 서리가 하늘에 가득차고, 사계절의
순환이 거꾸로 어그러진다**는 것을 알려주고 있다. 1991년 무렵 냉전의
한 축이었던 소비에트 연방이 해체된 이후 대부분의 나라들에서 군비감
축이 이루어지고 평화 무드가 조성되며, 2015년 현재까지 전 인류가
예외적인 몇몇을 제외하고 대체로 폭풍의 전야와도 같은 조용한 한
때를 보내고 있지만, 그래서 이러한 모처럼의 보편적 평화가 앞으로도
오랫동안 지속될 것이라고 믿고 있겠지만, 필경 너무나 성급하고 안이한
판단이었던 것으로 판명 나고야 말 것이다. 이제 곧 전무후무한 커다란
변고들이 꼬리에 꼬리를 물고 이어질 것이고 그 시작은 반드시 전쟁이
될 것이다. 상호간 신뢰의 프로세스가 무너지는 순간 그 다음은 전쟁밖에
없는 것이다. 그래서 조용한 평화가 오히려 더 무서운 것이다. 그냥
전쟁이 아니라 전 세계가 미친 듯이 서로가 서로를 죽이는 무시무시한
제3차 세계대전이 벌어지게 될 것이다. 그 요동이 얼마나 격심한 것인지,
지구상의 대지란 대지는 모두 요동칠 것이고, 지진과 해일 같은 온갖
재해들이 조미료처럼 따라오고, 온갖 전염병을 비롯하여 일어날 수
있는 재앙이란 재앙은 모두 겹겹이 한꺼번에 몰아칠 것이고, 이러한
격렬한 몸짓들이 모두 하나가 되어 마침내 궤도이탈이라고 하는 전대미

문의 초대형 사건으로 연결될 것이 불을 보듯이 분명하다고 할 수 있겠다. 지금 남북이 첨예하게 대치하고 있는 우리나라는 제3차 대전에서 예외가 될 수 있을까? 정말이지 제발 예외가 되었으면 좋겠다. 하지만 이것은 단지 하나의 바램에 불과할 가능성이 오히려 훨씬 더 크다. 일어나지 않을 확률과 일어날 확률을 비교해보면 해답은 저절로 분명해진다. 현재 전 세계에서 전쟁이 일어날 확률이 가장 높은 지역이 과연 어디일까? 이것을 자문해보면 저절로 자명해진다. 오히려 전 세계에서 가장 먼저 전쟁이 발발하는 지역이 바로 한반도가 아닐까를 걱정해야 할 판국이 아닌가. 지금은 자녀를 좋은 대학에 보내기 위해서 관련된 모든 입시정보를 찾아다니는 극성 학부모들의 마음이 되어, 모든 징조들에 대한 자료를 찾아다녀도 오히려 한참 모자랄 판이다. 이제는 꿈에서 깨어나, 성경을 읽고, 정역을 읽고, 주역도 읽고, 제세기도 읽고, 송하비결도 읽고, 말라키[9]가 쓴 교황들에 대한 예언도 읽고, 필요하다면 증산도전도 읽고, 지구격변에 관해서 이야기하는 것들이 있으면 모조리 찾아서 한 번씩 섭렵해보는 것이 작금의 상황과 같이 지극히 수상한 시대를 살아가는 방편이 아니겠는가. 누구나 각자가 짊어진 삶의 무게가 있기 마련이고 그래서 당장의 삶조차 버거운 것이 엄연한 현실일 테지만, 그러나 따지고 보면 이들은 모두 생활의 문제일 것이다. 수많은 문제들이 우리들의 어깨를 짓누르고 있다. 하지만 생활의 무게가 생존의 문제보다 더 클 수는 없는 노릇이 아니겠는가!

---

9) 아일랜드 주교 말라키 오몰가이르(Malachy O'Morgair 1095~1148)

盤古五化元年壬寅 반고 오화 원년 임인년부터
<ruby>반고 오화 원년 임인</ruby>

至大淸光緖十年甲申 청나라 광서 10년인 갑신년에 이르기까지
<ruby>지 대청 광서 십 년 갑신</ruby>

十一萬八千六百四十三年 118643년이다.
<ruby>십 일 만 팔 천 육 백 사 십 삼 년</ruby>

반고 오화 원년을 임인년이라고 생각하기로 하고, 이때부터 기산해서 1884년의 갑신년까지를 모두 합해서 헤아려보면,

최초로 임인부터 계해까지 22년
갑자부터 계해까지 60갑자를 1976번 반복하여 118560년
마지막으로 갑자부터 갑신까지 21년

이 되므로 도합 118603년이 되어야 계산이 맞는데, 지금 정역에서 이야기한 것과 약 40년의 차이가 발생한다. 이렇게 차이가 생기는 연유가 대체 무엇일까? 설마 지인께서 잘못 계산하신 것일까? 그런데 만약 뭔가 중대한 일이 있었다면? 가령 문왕팔괘도가 꼭 필요하게 되었던 바로 그 일, 지축이 크게 흔들려 하늘이 서북으로 기울어버리는 엄청나게 큰 일이 있었다면, 혹은 지구의 공전 속도에 커다란 변동이 있었다면? 이러한 천지의 변혁으로 인해 40년이란 시간이 점프 한 것일 수도…. 그리고 또 한 가지 짚어보아야 할 것은 묘하게도 1884년은 지인께서 『정역』의 전편인 「십오일언」을 마무리했던 해이기도 하다는 점이다. 지인으로부터 그 어떤 언급도 없었지만, 1884년이 바로 선천의 마지막 해라는 것을 무언중에 넌지시 알려주고 있었던 것은 아닐까?

余年三十六始從蓮潭李先生 내가 36세에 비로소 연담 선생을 따르니

先生賜號二字曰觀碧 선생이 두 글자 호를 내리시되 관벽이라 하시고

賜詩一絶曰 시 한 수를 내리시되

觀淡莫如水 맑음을 보는 데는 물만한 것이 없고,

好德宜行仁 덕을 가까이하려면 어질게 행하는 것이 마땅하다.

影動天心月 그림자가 천심월을 움직이게 하니

勸君尋此眞 이 이치를 찾아보시게.

   세간에는 진위가 불분명하지만 지인과 관련되어 다음과 같은 일화가 회자되고 있다. 당시 연담의 문하에 동학의 최제우와 남학의 김광화도 한때 지인과 함께 수학한 적이 있었다는 것이다. 이정호 교수가 쓴 『정역연구』에 의하면, 지인께서 36세 때인 철종 12년(1861년) 어느 날 연담은 세 사람을 불러 먼저 최제우와 김광화에게

   "장차 선도와 불도가 쇠퇴해갈 것이니 너희들이 바로잡아야 할 것이다. 그러기 위해서는 주문을 외우고 깊이 언행을 조심하라"

는 당부하면서, 경주에서 올라온 최제우에게는 선도적 전통을 계승할 자라 하여 후일 동학계에 적용되는

   "지기금지원위대강(至氣今至願爲大降) 시천주조화정(侍天主造化定) 영세불망만사지(永世不忘萬事知)"

라는 주문을 독송하며 근신하라 부탁하고, 전라도에서 온 김광화에게는 불교적 전통을 계승할 자라 하여

   "남문을 열고 바라보니 학명산천(鶴鳴山川) 밝아온다."

라는 주문을 주었으며, 또한 김일부에게는 관벽觀碧이라는 호를 내리면서
"그대는 장차 쇠하여가는 공자의 도를 이어받아 크게 천시를 받들
사람이니 예서만 볼 것이 아니라 서전을 많이 읽으면 깨닫는 바가
있을 것이며, 훗날 책 한권을 지을 것이니 그때 나의 이 글 한 수를
넣어주시오."
라고 말했다는 것이다. 그것이 바로 지금 본문에 등장하는
"맑은 것을 관하기로는 물 만한 것이 없고, 덕을 좋아하기로는 마땅히
어질게 행하는 것 만한 것이 없다. 그림자가 천심월을 동하게 하니
그대에게 권하노니 이 이치를 찾아보시게."
라는 글귀와 연관된다는 것이다. 하지만 최제우가 득도한 것이 1860년의
일이라고 전해지고 있는데, 연담이 1861년에 최제우에게 주문을 내렸다
는 것이 어째 앞뒤가 잘 들어맞지를 않는다는 생각이 들지만, 이정호
교수가 덕당 김홍현에게 직접 들은 일을 기록한 것일 수도 있으므로
진위여부를 속단하는 것은 무리가 있을 지도 모른다. 한편 연담은 오음주
송이 노래와 춤으로 인해 마음이 화평하게 되고, 병이 치유되는 기적이
나올 뿐만 아니라 마치 신과 같이 영통의 경지에 이른다고 하여 지인이
기꺼이 이를 따랐다. 여기서 말하는 오음은 '음·아·어·이·오'의 오성
을 말한다. 음률의 고저 청탁이 조화적으로 자연의 이치에 응하기 때문에
실제로 이를 계속 주송하면 손발이 저절로 움직여 무도가 되었고, 그러한
영가무도가 극치에 달하면 앉은 채로 몸이 3, 4척 뛰어 오르거나 심신의
질병이 치유되는 이적이 많이 나타났다고 하는데, 이것을 곧 자연의
조화에 부응하는 경지라고 불렀다.

8 입도시

입도시(立道詩)란 도를 세운다는 뜻이니, 이는 도를 깊이 깨우친 도인이 진리를 높이 치켜 올린다는 의미일 것이다. 인류 역사를 통틀어 아주 극소수의 사람들만이 이 길을 걸을 수가 있었다. 이슬람의 성자 마호멧(570?~632)은 서기 610년경, 그러니까 그가 40세 무렵이었을 때, 뜻한 바 있어 금식하며 명상에 들었는데, 그의 이러한 종교적 감수성은 이미 유년시절부터 간혹 발현되던 것이었다. 어느 날 그는 메카 교외에 있는 힐라산 동굴에서 홀로 명상에 잠겨 있던 중 갑자기 어디선가 들려오는 소리를 들을 수 있었다. 갑자기 당황한 그는 몸에서 열이 나고 온 몸이 오돌오돌 떨려왔다. 그는 겁에 질려 급히 집으로 돌아와서 아내에게 말했다.

"여보, 이불을 있는 대로 갖다 주시오. 너무도 무서운 일이 일어났소."

문득 그의 아내가 그를 바라보니, 남편의 머리 위로 평소에는 보이지 않던 오오라의 섬광 같은 것이 언뜻 보이는 것 같았다. 부인 하디자는 그를 진정시키고 자신의 사촌이자 이비아니교의 사제였던 와라카 이븐 나우팔에게 가서 전후 사정을 설명하였다. 와라카 이븐 나우팔은 마호멧이 예언자가 된 것 같다고 말하였고, 하디자는 집으로 돌아와 그의 앞에 무릎을 꿇고 최초의 제자가 되었다.

그런데 이와 놀랍게도 유사한 일이 조선말에 일어났다. 최제우(1824~1864)는 경주 인근의 어느 몰락한 양반가의 늦둥이로 태어났고, 그의 어릴 적 아명은 복술이었고, 그의 본명은 제선이고 자는 도언이었다. 6살에 어머니를 여의고, 17세에 아버지를 잃었으며, 20세에 얼마 되지 않은 가산마저 모두 불에 타 버렸다. 이듬해 그는 남은 가족들을 처가에 맡기고 전국을 돌아다니며 행상을 하였다. 10년을 떠돌면서 그는 당시 민중들의 절망을 온 몸으로 느낄 수 있었다. 유랑을 마치고 처가로 돌아와 농사를 지으면서 한동안 조용히 지내던 중 그는 몇 차례 신비한 체험을 하게 되었는데, 금강산에서 왔다는 어느 한 승려로부터는『을묘천서』라는 것을 전달받으며 49일 동안 기도하라는 말까지 듣게 되었다. 33살에 양산 통도사 내원암에서 기도하다가 이듬해에는 아예 홀로 깊은 산 동굴 속에서 49일 동안 명상을 하기도 했다. 1860년(경신년) 음력 4월 5일 그는 명상 중에 어디선가 들려오는 음성을 듣게 되었고, 갑자기 오한이 나면서 온 몸이 바들바들 떨려왔다.

"두려워 말라. 겁내지 말라.…(중략)…내 마음이 곧 네 마음이니라.…(중략)…무궁무진한 도법을 주노니 닦고 다듬어 수련하여 중생들을 가르치고 덕을 펴면 천하에 빛나게 하리라."

이 사건을 통해서 그는 결정적으로 깊이 도를 깨치게 되었고, 1년 후 그의 아내가 그의 첫 번째 제자가 되었다. 이후 최제우는 동학을 창시하면서 이제 인고의 선천 세월은 개벽을 통해 그 막을 내리게 되고, 지상천국이 이루어지는 후천 시대가 곧 시작된다고 하였다. 또한 그는 자신의 도를 일컬어 작금에 들어보지 못하고 이전에도 들어보지 못했던 무극대도라고 선언하였다.

靜觀萬變一蒼空 만 가지 변화무쌍한 푸른 하늘을 고요히 바라보니,
六九之年始見工 육구 54세 되던 해에 비로소 평생의 공부를 이루었네.

妙妙玄玄玄妙理 묘묘현현, 현묘한 이치는

无无有有有无中 없고 없음, 있고 있음, 그 있음과 없음의 한 가운데로구나.

　방금 살펴본 두 득도의 순간이 서로 유사하게 보인다고 해서 모든 득도가 매양 일색일 것으로 생각한다면 큰 오산이다. 오히려 모든 깨달음의 순간순간들이 모두 다 다르다고 보는 것이 보다 옳은 말일 것이다. 지인의 깨달음은 어떤 것이었을까? 그 순간에 대한 기록이 전해지지 않고 있다. 다만 지금 입도시를 통해서 1879년 54세에 비로소 홀연히 득도의 순간을 맞이했던 것으로 짐작될 뿐이다.

　지인은 36세에 스승 연담으로부터 이른바 '영동천심월'이란 화두를 받아들고는 수도에 정진하는데, 모든 일상에 임하는 그의 자세가 참으로 단정하고 일관성이 있었으며 한결같았다고 전해진다. 그는 항상 두 무릎을 꿇어 단좌하되 오직 식사 때에는 평좌平坐로 하였고, 음식상을 받으면 두 손으로 상을 약간 집은 듯이 가볍게 대고 잠시 묵념을 한 후 상 위를 살핀 뒤에 천천히 수저를 들었고, 언제나 식사량은 그리 많지 않았으나 공자처럼 생강을 먹는 일만은 절대로 끊지 않았다고 한다. 술은 한잔도 못하였으나 담배만은 좋아하여 출행 시에는 항상 담뱃대와 갓모가 필수품이었다고 한다. 특히 떡을 좋아하여 그중에서도 호박떡을 즐기고 육식도 금하지 않았으며, 일상생활에서도 영가를 끊지 않아 평소에도 입을 계속 쉬지 않았고, 손은 항상 무엇인가를 따지노라 구부리고 펴는 일을 쉬지 않았다고 전해진다. 화두를 집어든 이후 끊임없는 정진으로 19년 만에 드디어 확연히 깨닫게 되었고, 만고의 진리를 높이 치켜들 수 있었다.

9 무위시

무위시(无位詩)란 굳이 풀이하자면 '없음의 위치' 혹은 '없는 자리'라는 뜻 정도가 될 것이다. 진리의 본체 자리를 의미한다.

道乃分三理自然 진리가 셋으로 나뉘는 것은 본래 이치가 그러함이니,

斯儒斯佛又斯仙 이에 유교도 되고, 불교도 되고, 선교도 되는 것이다.

誰識一夫眞蹈此 일부가 참으로 이 셋을 다 겪은 줄을 누가 알겠는가?

无人則守有人傳 사람 없으면 홀로 지키고, 사람 있으면 전할 것이다.

歲甲申月丙子日戊辰二十八書正 1885년1월13일(음력 1884년11월28일)바르게 씀

사람이 있으면 전할 것이고 사람이 없으면 홀로 지킬 것이라 하였던, 그 도는 과연 어떻게 전해졌을까? 지인은 1886년 정역을 세상에 내놓은 이후에도 줄곧 무슨 영문에서인지 제자들에게 정작 정역에 대해서는 별로 가르치는 바가 없었다. 그리고 단지 주역의 가르침만 반복해서 이야기하였고, 또 가르침을 내리기보다는 제자들로 하여금 스스로 깨닫게 하였으며, 혹 잘못이 있어도 나무라기보다는 타일렀고, 틀렸다고 지적하기보다는 좀 덜 생각하였다고 말했다. 혹 제자들 중에 추리(推理)에 적중하는 일이라도 있으면 서슴지 않고 일어나 두 손을 맞잡고, 네가 웬일이냐고 하면서 덩실덩실 춤을 추며 기뻐하기를 마치 어린 아이와 같이 하였다.

　1887년 이후 다오개 마을에서 후학 양성에 힘쓰던 지인은 1893년 계사년 66세에 접어들었다. 정월 대보름을 지내자마자 지인은 제자들을 모아놓고는 얼마 지나지 않아 큰 난리가 나서 많은 사람이 상하게 될 것인즉 피난을 가야겠다고 말했다. 곧 난리가 일어난다는 말을 들은 제자들이 모두들 한결같이 심각한 표정이 되어, 난리는 누가 일으키며, 피난처는 어디가 좋으며, 얼마동안 가야하는지 등을 물었다. 지인이 말하기를

　"남쪽의 농민들이 봉기하는 것이며, 외적이 쳐들어오는 것이 아니니, 굳이 처자들이나 어린 아이들, 노인들까지 피난에 나설 것까지는 없지만, 공부하는 학인들이 무도한 무리에 의해 상하게 되거나, 난에 휩쓸리게 될 가능성이 크니, 젊은 학인들이나 피난을 하면 그만이다."

라고 말했다. 그렇게 지인과 그의 제자들이 곧 다가오게 될 소란을 피하기 위해, 1893년 2월에 다오개에서 충청도 연산면 도곡리에 있는 계룡산의 한 줄기인 향적산 국사봉으로 이주하였다. 지인과 함께 입산한 제자는 32명이었다. 덕당 김홍현(1863~?), 명선 김황현, 귀연 김방현(1860~?), 청탄 김영곤, 팔산 김정현, 일청 권종하 등은 지인의 집안이나 족벌 관계의 사람들이었다. 비현 이대영, 십청 이상룡[10](1850~?), 일성 성하묵, 초음 이영태, 초관 임영우, 순간 김영발, 관해 박창현, 봉월 하상역[11], 김화 김대재 등 이었고, 황해도 해주의 이동조, 전라도 순창의 김병두를 제외하고는 대부분 충청도 사람들로 주로 본거지에 가까운 연산, 공주, 은율, 논산, 노성, 청양, 옥천 등의 출신들이 많았다. 이들

---

10) 청양 출신
11) 한양 출신

여러 제자들 중에서도 특히 이상룡, 하상역 등은 가장 측근의 제자들이었다. 제자들은 피난을 위해서도 산행이 필요했지만, 그 보다 언젠가는 스승이 때가 되면 정역의 요체를 알려줄 것이라 믿고 있었다. 정역에 분명 사람 있으면 전하겠다는 문구가 적혀 있었다. 그들의 생각으로는 아직 때가 되지 않았기에 주역의 가르침을 반복하는 것으로 생각되었다. 아마도 그 무대가 계룡산 국사봉일 가능성이 크지 않을까? 그들의 생각은 이러하였다. 갈아입을 의복이며, 먹고 잘 수 있는 살림살이들을 각자 몇 가지씩 챙기고, 각자 나름대로 곡식들을 챙겨왔다. 연산에서 20여리 대전 쪽으로 있는 양정 고개에서 바라다보면 멀리 국사봉(향적산)이 보였다. 그의 제자들은 힘을 합쳐 향적산 중턱에 자리하고 있는 거북바위와 용 바위의 가운데 빈 터에 초가집 세 채를 지었다. 언제부터인가 사람들은 이 초가집을 향산정사라고 불렀다.

제자 중에 집안사람인 성이 김이고 이름은 홍현이란 사람이 있었다. 머리 생김새며 체격이 흡사 거북이와 흡사하였다. 정수리에는 뒤에서 앞으로 두 고랑의 뼈와 세 줄기의 뼈가 파여 있으면서 솟아 있어 마치 거북이의 껍질을 연상케 하고, 두 눈은 웃으면 아주 감겨서 새까만 두 점으로 되어버리는 것이 영락없는 거북이의 눈 같으며, 코는 끝이 몹시 가늘고 굴곡이 있어 거북이의 코를 방불케 하였다. 그 뿐 아니라 그 넙죽하고 평평한 두 어깨와 등, 그 두툼한 앞가슴에 억센 두 팔과 손, 모독한 열 손가락, 무엇하나 거북이의 모습을 닮지 않은 것이 없었다. 하지만 김홍현은 다른 이들과 달리 사서삼경은 고사하고, 어깨너머로 천자문 정도나 간신히 깨우친 정도였다. 그러나 지인에 대한 신심만큼은 실로 대단하여, 지인이 국사봉으로 옮기게 되었을 때 스스로 자기의 집을 향적산 바로 밑에 있는 엄사리 마을로 옮기고 백석 정도의 벼농사를 직접 지으며, 국사봉으로 곡식을 실어 나르며 국사봉 살림을 담당하였다. 뿐만 아니라 지인의 명성을 듣고 사방에서 모여드는 문인이나 과객을 맞아 대접하는 일체를 자비로 부담하니, 주위의 학인들이 감동하여 그의 호를 덕당이라고 지어주었다. 김홍현은 곡식이 모자라면, 학인들이 벽곡을 할 수 있도록 조달하기도 했다. 벽곡이란 주식인 곡식 대신에, 솔잎, 대추, 밤, 대마자 등을 가공하여 조금씩 생으로 먹는 것을 말한다. 벽곡은 오래전부터 산속에 사는 승려나 산 공부하는 무리들에게서 이용되어 왔고, 흉년이나 전쟁이 일어났을 때면 연명의 수단으로 활용되기도 하였다. 또 간혹 취사의 번거로움을 피하거나 체질 개선을 위해 사용하는 사람도 있었다. 김홍현은 다갈색 빛깔이 나는 대마자의 씨를 구증수포하여 쫄깃쫄깃한 골무떡을 만들어 한번 씩 주먹만 한 것을 수십 개씩 만들어 가져다주었다. 대마자는 대마초大麻草의 씨가 아니라 지마芝麻라는 식물의 씨였다. 학인들은 주먹만 한 골무떡을 하나씩 받아들고 매일 조금씩 뜯어 먹으며 허기를 채웠다. 밤톨 크기만 한 쫄깃쫄깃한 갈색 나는 것을 한 개 씹어 먹으면 하루 종일 다른 것을 먹지 않아도 끄떡없었다. 하지만 그런 벽식도 하루, 이틀이지, 여러 날을 하게 될 때면 모두들 곡기가 그리워질 수밖에 없었다.

"덕당은 언제쯤 오려나?"

김홍현이 와야만 그나마 곡기를 채울 수 있는 확률이 있었다. 하루는 김영곤이,

"어유, 이놈의 벽식 언제나 그만 하려나?"

하고 푸념조로 말하자, 옆에서 듣고 있던 이상룡이 말을 받았다.

"이렇게 삼백일 동안을 곡기를 끊고 벽식을 하면 얼굴빛이 복숭아꽃처럼 화색이 감돌고 몸에는 기운이 왕성해진데."

김영곤이 그럴듯한 말이라 여겼는지 관심을 보였다. 그러자 이상룡이 한소리를 더한다.

"삼천일 동안을 먹으면 천지의 귀신도 볼 수 있고, 밤에도 십리 밖의 먼 데를 볼 수 있데."

김영곤이 긴가민가하는 표정으로 쳐다보자,

"정말이야! 벽식에 관한 그런 기록이 있데. 삼십년 동안 계속 복용하면 귀신도 감히 침범하지 못하고 모든 귀신들이 보호하여 주어, 물위를 걸어 다니고, 공중도 날아다닐 수 있고, 죽지도 늙지도 않는데."

"정말? 꼭, 영가무도가 아니라도, 벽식만 열심히 해도 도통할 수 있겠네, 그려?"

이렇게 시작된 산중 생활은 이후 6년 동안이나 계속되었다. 그렇게 국사봉에 머물던 어느 날, 갑자기 지인이 눈물을 흘리며 혼잣말을 중얼거렸다.

"허, 남쪽엔 가지 말라고 그렇게 당부하였건만, 원 저런 변이 있나!" 하고 거듭 한탄하는 것을 여러 제자들이 보았다. 제자들은 영문을 몰라 서로의 얼굴만 쳐다볼 뿐이었다. 그리고 나서 사흘이 지났다. 다오개에서 사람이 왔다. 그 사람은 오자마자 지인을 찾더니, 황급하게 말했다.

"사위 이복래가 참형을 당했구먼유!"

사람들이 깜짝 놀라 자세한 영문을 캐물었다. 스승인 연담의 둘째 아들 이복래가 전주영문에서 당시 전라감사 겸 소토사인 이도재의 손에 참형을 당했다는 소식을 전해주었다. 스승이 눈물을 흘리던 연유를 비로소 알게 된 제자들은 스승의 혜안을 굳게 믿게 되었다.

'깨달은 성인이 아니라면 어찌 천리 밖의 일을 알 수 있단 말인가?'

입 밖에 이야기를 꺼내는 이는 없었으나, 모두들 지인에 대해 확고한 믿음을 가질 수 있었다. 지인의 이적은 여기에 그치지 않았다. 과연 1894년 정월, 일부가 일 년 전에 예언한바 그대로 동학운동이 일어났다. 제자들은 또 다시 혀를 차지 않을 수 없었다. 이구동성으로 말하기를,

"스승의 천안이 참말로 영험하시구나!"

"스승께선 성인이 틀림없으시다!"

제자들은 스승의 신비한 영적 능력이 어디까지인지 그 끝을 가늠할 수 없었다. 이러한 일들로 인해 제자들은 비록 작금의 생활이 견디기 힘들기는 하였으나 지인이 말하는 것에 대해서 한 치의 의심도 내지 않게 되었고 진심으로 존경하는 마음을 품게 되었다.

김홍현도 지인에게 오음주송을 배워 공부가 최고조에 달하였을 때는, 눈을 감으나 뜨거나 간에 환해지고, 3년을 하루같이 잠을 자지 않아도 졸리는 법이 없었으며, 집이 지척이었지만, 추석과 설 명절 이외에는 집에 가지 않고, 스스로 영가무도에 몰입해 주야로 정진하였다. 한번은 눈이 몹시 쌓인 어느 날 새벽, 같이 공부하던 학인 한 사람이 소변을 보러 밖에 나가다 보니 그야말로 산채만한 호랑이가 문밖에서 두 발을 번쩍 쳐들고 김홍현의 영가소리에 맞추어 좌우로 흔들흔들 춤을 추고 있는 것이 아닌가! 그래서 그 사람이 얼떨결에

"어, 호랑이가 춤춘다."

라고 소리를 치니, 영가를 하며 무아지경에 빠져 있던 김홍현이 눈을 떠보니 그 순간 호랑이는 휙 하고 바람과 같이 사라지고, 홍현과 학인이

깜짝 놀라고 있을 무렵, 호랑이라는 소리에 놀라 뛰쳐나온 다른 학인들은 호랑이의 자취를 보지 못하고 말았다. 이 뿐만이 아니라 덕당의 수련이 날로 깊어져서 한양까지 약 삼 백리 되는 길을 단 하루에 당도한 일도 있었다. 지인이 오랜 피난 생활로 점점 기력이 쇠해지고, 마을을 왕래할 일이 있을 때면 주로 김홍현의 등에 업혀 다니는 경우가 많았다. 1897년 가을 지인께선 김홍현의 등에 업혀 추석 성묘를 다녀와야 했다. 산을 내려오는 동안 이런저런 이야기를 나누다가, 지인이 넌지시 묻기를,

"요즘, 훤하냐?"

김홍현이 무슨 말인지 잘 몰라,

"뭐라고 하셨지유?"

"요즈음 훤하냐고?"

무슨 말인지 종잡을 수가 없어 재차 질문을 하자, 지인이

"내가 처음 깨닫게 되었을 때 말이야, 그때는 정말 주야를 가리지 않고 세상이 훤하더라고."

그제야 말귀를 알아들은 김홍현이,

"사실, 지두 그렇게 된지 좀 됐구먼유. 잠을 안자도 하나도 피곤하지도 않고. 천리 길을 달려도 몸이 새털같이 가볍게 느껴지고, 암튼 세상이 달라졌구먼유."

이 말을 들은 지인이 흡족하신 듯 웃으셨다. 추석 성묘를 마치고 저녁나절에 지인은 김홍현을 조용히 따로 불렀다. 부름을 받고 김홍현이 집안으로 들어오자, 지인은 정색하며 말했다. 김홍현도 스승이 지금 뭔가 심각한 이야기를 하려고 함을 직감한 듯 귀를 쫑긋거리며 심각한 표정으로 들었다.

"잘 들어두어라. 지금으로부터 30년 정도가 지나면, 스님도 아니면서 머리를 빡빡 깎은 젊은이 하나가 정역을 배우겠다고 찾아오는 일이 있을 것이다. 그때 그 사람을 만나면 물리치지 말고 여기에서 배운 바를 성심성의껏 잘 전해주어라."

라고 당부를 주었다.

"스님도 아닌데, 어떻게 빡빡머리일 수 있데요?"

라고 되묻지 않을 수 없었다. 그러나 지인은 그 말을 들었는지 못 들었는지, 아무 말도 하지 않았다.

'환속한 땡초 중인가?'

김홍현은 속으로 이렇게 생각이 들었다. 동학운동이 한창이던 어느 날 지금의 두계豆溪인 팥가리에 있던 동학도 2백여 명이 모였다. 그들은 세월 좋게 국사봉에서 공부나 하고 있는 양반님들을 두들겨 부순다고 떼를 지어 향적산으로 올라갔다. 하지만 이들을 맞아 지인은 조금도 당황한 빛이 없이 서서히 방을 나와 심각한 태도로 이 사람들을 향하여 화기 가득 찬 영가를 지극히 청아하게 불렀다. 이것을 들은 폭도들은 이윽고 하나 둘씩 들고 있던 몽둥이를 내던지고, 혹은 머리를 조아려 사죄하고, 혹은 입문하여 제자가 되었다. 이후 지인은 사십 여명의 제자를 두고 가르치게 되었다.

1897년 고종이 아관파천을 끝내고 궁궐로 돌아오게 되는데, 돌아오자마자 황제로 등극하며 대한제국을 선포하게 된다. 그런데 지인은 이를 어찌 알았는지 하루는 사발에 맑은 물을 떠오라 하여 소반에 받쳐놓고 북향을 향해 사배四拜하며 말하기를,

"어 장하시다. 우리 폐하께서 황제가 되셨구나!"

하며 크게 감탄을 하였다. 이처럼 시공을 초월한 선견지명과 마치 천리안이 열린 듯했으니, 다오개 마을에서는 사리분별 좀 하는 사람을 일컬어,

"알기는 당골 대부 같다"

는 말이 생겨나게 되었다. 세월이 흘러 국사봉에서 근 6년이 다 되어가는데도 선생은 정작 정역의 요체를 설명해주지 않고 있었다. 그래서 이상룡은 하루는 정역본문에 등장하는 금화문이 무엇인지를 물었다. 지인은 정작 금화문에 대해서는 대답을 하지 않았다. 대신에 그는,

"쇠로 만든 마차를 기다랗게 연결한 긴 차를 본 적이 있느냐?"

아무도 본 적이 없었다.

"기다랗게 생긴 그것이 바로 금화도(金火道)를 지나가느니라."

라고 말하였다. 여기서 금화도란 기차가 지나가는 철로를 말하는 셈인데, 당시 그의 제자들은 기차를 본 적이 없었기에 무슨 말인지 잘 이해를 할 수 없었다. 지인은 계속해서,

"쇠로 된 마차가 하늘을 나는 것을 본 적이 있느냐?"

라고 물었다. 아는 이가 아무도 없었다.

"그 풍륜차(風輪車)는 마치 기다란 마차가 양팔과 양다리를 편 것처럼 생겼는데, 사람을 태우고 하늘을 날아다닌다. 하늘을 나는 새보다도 빠르게 날고 꼬리에서는 연기가 나기도 한다."

한번은 국사봉 남쪽 향한리 부락과 광석 마을 사이를 지나면서 작대기로 산기슭을 가리키며,

"여기에 구멍이 뻥 뚫리며 금화도가 지나간다."

고 말했는데, 그곳은 나중에 광석터널이 뚫렸다. 이런 지인의 말들을 통해 제자들은 금화라는 것에 대해 그것이 무엇일까에 대해 제각기

머릿속으로 상상을 하곤 하였다. 지인은 항상 제자들에게 지금은 가난하고 모두들 힘들고 고통스럽게 살고 있지만 멀지 않은 장래는 매우 밝다는 것을 강조하곤 하였다. 또 후천은 일 년이 360 일이며, 기후가 지금과 달리 온화할 것이며, 그리고 인류가 크게 번영하게 될 것이라고 하였다. 그리고 한글이 나중에 전용 문자가 되어, 한자를 모르고 한글만 알아도 재상이 되는 세상이 오며, 더 나아가 언문통천(諺文統天), 즉 한글이 세상을 한데 묶는 역할을 하게 될 것이라 하였다. 제자들은 후천 개벽이 오는 그날을 간절히 기다리지 않을 수 없게 되었다.

고종 황제 등극 다음 해인 1898년 가을, 추석이 되기 직전에 지인은 성묘를 위해 하산하기로 마음을 먹었다. 그러나 72세의 노령에 기력이 쇠약해진 지인은 스스로 걸을 수가 없었고, 김홍현의 등에 업혀 다오개 마을 최생원의 집으로 돌아왔다. 이로써 6년간의 기나긴 산중 생활을 마감하였다. 1898년. 음력 11월 24일. 이날 오후 제자들을 불러 모두 귀가토록 하였다. 그리고는 특히 공주에 사는 노정봉에게는 무엇인가 꼬깃꼬깃 접은 것을 쌈지에서 내어주며 집에 가서 펴보라 하였다. 노정봉 일행은 그날 저녁 때 노성魯城까지 와서 참다못하여 집에 가서 펴보라 한 것을 거기서 펴 보았다. 쪽지에는 이렇게 적혀 있었다.
'무술, 갑자, 갑술, 무진'
이 사주는 바로 그 다음날 25일 아침의 일진이었다. 예사롭지 않다고 느낀 일행은 귀가를 단념하고 새벽길을 재촉하여 다시 다오개로 되돌아왔는데, 도착해보니 지인은 이미 운명한 후였다. 쪽지에 적혀 있는 대로 아침 진시에 귀천하였다. 평생 낮잠을 잔 일이 없었고 밤에도 거의 앉아 지내다시피 한 지인은 작은 마을 '다오개'의 최생원 집에서 마지막

순간에도 정좌한 자세로 임종하였다. 그리고 남산리에 안장되었다.

　임종 전날, 지인은 따로 가족들을 불렀다. 박씨 부인과 그녀가 낳은 아들 두현斗鉉을 불러 앉히고, 그리고 아들에게 주역과 정역을 주면서,

　"내가 평생에 공부만 알고 금전을 몰라서 집안이 이 꼴이 되었으니, 너희들을 고생시킨 일을 생각하면 딱하고 가엾다. 참 안됐다. 그러나 성인의 일을 알아보느라고 그리 된 일이니 할 수 있느냐. 너무 걱정 말고 참고 살아가노라면 자연히 돕는 사람도 생겨서 그럭저럭 부지할 것이다. 그리고 후일에 네가 아들을 낳을 터이니 이름을 수득壽得이라고 하여라."

라고 말하였다. 이것이 지인이 남긴 마지막 유언이었다. 120여년이 흘러 이제 당시의 마을 집들은 없어지고 옛 흔적을 찾아볼 수 없게 되었으나, 새벽이면 올라가 복 받아 가라고 외쳤다는 작은 동산은 옛 모습을 그대로 지니고 있고, 연산에서 20여리 대전 쪽으로 있는 양정 고개에서 바라다보면 멀리 국사봉(향적산)이 보이는데, 그 봉우리 중턱 에는 동학란을 피해 제자들을 이끌고 6년간 거처했다는 초가집 자리 좌우에 버티고 있던 거북바위와 용 바위가 지금도 남아 마치 용도와 귀서를 연상하게 한다. 이 명당자리에는 이미 당시의 건물은 없어졌고, 그 뒤에 새로 지은 '향적산방'에는 정역을 공부하러 때때로 찾아드는 학인들의 발길이 끊어지지 않고 있다. 한글이 나중에 전용 문자가 되어, 한자를 모르고 한글만 알아도 재상이 되는 세상이 오며, 언문통천이 되어 한글로 세상을 통하게 될 것이라 예언하셨던 그 말씀 그대로 이제 한글은 전 세계에 자랑하는 대한민국의 자랑거리가 되었고, 이 땅에 사는 한낱 미천한 필부조차도 문자를 깨우쳐 누구라도 마음만

먹으면 책을 쓸 수 있는 세상이 되었다. 나머지 성현께서 전하고자 하시던 바는『정역』본문에 고스란히 담겨, 인류가 꿈꾸는 번영의 소식을 지금도 말없이 간직하고 있다.

10 정역시

정역시(正易詩)란 곧 정역을 기리는 시라는 뜻이다. 여기서 말하는 정역이란 비단 문왕팔괘를 대신하여 후천에게 사용하게 될 정역팔괘만을 말하는 것이 아니라, 치윤을 하지 않는 바른 달력이란 의미까지도 함축하고 있음을 알 수 있다.

_{천 지 지 수 수 일 월}
天地之數數日月 하늘과 땅의 수로 해와 달을 세어보네.

_{일 월 부 정 역 비 역}
日月不正易匪易 해와 달이 바르지 않으면 역이 제대로 된 역이 아니고,

_{역 위 정 역 역 위 역}
易爲正易易爲易 역이 바른 역이 되어야만 역다운 역이 되는 것이니,

_{원 역 하 상 용 윤 역}
原易何常用閏易 원래 역이란 것이 어찌 늘 윤역 만을 쓰는 것이겠는가?

성현께서 귀천한 뒤, 한양 출신 사람이었던 하상역은 어찌할 바를 모르게 되었다. 그만 그런 것이 아니라, 문하에 있던 다른 이들도 모두 마찬가지였다. 너무도 갑작스런 일이었다. 근래 들어 스승의 건강이 그다지 좋은 것은 아니었으나, 아무리 그래도 적어도 귀천하기 전에

정역의 요체에 대한 일말의 설명이 있을 것으로 기대하고 있었다. 그러나 막상 일을 당하고 보니, 정작 정역의 요체에 대해서는 전해들은 이가 아무도 없었다. 혹시나 해서 다른 이들을 떠보았으나, 사정은 모두 매한가지였다. 여러 제자들 중에서 그 중 연배가 높았던 하상역은 사람들을 모아 말했다.

"이제 스승께선 귀천하셨지만, 그 유지는 받들어야 한다고 생각하는데, 여러 학인들의 생각은 어떠신가?"

듣고 있던 청탄 김영곤이 나서서 말을 받았다.

"맞소, 지당하신 말씀이오, 문왕팔괘를 이어 후천을 여는 제3의 팔괘가 그어졌는데, 이를 계승하지 않으면 천벌을 받고 말 것이구먼요."

그러자 이상룡이 되물었다.

"그렇긴 한데, 우리가 막상 정역의 요체에 대해 그 누구도 전수 받은 바가 없으니, 딱하지 않게 되었습니까? 요체를 모르는데, 무슨 수로 유지를 받들 수 있다는 말입니까?"

그러자 다시 하상역이 말했다.

"스승께서 밝히신 예정된 후천개벽의 새로운 세계를 맞이하는 정도는 먼저 그 정리를 깨달아야 합니다. 그리고 이를 깨닫기 위하여서는 학술적인 궁리도 필요하지만, 심기양면의 수련이 있어야 하는데, 오음주송(五音呪頌)이야말로 심기를 수련하는 가장 확실한 방법이 아닌가 말입니다. 다행히 우리들 모두 스승으로부터 심기 수련법을 전수받았으니, 이제부터 수련에 몰두하여 우주의 본체를 깨닫게 되면, 정역의 요체는 저절로 밝혀지게 되어 있을 것입니다."

이 말에 모두들 고개를 끄덕 끄덕거렸다.

"맞아요. 오음주에 의한 영가무도만 착실히 하면 모든 인간의 질고疾苦와 재앙이 물러가고 심기의 전변으로 신화 도통하게 되어, 정역의 이치는 저절로 알게 되고 때가 되면 후천 선계는 저절로 개벽될 것입니다." 라고, 김영곤이 맞장구를 쳤다. 이 말에 김정현은

"물론 오음주 수련을 하면서 심기를 연마하는 일도 중요하지만, 스승의 학구적 태도를 본받아 정역의 원리를 학문적으로 궁리하는 것이 중요하다고 생각합니다."
라고 주장하였다. 한쪽에서 가만히 듣고 있던 정종하가 한 마디 하였다.

"오음주 수련도 좋고, 정역의 원리를 궁구하는 것도 좋지만, 제가 생각하기에 일부 선생의 본원은 모두들 잘 아시다시피 본래 연담 선생이십니다. 이제 연담 선생의 아드님이 남학을 일으켰는데, 우리가 이러고 있을 것이 아니라, 본원인 남학에 가담하는 것은 어떨까요?"

이외에 여러 의견들이 분분하였으나, 결국 하상역과 김영곤의 주도로 대종교라는 교명을 내세우고 포교 활동을 전개하기로 결론을 내렸다. 하상역은 정역이 상제의 뜻과 권능에 갈음하여 앞으로 다가오는 후천선계의 개벽운도를 밝히고 열어 놓은 것이라고 믿었고, 스승을 신앙의 대상으로 격상시켰다. 하지만 오음주송의 마력적 신비에 의지하는 주술적 수행법은 동학[12]의 수행법과 그다지 다를 바 없는 것으로 보이게끔

---

12) 수심정기(修心正氣)는 마음과 기의 완전한 회복과 조화를 통해 인내천(忍耐天)을 경험하고 실현하는 핵심적인 동학의 수행법. 또한 주문은 시천주(侍天主)의 중요 수단이며 수심정기를 위한 구체적인 수단. 동학의 주문은 대우주의 이치를 담고 있는 천서(天書)로서 주문수행은 우주적 이치를 궁구하고 내면화하는 수단이다. 영부(靈符) 역시 주술적인 치료수단이 아니라 마음과 기운을 조화롭게 하며 시천주의 뜻을 가르치는 수단이다. 즉 동학의 부적과 주문은 단순한 주술적 도구들이 아니라 사상과 교리를 내면화하고 체득하는 수단이다.

되었다. 이러한 수행 방법을 모두 지지한 것은 아니어서 점차 분파의 기운이 싹트게 되었다. 교단 간부들은 제각기 교리의 내용을 달리 주장하고 한편으로는 교통敎統을 둘러 싼 암투까지 생겨 교단 내부의 불협화음은 날로 늘어갔다. 그러던 중 1907년에 대대적인 동학교도 검거가 진행되었다. 이때 대종교의 지도층과 신도들까지 다수 검거되었다. 이로 말미암아 교단은 거의 해체된 상태가 되어 포교활동이 중지되었다. 뒤에 감옥에서 풀려 나온 하상역, 권종하, 이상룡 등에 의하여 잠시 재건되기도 하였으나, 교통敎統 문제로 대립한 지도층의 주도권 쟁탈과 교리와 신행信行상의 이견까지 겹쳐, 마침내 교단이 분열되어 여러 개의 교파로 나뉘게 되었다.

마침내 김영곤은 연산지방을 중심으로 하상역과 맞서는 세력을 형성한다. 그러나 그들은 새로운 교명을 내세우지는 않았고 다만 스승이 생존하실 때에 부르던 대로 '무극대도', '무극천도' 또는 외부 사람들이 지칭하는 바대로 '영가무도교'라는 명칭을 그대로 사용하였다. 김영곤의 견해는 하상역과 다름없는 신비주의였다. 스승을 일부상제(一夫上帝)로서 신봉하였고 영가무도의 신비한 힘으로 도통함으로써 천도명령에 의한 개벽에 참여할 수 있다고 주장하였다. 따라서 정역 연구보다는 영가무도에 역점을 두었다. 1921년에 김영곤이 사망하자 그의 제자 임도봉이 교통을 계승하여 전북 진안과 금산 등지에까지 포교망을 확장하였으며, 나중에는 계룡산 신도안으로 옮겨 "중앙대종교"라는 간판을 걸었다. 이때는 일제의 한국 종교에 대한 탄압이 극심했기 때문에 신도안에 비밀리에 무극기와 태극기를 내걸었다. 임도봉은 신도내로의 이전과 국기의 게양은 천도명령에 의해 해방을 맞이하기 위한 것이라고 주장하였다. 영가무도의 수양과 후천개벽의 천명 집행을 신앙의 중심과 제로 삼았다. 영가무도를 특히 강조하여 종래의 오음주송 외에도 화무상제의 계시라고 하여 신화경(神化經)등의 노래를 부르기도 하였다. 1950년에는 임도봉이 사망하고, 여신도 월강 이필례가 교주가 되었다. 그녀는 얼마 안 되어 교단을 자신의 고향인 전북 만경으로 옮기고 "중앙대종교합십괘철학"이란 간판을 내걸었다. 정역원리를 강론한다고 하면서 정역에 조예가 있는 김광덕을 지도자로 모셨지만 본 교단의 신자들 중에 역학적인 교리연구에 뜻을 두는 이는 별로 없었다. 교주는 삼신 상제를 모신 제단 앞에서 화무상제의 천명을 받드는 것이 임무라고 하였다. 신도들은 오음주, 신화경 등을 부르는데 열중하였다. 영가무도를 행하는 데서 일어나는 구보口報[13], 이보耳報[14], 개안開眼[15] 등의 신비현상을 겪기도 하고 질병이 낫기도 하면서 한때 수천의 신도가 모이기도 하였다.

한편 십청 이상룡은 여러 제자 가운데서도 정역 이론에 가장 뛰어난 정역원리파로 이름이 나있었다. 그의 고향인 청양과 공주지방에는 그를 추종하는 신도들로 일파의 교단이 형성되어 사람들은 이를 정역파라고 칭하였다. 하지만 십청이 사망하자 김영곤의 제자였던 주장갑이 그 뒤를 이어 공주 이인 지방에서 포교했으나 교세는 미약하였다.

일부가 사망한 뒤 여러 교파가 나눠질 때 신도 이희용도 그를 따르는 신도들을 모아 포교하였다. 따로 교명을 세운 바도 없고 그저 '영가무도

---

13) 갑자기 입이 열리며 무의식중에 말이 터져 나오는 것
14) 신의 계시와 같은 말소리가 귀에서 들리는 것
15) 천리 밖을 보거나, 신과 같은 환영을 보는 것

교'라고만 불렸는데, 그나마 이희용이 사망하면서 그 계맥도 없어진 상태였다. 그런데 1945년 해방 이후에 이희용의 제자였던 송철화가 계룡산 서단에 있는 국사봉 아래에 도장을 만들었다. 사람들은 이들을 가리켜 '영가무도교'라고 하였다. 용 바위와 거북바위가 있는 이곳은 바로 지인이 후천 개벽 원리를 강론한 곳이었다. 그러므로 그들은 이곳이 개벽을 선도하는 전 세계의 중심적인 성지이고, 이곳에 설치된 제단은 무형세계의 원리를 천명한 일부상제를 받드는데 다시없는 적지라고 보았다. 이 제단에서는 일천상제 · 화무상제 · 황극모 · 천황 · 지황 · 인황 · 미륵불 · 무극천도 등의 이름으로 기도를 행하였다. 또한 일부선생은 제천상제의 화신이며 은진 미륵불의 현신이라고 보았다. 여기에 모여드는 신도들은 영가무도에 정진하면서 정역의 원리를 연구하였다. 그리하여 이 땅을 중심으로 한국이 정치적, 종교적으로 온 세계를 지배 통치할 후천선계의 종주국이 되리라는 희망을 가지는 작은 교단을 이룩하였다. 옥천군 군서면에서 동상교가 이끌던 '영가무도교'는 동상교의 아들 동기태에 의하여 교맥이 지속되었다고는 하지만 교세가 약하였다.

지인의 문하에서 직접 육성을 들어보지 않은 사람이 교단을 만든 경우도 있었다. 1930년경 전일천이란 사람이 영동군 상촌면에서 교단을 만들어 '영가무도교'라 불렀다. 그러나 얼마 안 되어 신도들이 떠나가 결국 소멸되었다. 한편 일부계의 교단으로 형성된 것이면서 동학, 증산교 등 다른 종교와 교섭을 가지는 혼합종단을 이룬 것도 있다. 대전 시내에 근거를 두고 황대순이 주도한 '대동계'는, 원래는 김영곤에서 분립된 대종교의 일파였지만 나중에는 증산교를 받아들여 활동하였다. 한편 종교적 신앙이 아니라, 순수 학술적으로 정역을 연구하는 사람들도 있었다. 이정호와 성주역 등이 만든 '정경학회'가 그것이었다. 1897년 지인이 귀천하기 1년 전에 특별한 당부를 받았던 덕당 김홍현은 그것을 잊지 않고 30년을 기다렸다. 그리고 실제로 머리 깎은 학도 하나가 의산 김경운의 소개로 정역을 배우겠다고 덕당에게 나타났다. 이때 이정호가 31세 되던 해 배화여교 교사 시절에 몸이 아파서 관상가를 찾아갔는데, 그 관상가가 바로 의산이었고, 의산은 당시 서울에서 밥벌이나 할 요량으로 시작한 관상으로 제법 이름을 날리고 있었다. 그것이 인연이 되어 일자무식이었던 덕당은 졸지에 당대 조선 최고의 경성제대 법문학부 출신의 수재에게 정역을 가르치게 되었다. 이정호는 정역을 배우고 정리하여 책들을 출간하였고 한국에 사는 사람들이라면 누구나 한번쯤은 정역이란 말을 들어볼 수 있도록 널리 보급하는데 기여했다. 훗날 덕당은 어느 날 이정호로 부터 무슨 마음으로 그렇게 가산을 바쳐가면서까지 성심을 다했느냐는 질문을 받았을 때,

"왜 나는 금전이 소중한 줄을 모르겠나. 다만 성인의 도라는 것을 어깨너머로도 배우고 싶어서 그 정성을 들였던 게지."
라고 말하였다.

11 포도시

포도시(布圖詩)란 금화정역도[16]를 비롯한 정역과 관련된 모든 수상도와 괘상도를 펼친다는 의미이다.

萬古文章日月明 만고의 문장이 해와 달 같이 밝으니,

一張圖畵雷風生 한 장의 그림이 우레와 바람을 일으키네.

靜觀宇宙无中碧 고요히 우주의 무중벽을 바라보니,

誰識天工待人成 천공이 사람을 기다려 이룰 줄을 그 누가 알았을까.

동양학은 논리로 하는 것이 아니라고 생각하면 크나큰 오산이다. 동양학도 논리가 내재되어 있어야 진짜가 되는 법이다. 생각해보자. 천공대인성, 어느 날 팔괘가 긴 세월동안 지인을 기다렸다가 스스로 공중에 모습을 드러낸다. 그런데 그것이 나타났을 때에는 이미 수리적인 원리를 그 속에 내포하고 있었다. 천공도 결코 '무대포'만은 아니라는 말씀이다. 흔히 직관의 세계는 객관적 논리를 초월하는 것으로 생각하기 쉽지만, 그것이 아무리 직관적 세계에 속한 것일지라도 객관적 논리까지 아우를 때, 진정한 진짜 진리가 될 수 있는 게 아니겠는가!

한편 '수식천공대인성'이란 문구 속에는 성현께서 남긴 중요한 메시지가 하나 더 담겨 있기도 하다. 이 구절은 언뜻 의문문 형태이지만, 의문문 안에 이미 비밀스런 답까지 그 속에 써놓았던 것이다. 天자를 파자하면, 一(일)자와 大(대)자로 나뉜다. 즉 한 대학이 된다. 그리고 공대인(工待人)은 우리말 발음 그대로 공대인이기도 하다. 다시 말해 공대 출신의 사람을 의미한다. 그리고 마지막 成은 이룰 성. 어느 한 대학 공대 출신의 사람이 성현께서 잠시(?) 미루어두었던 그 일, 정역의

---

16) 후천에서 사용하게 될 24 좌향도

도상을 펼치는 일을 마저 다하게 될 것이라는 메시지까지도 담아 놓으셨던 것이다. 그런데 중요한 것은 이 구절이 하필이면 정역 상편인 「십오일언」의 맨 마지막 부분에 해당되어 그 뒤로는 이제 곧 하편인 「십일일언」으로 넘어간다는 점이다. 이것은 또 무엇을 의미하는 것일까? 그 일이 이루어지는 시점이 바로 선천의 맨 마지막 무렵, 즉 후천이 이제 막 시작하려고 하는 무렵이라는 일종의 시절에 관한 힌트를 내포하고 있다고 생각된다. 지인께서는 정역을 남기시면서 훗날 어떤 일들이 벌어지게 될 지를 훤히 내다보고 있었던 것이 분명하다. 또한 장차 다가올 시절이 간괘(☶)의 도, 그침의 도를 요구하고 있다고 판단했던 것 같다. 그중에서도 가장 두려워 하셨던 바는 종교나 신성이나 대의 같은 것들을 빙자해가면서 선량한 사람들을 호도하는데 정역을 이용해 먹는 것이었다. 이것이 성현께서 정역을 출간하셨으나 정작 그 골수에 대해선 함구하고 있었던 이유일 것이다. 시간이 필요하시다고 생각하신 것 같다. 적어도 120여년의 시간이 말이다. 지인은 제자들에게 누누이 공부수신(工夫修身)을 당부하였으나, 실제로 지인이 귀천하면서 그의 문하에 있던 제자들은 주로 종교적인 방향으로 빠져 들었고, 일부 극소수만이 중심을 지키며 유지를 받들었다. 그리고 지인이 가장 두려워했던 그 일이 기어코 벌어지고 마는데, 지인의 문하가 아니라 엉뚱한 데서 큰 사단이 일어나고, 그것은 우리 역사에 있어서 전무후무했던 사상초유의 초대형 사건이 되었다. 그 사건으로 한동안 한반도 전체가 들썩들썩 거려야만 했다. 역사책에서는 쏙 빼놓고 가르쳐 주지 않았던 그 사건, 그것이 바로 이것이다.

　때는 1897년 10월로 거슬러 올라가, 고종이 연호를 '광무'라 하고

대한제국의 수립을 선포하면서 황제에 즉위한 때였다. 고종은 1907년
네덜란드의 헤이그에서 열린 제2차 만국평화회의에 일제의 부당함을
호소하고자, 특사 이상설, 이준, 이위종 등을 보냈으나 성과가 없었다.
그리고 이완용, 송병준 등 일제에 아부하는 친일매국 대신들과 군사력을
동원한 일제의 강요로 1907년 7월 20일 퇴위하지 않을 수 없었다. 이후
1910년 일제가 대한제국을 무력으로 합방하자, 고종은 일제에 의해
이태왕으로 불리다가 1919년 정월에 사망하게 된다. 이때 고종이 일본인
에게 독살을 당했다는 풍문이 널리 유포되었다. 그리고 장례식이 거행될
때 전국 각지에서 기미년, 1919년 3월1일 독립만세운동이 일어났다.
그러나 일순간 타올랐던 만세운동은 일제의 탄압으로 급랭되었고, 망국
의 백성들은 그 어디에도 의지할 데 없는 처지가 되었다. 이러한 때에
민심을 파고들었던 이가 바로 차경석[17]이란 사람이었다.

차경석의 아버지 차치구는 동학의 접주였다. 친구인 전봉준[18]의 간곡
한 권유로 2차 거병 때 장령격(將領格)으로 농민군을 이끌고 정읍 서면
대흥리에서 선봉을 맡기도 하였다. 하지만 농민군이 우금치 전투에서
패하게 되자 몸을 피했지만 밀고로 잡혀 44세의 나이에 화형을 당했다.

---

17) 차경석(車京石, 1880.6.1.~1936). 본명은 윤홍(輪洪), 호는 월곡(月谷). 전북 고창군
   호암리에서 아버지 중필(重弼)과 어머니 밀양 박씨 사이에서 장남으로 태어났다.
   그의 아버지는 자인 치구(致九)로 널리 알려졌던 동학접주였다. 차경석은 20세
   때 부친의 고향인 정읍군 입암면 대흥리로 이사하여 동학운동에 참가했다. 1904년
   8월 월곡은 일진회에 가입하여 전라북도 순회관을 지냈다. 그러나 일진회 주동자들
   이 일제의 앞잡이 노릇을 하자 그는 새로운 길을 모색하였다. 그러던 중 1907년
   5월 원평에서 증산(甑山)을 만나 그의 제자가 되었다.
18) 전봉준(1854~1894) 동학 운동 지도자

15세의 차경석은 밤에 홀로 형장으로 가 부친의 시신을 업고와 장사를
치렀다. 그러나 차경석은 곧 붙잡히고 아버지의 일로 복수할 것을 두려워
한 흥덕 군수에게 사형을 선고 받았다가 집행 직전 겨우 살아났다.
그 일 이후 차경석은 스스로 동학을 찾아가 입도한다. 마침 흩어졌던
동학의 잔당들이 다시 모이던 때라 민심이 예사롭지 않았다. 차경석은
흥덕에서 영학계(英學契) 민란에 주도적으로 봉기를 이끌다가 다시 한
번 체포되고 말았다. 그는 민란의 주범이란 죄목으로 사형을 선고 받았으
나 우여곡절 끝에 방면됐다. 1907년은 그에게 운명의 해였다. 토지를
둘러싸고 집안에 송사가 있자 차경석은 고발장을 들고 전주에 가다가
우연히 금구의 주막에 들르게 되었다. 그리고 그곳에서 강증산[19]을
만났다. 이런저런 이야기 끝에 송사 문서를 보고 강증산은 차경석을
타일렀다.

"너에게 유리한 송사다. 하지만 이기면 피고인 집안 열한 식구의
살 길은 사라진다. 남아는 자고로 사람을 죽이는 길이 아니라 사람을
살리는 길을 걸어야 한다."

증산의 설득에 감복하여 즉시 문도가 되기를 청했으나 받아들여지지
않다가, 증산의 숙소까지 찾아가 간청하여 겨우 허락을 받았다. 집으로
돌아오자마자 차경석은 가족들을 불러 모아 정황을 설득했다.

"돈이 크냐, 사람 목숨이 크냐? 나는 사람의 목숨을 죽일 수 없어
송사를 포기하고 돌아왔다."

는 그의 말에 동생들은 크게 분노했다. 동학에 빠져 집안이 망했는데
이제는 또 무엇에 미쳤냐는 것이었다. 아랑곳하지 않고 차경석은 강증산

---

19) 강증산(1871~1909). 증산교 교주

을 집으로 모셨다. 증산은 그의 집을 포교소라 명하고 한 달간 머물며 차경석에게

"오직 도道를 통해서만 세상을 구할 수 있다."

고 가르쳤다. 차경석에겐 월곡月谷이란 이름을 지어주었다. 증산이 그의 집에 머물자 몇 차례나 소란이 있었고 결국 그것이 발단이 돼 일본 헌병의 조사를 받는 지경까지 이르게 되었다. 그럼에도 증산은 차경석을 신임했다. 1909년 1월 1일 증산은 차경석의 집에서 『현무경』을 써서 보관하도록 했고, 1월 3일에는 고사告祀를 차경석이 대신 지내게 했다. 이러한 일들은 훗날 차경석이 증산의 종통을 이어받았다는 결정적 증거로 이용되었다. 강증산은 차경석의 이종사촌 동생인 고판례를 후처로 삼고 1910년에 죽기 전까지 3년 동안 줄곧 그를 곁에 두었다. 강증산은 차경석을 병부로 세워 동학을 따르다 원한을 품고 죽은 자들의 원을 풀어주는 해원공사를 했다. 그리고 1910년 6월 증산이 귀천하고, 1년 후인 1911년 증산의 셋째 부인이자 차경석의 이종사촌 누이였던 법륜당 고판례가 증산의 탄신기념 치성을 드리던 중 졸도했다가 문득 깨어나 증산의 평소 언동과 비슷한 행동을 하는 이적이 일어났다. 이로부터 법륜당에게 증산의 영이 감응되었다는 소문이 나면서 많은 사람들이 모여들었다. 고판례를 중심으로 교단이 일어나고 차경석도 적극 가세하였다. 하지만 교단이 점차 커짐에 따라 인심이 법륜당에 몰리는 것을 경계한 월곡은 신도들이 그녀에게 접근하는 일을 의도적으로 막아 점차 실권을 장악해나갔다. 결국 일이 이상한 방향으로 흘러갔고 교세의 중심이 점차 차경석에게 쏠리니 고판례는 견디지 못하고 김제시 벽산면 조당리로 따로 떨어져 나가고 만다. 그때부터 차경석은 증산의 종통이

자신에게 전해졌음을 내세우면서 교주가 되었다. 처음에는 교단의 이름이 달리 없었다. 고판례가 내세웠던 바대로 태을교나 선도교(仙道教)라는 이름으로 불릴 뿐이었다. 후에 차경석은 보화교(普化教)라는 교명을 내세웠지만 세상에는 보천교로 더 많이 알려졌다. 1914년부터 천지에 치성을 드리며 수도에 힘써 조금씩 인망을 얻던 차경석은 마침내 1916년 동짓날 24방주를 임명하여 각기 연원체계를 조직하게 하였다. 1917년에 신도가 금전 사기죄로 차경석을 고소하여 10일 동안 구속돼 조사받는 일이 발생했다. 곧 증거 불충분으로 석방됐지만 그는 그때 이미 일제의 감시가 심해질 것을 예감했다. 차경석은 곧 각 방면의 방주와 간부를 불러 모아 감시를 피해 길을 떠날 뜻을 밝혔다. 이때부터 보천교의 교세는 차경석의 도피행로를 따라 전국적으로 번져 나가기 시작한다. 일제가 건드린 불씨가 사방으로 튀어 걷잡을 수 없는 불길이 된 것이다. 24개의 조직은 기미년 3.1만세운동 직후인 1919년 10월경에는 60개로 늘어났다. 그 후 입교자가 기하급수적으로 늘어 3년 만에 간부만 55만 7천 7백 명에 달하는 비밀 점조직을 이루었다. 당시 차경석이 간부를 임명할 때 교첩과 상아인장을 주었는데, 차경석이 천자로 등극하면 새 왕조의 관직 임명장과 직결된다는 믿음으로 발전되었다. 이듬해 1920년 차경석은 천지운도가 오직 자기에 의해서만 열린다고 주장하면서, 일본은 곧 망하고 조선, 중국, 일본을 아우르는 새로운 나라가 탄생하며 자신이 천자가 될 것이라고 주장하였다. 새로운 국가를 세우겠다는 그의 주장은 당시 의지할 데 없었던 민초들의 절대적인 지지를 받았다. 이렇게 해서 차경석을 중심으로 걷잡을 수 없을 만큼 교세가 번창하게 되자, 보천교에 대한 일제의 감시가 강화됐다. 개인의 수도를 강조하던 강증산과 달리 차경석은 동학과 일진회를 경험해본 조직의 수완가였다. 일제의 감시와 탄압 속에서도 방주제(方主制)는 빛을 발했다. 조직을 점조직의 형태로 분산해놓았기 때문에 자유롭게 활동할 수 있었던 것이다. 당시 1921년 4월 26일자 동아일보에는 보천교에 대한 대대적인 검거 소식을 싣기도 하였다.

"4년 전 제주도 의병사건의 수령인 차경석을 교주로 삼아 은밀히 국권회복을 도모하되 교도가 5만5000명에 달하면 일제히 독립운동을 일으키고자 하는 일종의 배일 음모 단체로서 주모자는 조선 전국을 돌아다니며 교도 모집에 분주하되 특히 산간 지방에 있는 사람들을 모아서 세력이 매우 성대했다. 원산경찰서 관하에만도 실제 교도가 수만 명이며 이들이 독립적립금을 걷었다."

고 적고 있다. 그 해에만 십여 차례에 걸쳐 동아일보와 조선일보에 독립운동의 무리에 대한 대대적인 검거에 나섰다는 기사가 실렸다. 검거를 부른 활동의 요점은 두 가지였다.

첫째는 조선이 독립할 거라는 소문을 퍼뜨렸다는 것이고,

둘째는 돈을 모아 독립자금을 대고 있었다는 사실이었다.

1921년 9월 24일 일제의 수배령과 삼엄한 감시를 뚫고 경남 함양군 황석산에서 고천제(告天祭)를 올리고, 국호를 시국時國, 교명을 보화교(普化敎)라고 선포하였다. 이는 차경석 스스로가 천자임을 선포한 것이다. 차경석은 일본도 아니고 조선도 아닌 새로운 나라를 이 땅에 세웠다. 일본은 조선의 머슴으로 일하다 물러날 것을 천명했다. 그리고 차경석은 수천 명의 신도와 함께 유유히 제사를 올리고 일경의 감시를 뚫고 감쪽같이 빠져나가 버렸다. 일경을 매수하고 한편으로 역정보를 흘려

감시를 무력하게 했던 차경석의 계책이 성공한 것이다. 이 사건은 민간에 여러 가지 신비한 이야기를 낳으면서 일파만파 급속히 번져갔다. 이후 차경석은 『정감록』 비결, 『정역』, 민간신앙, 도참圖讖 등을 이용하면서 미래를 예언했다. 미륵불의 화신인 증산도가 나왔고, 앞으로 그 종통을 계승한 차경석이 제위帝位에 오른다고 선전했다. 이러한 풍설은 3.1만세 운동이 무위로 끝난 뒤 절망감에 빠져있던 민초들의 마음을 단번에 사로잡았다. 종교적인 신비와 독립에 대한 갈망이 결합하면서 보천교의 교세는 걷잡을 수 없이 확장되었다. 이에 일제는 교단 간부들을 체포하기 위해 혈안이 되었다. 1920년 1월 경북 청송경찰서에서만 교도 3천여 명이 검거되어 고문치사한 사람이 수십 명에 달했고, 도망을 다닌 신도만 3만여 명이 넘었다. 당시 경찰은 월곡의 교단을 '기미만세 독립운동'을 재발시키려는 음모단체로 규정했다. 또 1921년 1월 안동재판소에서는 특별법을 만들어 간부의 직급에 따라 형량을 정했을 정도로 수색과 체포령을 강화했다. 그러나 총독부의 이러한 탄압은 교단의 지하포교활동을 독립운동과 자연스레 연관시키는 결과를 가져와 오히려 교세가 더욱 불어나게 되었다. 곳곳에서 보천교도들이 술렁이기 시작했다. 1922년 전남 고흥에서 경찰과 난투극을 벌인 사건이 발생하자 일제는 이를 빌미로 소요죄, 보안법, 직무방해, 치안법 위반 등의 죄목으로 보천교에 대해 적극적인 검거와 탄압을 시작했다. 교주의 잠행과 탄압 속에도 보천교는 공개적인 활동을 시작했다. 1922년 출판사 보광사를 만들었고 이듬해부터 기관지 보광普光을 발행하여 교의를 전면에 선포하기 시작했다. 그리고 1924년에는 최남선의 시대일보[20] 주식을 인수해

---

20) 현 한국일보의 전신

실질적인 운영에 나섰다. 보광 제1호는 미신으로 매도하는 일제의 주장을 다음과 같이 반박했다.

"우리 교인은 조선 사람이니만큼 민족이 전통적으로 믿어온 신념을 따르고 있다. 조선인이 보편적으로 믿어온 것을 신념이나 교리는 아니다. 세간에서 미신을 우리 교단에 전가시키려는 것은 고의적인 곡해다."

1923년 1월 8일자 동아일보는 황해도 사리원에서 보천교 선포사를 붙잡아 돈을 모은 죄목으로 조사했다는 내용을 보도했다. 죄목 중 하나는 단발령으로 깎은 머리를 다시 기르게 하여 상투를 틀게 했다는 것이다. 보천교인은 사사건건 식민정책을 조롱하고 있었던 것이다.

1922년 2월 월곡은 교단을 공개할 것을 결심하고 이상호로 하여금 서울 창신동에 보천교라는 교명으로 포교하도록 했다. 보천교의 교의는 일심一心, 상생相生, 거병去病, 해원解寃이었고, 후천 인존시대를 건설하기 위해 심고心告와 주송呪誦 공부를 한다고 홍보했다. 강증산이 금산사 아래 오리알 터를 중심으로 몇몇 제자에게 가르침을 폈던 반면 차경석은 전국에서 교도들이 밀려왔다. 1922년 조선총독부 경무국에서는 보천교의 신도수를 대략 100만 명으로 파악했다. 보천교 본산이 있는 대흥리[21]에는 방방곡곡에서 이주해온 신도들로 대규모 마을이 형성됐다. 차경석은 전국에서 몰려오는 사람들을 위해 장터거리를 만들어줘 생업도 하면서 보천교를 믿으며 살도록 했다. 번성할 때는 1000여 가구가 교당을 중심으로 살았고, 오가는 사람들로 일대는 늘 성시를 이루었다. 무슨

---

21) 전라북도 정읍시 입석면 대흥리. 원래 민가 10여 호 정도 되는 한촌이었으나 보천교 교세가 확장되면서 전국 각지에서 몰려드는 신자들로 일약 700여 호를 헤아렸다 한다.

날이 되면 멀리 경상도 하동, 함양, 경주에서부터 강원도 할 것 없이 전국에서 몰려와 길을 메웠다. 걸어서 여기까지 왔다가 또 돌아갔다. 차경석은 문에 서면 건물 전체를 꽉 채울 정도로 당당한 풍채와 위엄을 갖추고 있어서 일제 관리와 일경조차도 머리를 숙이고 눈을 피할 정도였다. 새 세상의 주인공이 되기에 충분한 용모였다. 물산장려운동은 보천교의 민족중심주의를 잘 드러낸다. 민족경제를 살리기 위해 전개된 물산장려운동은 '조선사람, 조선 것'을 표방하고 나선 대표적인 민족생존권 운동이었다. 1922년 조만식을 중심으로 평양에 조선물산장려회가 세워지고 1923년 정월부터 본격적인 활동을 개시하며 애국계몽운동의 선두 역할을 한다. 일부에서는 조만식이 보천교의 내각기구에 해당하는 육임의 직을 맡고 있었다고 주장한다. 보천교와 협력하는 정도가 아니라 보천교의 핵심 인물이라는 것이다. 1923년 2월 13일 동아일보는 보천교에서도 음력 초하루부터 물산장려운동에 참여할 것을 발표했다고 보도했다. 실제로 보천교가 물산장려운동의 핵심 역할을 했다. 차경석은 교단의 중심지인 대흥리 일대에 자급자족의 경제기반을 조성한다. 일본산 옷감을 쓰지 않기 위해 직물공장을 만들고 염색공장까지 세웠다. 농기계 공장을 비롯해서 생업과 관련된 물품은 모두 조선의 것으로 쓴다는 것이 보천교의 기본적인 방침이었다. 일제의 검거에는 독립을 예언하며 민중의 신망으로 맞섰고, 언론을 통한 여론조작은 잡지와 신문의 발행을 통해 대응하였다. 보천교는 일제의 골칫거리였다. 차경석은 세간에서 이미 차천자라는 이름을 확고히 얻어가고 있었다. 당시 보천교 운동은 일반인들에게 일종의 독립운동으로 받아들여졌다. 일제의 단발령에 반대하여 보천교도들은 갓을 쓰고 푸른 옷을 고집했고,

전통식 교육을 고수했으며, 일본 물건을 사용하지 않았고, 자급자족운동을 전개했다. 나라가 사라지고 의지할 곳 없어진 백성들은 보천교가 내세운 새로운 건국에 꿈을 싣고 있었다. 민간에서 차경석은 이미 새로운 나라의 주인공이 되었다. 보천교는 신도들의 성금을 독립적립금이라는 명목으로 걷고 있었다. 독립이라는 대의명분에 열광한 조선 백성들이 기꺼이 보천교에 성금을 바치는 일이 늘어났다. 항간에 떠도는 소문으로는 당시 보천교의 재산이 우리나라 전 국토의 10분의 1을 살 수 있는 금액이었다고 한다. 일제는 보천교인을 대상으로 금전사취사건으로 고발하는 일로 맞섰다. 1925년 조만식은 보천교도들과 함께 정의부(正義府) 군자금 모집사건으로 검거돼 재판을 받는다. 경성법원의 재판기록부에 따르면 그해 조만식은 만주에서 돌아와 정읍으로 가 차경석을 만나 군자금의 일부를 받았다. 이후 권총 두 자루와 실탄을 반입해서 군자금을 모으려다 체포되었다. 차경석도 수배령이 내려졌지만 소재불명으로 기소가 중지되고 만다. 이 무렵 이와 유사한 사건이 곳곳에서 발생했다. 1924년 4월 26일 종로경찰서는 공산주의 단체인 형평사혁신동맹에 차경석이 돈을 댔다고 보고했다. 그해 11월 26일 만주국 관동청 경무국은 차경석이 독립군 김좌진의 군자금을 지원한 사건을 조사해 보고했다. 공산주의 운동을 이끌던 김철수는 후일 회고록에서 보천교의 자금을 받았다는 사실을 밝혔다. 결정적으로 차경석은 체포되지 않았다. 그의 소재를 파악할 수가 없었던 것이다. 전국 곳곳으로 숨어 다니면서 포교하고, 독립을 주장하고, 돈을 모으고, 독립운동자금을 지원하였다. 보천교는 좌·우익을 막론하고 선이 닿는 모든 독립단체에 자금을 지원하였다. 독립을 원하는 대의라면 그 밖의 다른 차이는 하찮은 것일 뿐이었다.

1924년 갑자년이 다가오면서 차경석은 '정감록'을 인용해 독립이 임박했다고 주장했다. 1921년 9월 24일 고천제를 성공적으로 치른 마당에 이제 남은 일은 천자의 등극이었다. 차경석은 '정감록'의 계룡산 도읍설을 적극적으로 활용하였다. '정감록'에

"계룡산의 돌이 하얗게 되고, 초포에 배가 다닐 때 세상일을 알 수 있다. (鷄龍白石 草浦行舟 世事可知)."

라는 구절이 있다. 차경석은 이 문구를 자신의 천자 등극으로 풀이했다. 때마침 1924년은 육십갑자가 새로 시작되는 갑자년이었고, 차경석은 그 해를 새로운 국가 출범의 시발점이라고 보았다. 이른바 지상낙원인 후천세계가 시작되는 갑자 원년으로 간주하고자 했던 것이다. 하지만 1920년대를 기점으로 보천교의 대사회적인 움직임이 커져가자 일제는 적극적인 와해공작을 펼치기 시작했다. 보천교 신도에 대한 대대적인 검거와 함께 한편으로는 언론을 이용해 사교라는 점을 강조하고 다른 한편으로는 친일을 유도하며 회유했다. 민중으로부터 보천교를 떼어놓기 위한 술책은 서서히 효과가 나타났다. 항간에는 조선 총독 사이토가 보천교 본부를 방문했다는 소문과 아사요시 경무국장도 비밀리에 차경석을 만나러 왔다는 이야기가 널리 퍼졌다. 이는 보천교의 위상이 높아졌다는 의미로 받아들여지기도 했지만 친일에 대한 의혹을 퍼뜨리는 데도 크게 기여하였다. 그러다가 갑자년 1924년 6월 일부 교단간부들이 보천교 혁신운동을 일으키기 시작하면서 교단 내 분열이 일어 분파되기 시작했다. 내심 기대했던 갑자년 천자등극이 일제의 적극적인 방해공작과 더불어 내분까지 일어나면서 무위로 끝나고 오히려 핵심간부들이 이탈하여 새로운 교파를 형성하자, 그해 9월 안팎으로 시달리던 차경석

은 종교 활동의 자유를 보장받고 교단의 명맥을 유지하기 위해 조선총독부 정무총감과 일본의 내각 총리대신에게 사절단을 보냈다. 조선총독부로서는 내심 기다리던 바였다. 그 후 시국대동단이라는 단체가 차경석에 의해 만들어져 전국을 순회하면서 보천교를 소개하는 동시에 대동아단결을 강조하는 강연회를 개최했다. 대일본제국이 지향하는 대공아공영이 곧 보천교의 새 세상이라고도 했다. 이러한 보천교의 변신은 일제가 강조하던 대동아공영권과 맞물려 민중으로부터 친일단체로 지탄을 받았다. 강증산은 생전에 차경석에게 다음과 같은 말을 남겼다.

"너는 집을 크게 짓지 마라. 그러면 네가 죽게 된다."

그러나 정해진 운명은 거스를 수 없는 것인지, 차경석은 1925년 1월부터 소위 십일전(十─殿)이라는 교당을 전북 정읍 대흥리[22]에 대대적으로 건설하는 일에 나섰다. 이미 건국을 선포한 마당에 궁전이 필요하다는 것이었다. 차츰 조여 오는 일제의 탄압과 내분에 대한 돌파구가 필요하기도 하였고 갑자년 천자 등극 무산을 상쇄하고도 남을 만큼의 강력한 뭔가가 필요한 시점이었다. 때 마침 이 무렵 김일부의 제자를 표방하는 일단의 무리들이 보천교에 들어오는 일이 있었다. 김일부의 제자 중의 하나였던 동두월이 영가무도의 신비를 주장하면서, 전라도 완주군 운주면 대둔산 밑에서 한 집단을 형성했었다. 동두월은 특별한 이름을 짓지

---

22) 실제 행정명은 접지리. 풍수에 다섯 가지 모양의 산이 마치 구슬처럼 이어지는 지세를 오성연주격(五星連珠格)이라 하여 귀하게 여긴다. 내장산→ 입암산→ 방장산→ 비룡산→ 국사봉으로 둘러싸여 있다. 이 산들의 모양을 五行으로 환원해보면 火山→土山→金山→水山→木山으로 상생관계가 이뤄져 지극히 좋은 터며, 운이 맞으면 남쪽으로 만리, 북쪽으로 만리에 걸쳐 36개국의 조회를 받을 곳이라는 전설이 내려온다.

않았으나 사람들은 그들을 일러 '영가무도교'라고 불렀다. 그런데 동두월이 죽자 신도의 대부분이 그 부근 천등산에서 손치성이 포교하는 무량교 쪽으로 옮겨갔다. 무량교에서도 무량주와 아미타불을 송축하면, 몸에 동요가 생겨 뛰놀게 되고 구보가 생겨 토설을 하거나 노래를 하는 등 영가무도를 할 때와 비슷한 현상이 일어나면서 치병이 되기 때문이었다. 이때 이들 무리 중 몇 명이 차경석의 보천교로 합류하였다. 강증산의 도와 더불어 김일부의 정역을 아우르는 일은 차경석에게 새로운 영감을 불어넣기에 충분했다. 특히 정감록에 실린 '진사성인출(辰巳聖人出)'의 구절과 정역에서 볼 수 있는 기사년 기사월 기사일에 대한 언급은 정확히 일치하는 결정적 계시로 판단되었다. 곧 다가올 무진년과 기사년(己巳年, 1929년) 사이에 모종의 큰 일이 있을 것으로 믿어졌다. 십일十一이란 것도 기실은 『정역』에서 얻은 영감이었다. 『정역』 하편의 제목 자체가 '십일일언'이었다. 십일은 곧 새로운 세상을 뜻하는 표상이었다. 또 『정역』 십오일언의 '합토거중오황극'이란 구절에서 십十과 일一이 합해 흙 토土자가 되니 이것인 즉 오황극이란 구절은 보천교에서 말하던 세상의 중심을 의미하는 것이었다. 따라서 궁전의 이름도 당연히 십일전이어야만 했다. 십일전은 당시 조선에서 가장 큰 건물이었다. 1만여 평(33만㎡)의 부지에 건평 350평(1155㎡), 높이 99척(30m), 가로 30m, 세로 16.8m에 이르러 경복궁 근정전보다 두 배나 크고 화려했다. 호천금궐(昊天金闕)에 일월성(日月星)을 상징하는 삼광영(三光影) 신단을 설치하였다. 십일전은 황금색 기와를 사용했다. 지난 1924년 갑자년 등극 시도가 무위로 끝났기 때문에 보천교 측에선 바로 그 십일전에서 기사년(己巳年·1929년) 기사월 기사일에 차경석이 천자로

즉위한다는 소문을 퍼뜨렸다. 기(己)와 사(巳)는 글자의 생김새가 서로
비슷한데다가, 두 글자는 각각 10간과 12지의 6번째 글자들로 최상의
양기를 상징하고 특히 뱀을 뜻하는 사巳는 용辰과 더불어 성인, 즉
임금을 가리킨다고 하였다. 따라서 "기사년 기사월 기사일"이라면 보통
임금이 아니라 전 세계를 뒤흔들 만큼 강력한 임금이 등장할 시점이라고
해석했다. 이 소문으로 수백만 보천교도들은 독립의 임박을 믿었고,
그러자 조선총독부 당국자들은 행여 큰 소요라도 일어날까 봐 전전긍긍
했다. 그리고 그해 3월 15일 십일전에서 삼광영의 영위 봉안식을 거행하
고자 했는데, 이것이 월곡이 기사년 기사월 기사일에 천자등극식을
거행한다는 소문이 널리 퍼져나가는 계기가 되었다. 그러자 일제는
불온한 이야기로 소동을 일으킨다는 이유로 행사개최를 금지하였다.
결과적으로 차경석은 그 이후 그 건물에 한 발도 들여놓지 못했다.
일제는 건축 당시부터 시비를 일으키더니, 1929년 문제의 그 기사년에
십일전이 완공된 후에도 건물의 사용을 불허했다. 결국 교단의 재산을
쏟아 부었는데 정작 사용은 못하게 되니 일제가 의도한 함정에 빠진
것이다. 게다가 시대일보의 인수가 실패로 끝나고 안팎으로 벌려놓은
교단의 사업들마저 지지부진해지면서 일제의 이간책이 큰 효과를 보게
되었다. 보천교에 대한 조선총독부의 정책은 일단 보천교를 회유하여
친일로 돌아서게 한 다음, 사회적으로 고립시키게 만들어 무력화시키는
것이었다. 그 전략에 철저히 놀아난 차경석이 자신의 권위를 강조하면서
강증산의 가르침이나 권위를 무시하게 되자, 보천교 내에서는 심한
갈등과 대립이 나타나기 시작했다. 보천교의 간부를 비롯한 일부 신자들
은 보천교를 탈퇴하여 새로운 교단을 세우고, 핵심 인원들이 혁신회를

발족하여 내분을 일으키고, 일각에서는 차경석을 암살하려는 움직임까지 일어났다. 결국 교리를 둘러싸고 신파와 구파로 갈라지고 말았다. 보천교에서 떨어져 나온 신도들은 강증산을 교조로 삼는 다른 종단들을 설립했다. 동화교, 수산교, 삼성교 등으로 교단이 계속 분열되었다. 기다렸다는 듯이 언론은 악의적인 기사를 쏟아냈고 경찰은 보천교 본소에 주둔하며 출입자를 일일이 감시했다. 활로가 사라져갔다. 결국 월곡은 지병이 악화되어 1936년 윤 3월 10일 57세의 나이로 세상을 떠났다. 그의 명정은 보천대화대도주(普天大化大道主) 중앙예문(中央叡文) 월곡선생(月谷先生)이라고 썼다. 월곡이 죽자 조선총독부에서는 곧 보천교의 포교집회와 성금수합의 금지를 명령했고, 6월에는 보천교 해산 명령을 내리고 십일전 건물의 포기, 교인의 삭발 등을 강요했다. 몰려든 인파를 물리치고 일본 경찰은 유구를 빼앗다시피 하여 인근 산에 묻고 콘크리트로 덮어버렸다. 민초들의 가슴 속에 차천자로 되살아나는 것이 그만큼 두려웠던 것이다. 해방 이후에야 겨우 봉인을 깨고 그 곁에 묘소를 만들 수 있었다. 일제는 교단을 강제 해산하고 재산을 공매 처분하였다. 십일전은 궁궐 같던 교당이 헐려 재목의 일부는 당시 돈 500원에 팔려 서울 조계사 대웅전 건물 짓는 데 쓰였고, 나머지는 내장사 대웅전, 내소사 종각에 쓰였다. 건물은 3분의 1로 줄어든 초라한 모습이 됐다. 지상천국의 나라라고 하던 시국時國도 사라지고 보천교도 사라졌다.

十 십
一 일
一 일
言 언 11

十一言
십 일 일 언

　정역을 지으면서 상경을 「십오일언」이라고 하고, 하경을 「십일일언」
이라고 명명한데는 다 그만한 이유가 있기 때문일 것이다. 과연 그
이유가 무엇일까? 제2권에서 이른바 '15 지향설'이란 가설을 논한 바가
있었으나 그때의 결론은 영원한 순환이었다. 최종 목표로 여겨졌던
10무극에 도달하더라고 5황극의 유인력이 원인이 되어, 결국은 다시
낙서의 수리관점에 의거해 10무극이 1태극으로 다시 시작해야 하는
것이라고 말이다. 그리하여 이 우주는 영원히 순환하게 된다고…. 그렇
다면 영원한 순환과 더불어 영원한 윤회, 진정 이 길밖에 없는 것일까?
모든 존재는 결국 끝없는 윤회의 수레바퀴라고 하는 굴레에서 영영
벗어날 길이 없는 것일까? 방금 이 화두에 대해 2500여 년 전 붓다가
6년간의 고행을 멈춘 뒤 새벽녘 보리수 나무아래에서 문득 샛별을
바라보던 그 순간부터 영원한 순환은 몰라도 영원한 윤회라는 화두에
대해서만큼은 그것이 결코 그렇지 않다는 것이 입증되었다. 그리고
지금 성현께서 역의 이치로 그 해답을 제시해주는 것으로 보인다. 성현께
서 우리에게 바로 11이 그 해답이라는 것을 말해주고 있는 것 같다.
필자가 만든 또 하나의 가설, 이른바 **황금열쇠의 가설이다**. 백척간두진
일보, 100척이나 되는 장대 끝에 서서 한 걸음을 더 나아가야 한다고
말해주는 듯하다. 10무극에서 멈추지 말고 한 걸음을 더 나아가라고

말이다. 10무극에서 멈추면 곧 다시 1태극이 기다리고 있을 것이다.
삼마디히(Samadhi)의 쾌감은 이제 곧 지워져버리고, 또 다시 일상으로
돌아와야 한다. 유상삼매의 황홀경은 더 없이 좋은 것이긴 하지만 결코
영원할 수가 없다. 삼매경[1]의 기쁨은 이내 곧 사라지고 또 다시 범인의
희·노·애·락이 기다리고 있을 것이다. 그런데 한 걸음을 더 내디디면
전혀 다른 기적이…. 놀랍게도 10무극이 나아가 11이 될 수가 있다.
여기서 11은 10무극과 1태극이 짝짓기한 상이다. 1 이라는 알파와 10
이라는 오메가가 서로 하나가 되어 있는 상이고, 순간과 영원이 만나
서로가 서로를 비추는 상이다. 하도와 낙서의 작동이 멈추는 기적이
여기에서 일어난다. 하도와 낙서의 변화 원리 속에 있으면서도 하도와
낙서에 의해 지배받지 않는다. 아니 오히려 하도와 낙서가 존재의 지배를
받기 시작한다. 낙서의 수리관점에 의해 10이 1이 되더라도, 같은 이유에
의해 곧 다시 1이 10이 되어버리는 기적이 일어난다. $10 \rightarrow 1$ 이 되는
것만이 길이 아니라, 사실은 $10 \equiv 1$ 이고, $1 \equiv 10$ 이어야 올바른
정답이었던 것이다. 따라서 10이 1이 되면, 그 즉시 1은 10이 된다.
그리고 그 결과는 항상 11이 된다. 결과적으로 11이라는 숫자 속에서는
1과 10만이 끝없이 서로가 서로를 비추게 된다. 삼매경은 결코 깨지지
않는다. 11 속에서는 1과 10이 영원히 서로가 서로를 바라볼 뿐, 그
속에서 희·노·애·락은 보리심으로 바뀌고 윤회의 수레바퀴는 영원한
존재로 탈바꿈된다. 이제 존재가 영원한 열반으로 들어가는 황금열쇠를
얻은 것이다. 붓다의 무상삼매, 일심이 무심을 비추고 무심이 일심을

---

1) 삼매경은 유상삼매와 무상삼매가 있고, 무상삼매는 다시 일시적 무상삼매와 완전
   한 무상삼매로 나뉜다.

비춘다. 그 속에서 존재는 완전히 환영에서 깨어나 성성한 의식 그 자체가 되어 우주의 시작과 끝을 관통한다. 이제 환영은 사라지고 무지도 사라졌다. 꿈에서 완전히 깨어났다. 아~아, 이제 다시는 삼사라(Samsara)의 고통을 겪지 않아도 된다. 마침내 참된 주인이 자각을 통해 존재의 한 가운데를 비추는 영원히 꺼지지 않는 횃불을 높이 치켜들었다. 이제 존재가 깨어나 또 하나의 위대한 붓다가 되었다.

1 불역 천지

인류의 비전이 여기에 담겨있기 때문에 인류의 희망을 알고자 한다면, 이 부분을 집중적으로 연구해야 할 것이다. 또한 장차 인류에게 어떤 세상이 도래하게 될지를 알 수 있게 될 것이다.

十土六水不易之地 10토 6수는 불역의 땅
一水五土不易之天 1수 5토는 불역의 하늘

불역이라 함은 바뀌지 않는 역을 말함이니 이는 곧 정역을 말한다. 지금까지는 바뀌는 역, 즉 복희역이 문왕역으로, 문왕역은 정역으로 바뀌는 역이었다면, 앞으로 도래하게 될 후천역은 불변역이다. 최종 종착역이라는 의미를 담고 있다. 모든 결실이 바로 정역에서 이루어지는 것이다. 이러한 불역에 땅이 있고 하늘이 있다고 한다. 이것이 어디를 지칭하는지를 알아야 한다. 그것을 이해하기 쉽도록 아래에 그림을

준비해보았다. 그림을 보게 되면 10토 6수가 어디에 있고, 1수 5토가
어디에 있는지를 알 수 있다. 바로 그곳이 불역의 땅과 불역의 하늘이
된다. 필자가 찾아낸 이 그림이 결코 헛되거나 거짓된 망량이 아니라는
결정적인 증거이기도 하다. 만약 먼 훗날 다시 이 도상을 잊게 된다면,
또 다시 말도 안 되는 온갖 요설들이 난무하게 될 것이 자명하다.

정역팔괘의 괘상(卦象)			십일귀체의 수상(數相)		
☵	☷	☶	1 5	7 9	3 3
☳		☴	2 4	6 1	9 7
☶	☰	☷	8 8	4 2	10 6

　　그리고 이 대목에서 검토되어야 할 중대한 사안이 한 가지 더 있다.
바로 후천의 하늘, 그 위치에 대한 것이다. 앞에서 후천에는 지구의
남북이 뒤집어지는 것 같다고 언급한 바 있었지만 정작 구체적인 근거는
아무것도 제시된 것이 없었다. 그리고 지금 여기서 그 얘기를 할 차례이
다. 지금 불역의 하늘이 4궁에 있다고 언급되고 있다. 제1권에서 제2의
팔괘도인 문왕팔괘가 만들어진 원인이 하늘이 서북쪽으로 기울어진
것을 반영하기 위한 게 아닐까라고 추정한 바 있었다. 그렇다면 하늘의
위치란 것은 항상 건괘의 위치와 관계되는 것일까? 정말 그렇다면
제1의 복희팔괘 시절에는 하늘이 남쪽에 있었다는 말일까? 이 말이

맞는다면 제3의 정역팔괘도 시절에는 하늘이 북쪽에 있어야 마땅할 것이다. 복희팔괘 시절에는 과연 하늘의 위치가 어느 쪽이었을까? 안타깝게도 이에 대한 답변을 구하기가 쉽지 않다. 제1권에서 필자는 하늘이라고 감히 지칭할 수 있는 그 어떤 별자리가 하늘 중간에 있었을 거라고 추정했었다. 그러한 추정 안에는 건괘가 반드시 하늘의 위치를 반영하는 것은 아닐 거라는 가정을 이미 그 밑바탕에 깔고 있었던 것이다. 그리고 후천에도 하늘의 위치는 북쪽에 있는 것이 아닐 거란 추정까지도 그 속에 포함하고 있었던 것이다. 지금 거론 중인 이 화두에 대해 지인께서는 지금 여기 바로 이 대목에서 은밀하게 답변을 해놓고 있는 것 같다고 필자는 추정한다. 불역의 하늘은 바로 낙서 4궁에 있는 거라고 말이다. 결국 선천말엽인 지금은 낙서 6궁에 하늘이 있지만, 후천에는 그 반대쪽인 4궁으로 바뀌는 것이고, 그러니 지구의 남북이 뒤집어지는 것이 아닐까라고 보는 것이다. 지금 말은 쉽게 하고 있지만 사실은 무시무시한 변화에 대해 이야기하고 있는 셈이다.

天政開子地政闢丑 하늘 정사는 자에서 열리고, 땅의 정사는 축에서 열린다.

이미 앞에서 여러 차례 이 대목을 언급한 바 있었다. 지금 이 구절의 내용과 거의 유사한 언급을 주었던 이는 바로 소강절이다. 그는 『황극경세서』에서

"천개어자(天開於子) 지벽어축(地闢於丑) 인기어인(人起於寅) 묘생만물(卯生萬物)"

이라고 표현한 바 있다. 풀이하자면, 하늘은 子에서 열리고, 땅은 丑에서

열리고, 사람은 寅에서 일어나고, 卯에서 만물을 낳는다는 뜻이 된다. 그리고 정역에서는 이제 선천은 하늘 정사였으므로 子에서 열렸지만, 후천은 땅의 정사이므로 丑에서 열리게 될 것이라고 말해주고 있다.

丑運五六子運一八 축운은 5와 6이고, 자운은 1과 8이다.
一八復上月影生數 1과 8은 복상월의 영생수(그림자가 낳는 수)이며,
五六皇中月體成數 5와 6은 황중월의 체성수(몸체를 이루는 수)이다.

이어서 참으로 어려운 문구가 등장한다. 여기서 축운이라 함은 당연히 후천의 축회를 말하는 것이고, 자운이라 함은 선천의 자회를 말하는 것이다. 정작 문제는 그 뒤에 붙어있는 숫자들이다. 이들이 대체 어디에서 튀어나온 것들일까? 의문의 숫자들이 분명 어디서부턴가 날아왔는데 그 출처를 당최 짐작할 수가 없다. 성현께서는 이미 던지셨고, 그 나머지 짐작은 어디까지나 우리 후학들의 몫으로 남아있다. 그나마 쉬운 것부터

선천 자운			후천 축운		
4 7 1	9 3 5	2 9 9	4 1 5	9 7 9	2 3 3
3 8 10	5 2 7	7 5 3	3 2 4	5 6 1	7 9 7
8 4 4	1 10 8	6 6 2	8 8 8	1 4 2	6 10 6

먼저 해결을 보아야 할 것 같다. 자운은 1과 8이라고 했는데 여기서 8이란 숫자는 어디에서 나온 것인가? 이는 선천이 15라는 숫자로 표현되는 것이므로 그 중이 되는 숫자, 즉 15의 중은 8이 된다. 그리고 축운은 5와 6이라고 했는데, 6이란 숫자는 후천을 의미하는 11의 중이다. 따라서 8과 6은 각각 15와 11을 표상하면서 선천과 후천을 상징하는 대명사라고 할 수 있다. 일단 이렇게 급한 대로 한 가지는 해결을 보았다.

그리고 위에 있는 도표들은 이제 익숙한 그림이 되었는데 왼쪽은 선천을 오른쪽은 후천을 말한다고 보기로 하자. 자운은 1·8이고, 축운은 5·6이라고 했는데, 이것을 이 도표와 연관을 지어 혹 다음과 같이 풀이해볼 수도 있을 것 같다. 자운 1·8은 선천은 낙서 1궁에 지반수 8이 있다는 것이고 축운이 5·6이란 말은 후천에는 낙서 5궁에 천반수 6이 있다고 말이다. 이렇게 정역 속에 비장해둔 두 가지 수상도에 대한 중요한 힌트를 알려주고 있는 것으로 생각해볼 수도 있지 않을까? 일단 처음에 추리해낸 것은 여기까지였다. 하지만 왠지 모르게 그럴듯한 더 좋은 추리가 있었으면 좋겠다는 생각이 뇌리를 떠나지 않았다. 그래서 조금 더 과감한 추론을 시도해보기로 했고, 왼쪽 선천자운의 천반수와 지반수를 합해보면, 중궁을 제외한 모든 궁에서 8이 되거나 혹은 18이 된다. 따라서 소위 1·8이라는 용어는 단·팔과 십·팔을 겸해서 보여주는 그런 수리적 도구가 아닐까하고 추정해보기도 한다. 그리고 복상월의 영생수라는 말은 1궁에서 기월한 복상월의 그림자가 생하는 수라는 뜻이니, 이는 여덟 개의 궁에서 모두 1·8이기는 하지만 그중에서도 특히 1궁이 수생목으로 8이라는 숫자를 생하기까지 한다고 말하는 것 같다. 그러면 축운 5·6이 황중월의 체성수란 말은 또 무엇일까?

낙서 4궁과 6궁에 각각 5와 6이 있고, 이것이 바로 황중월의 본체를
이루는 수라고 말해주는 것이 아닐까?

九七五三一奇 9, 7, 5, 3, 1은 홀수

二四六八十偶 2, 4, 6, 8, 10은 짝수

奇偶之數二五 홀짝의 수가 두 가지 경우의 5개이니

先五天道后五地德 먼젓번 홀수 5개는 천도, 뒤의 짝수 5개는 지덕이다.

    그리고 이어진 지금 위의 문장들에는 그리 어려운 개념들이 없다.
지극히 상식적인 수준에서 충분히 이해가 되는 문장들이다. 다만 홀수
5개를 놓고 천도라고 정의하고, 짝수 5개를 놓고 지덕이라고 정의했다는
것에만 주의하면 될 것 같다. 그리고 여기서 천도는 양을 중히 여기는
선천과 연관된 것으로 보이고, 지덕은 음을 중히 여기는 후천과 연관되어
있는 것으로 추정된다.

一三五次度天 또한 1, 3, 5차는 도천이고,

第七九次數地 7, 9차는 수지이다.

三天兩地 삼천양지, 즉 천은 3개이고, 지는 2개이다.

    지금 이 문장들도 그리 어렵지가 않다. 다른 것들과 비교하면 거의
공짜나 다름없을 정도로 매우 쉬운 개념들이다. 다만, 1·3·5의 홀수들
은 생수에 속하고, 7·9의 홀수들은 성수에 속하는데, 생수는 하늘로
보고 성수는 땅으로 본 점이 특이할 뿐이다. 삼천양지라는 말도 쉽게

이해가 된다. 1·3·5는 생수가 세 개이고, 7·9는 성수가 두 개이니, 충분히 삼천양지라는 말이 성립될 만도 하다.

天地地天后天先天 천지이고 지천이며, 후천이며 선천이다.

先天之易交易之易 선천의 역은 교역의 역이고,

后天之易變易之易 후천의 역은 변역의 역이다.

易易九宮易易八卦 역은 구궁을 바꾸고, 역은 팔괘를 바꾼다.

여기에도 그리 어려운 말은 없는 것 같다. 비교적 평범한 문장에 속한다. 천지와 지천이 대대를 이루고 선천과 후천이 대대를 이룬다. 선천역은 교역의 역이라는 것은 하도와 낙서의 관계를 말하는 것으로 보인다. 4·9와 2·7이 하도와 낙서에서 서로 자리를 바꾸고 있음을 말한다. 후천역이 변역의 역이라고 함은 정역을 말하는 것으로 보인다. 정역이 성립되는 과정을 돌이켜보면, 구궁의 숫자들이 바뀌었고 그 결과로써 심지어는 팔괘까지도 모조리 다 바뀌어야 했다. 이러한 정역의 성립 과정에 일어난 일련의 과정을 일컬어 변역의 역이라고 표현한 것으로 보인다.

卦之離乾數之三一東北正位 이괘와 건괘는 3, 1이니 동과 북에 정위하고,

卦之坎坤數之六八北東維位 감괘와 곤괘는 6, 8이니 북동 유위하고,

卦之兌艮數之二七西南互位 태괘와 간괘는 2, 7이니 서남 호위하고,

지금 등장한 이 대목도 복희팔괘와 문왕팔괘의 수리만 온전히 파악하

고 있으면 그리 어려울 것이 없을 것 같다. 아래에 그려져 있는 두 가지 그림을 서로 비교해보면서 이 문장들을 풀이해보자.

복희팔괘도		
2 ☷	1 ☰	5 ☴
3 ☲		6 ☵
4 ☳	8 ☶	7 ☱

낙서9궁		
4 손궁 ☴	9 리궁 ☲	2 곤궁 ☷
3 진궁 ☳	5 중궁	7 태궁 ☱
8 간궁 ☶	1 감궁 ☵	6 건궁 ☰

먼저 복희팔괘도에서 이괘에는 3이란 숫자가 배정되어 있고, 건괘에는 1이란 숫자가 배정되어 있다. 그리고 낙서 9궁에서 3이란 숫자는 동쪽에, 1이란 숫자는 북쪽에 배정되어 있다. 이 두 가지를 묶으면 첫 번째 문장에 정확히 부합한다. 따라서 이 문장은 복희팔괘와 낙서 9궁을 한꺼번에 거론하고 있는 것이 분명하다. 즉 숫자는 복희팔괘도에서 발췌하고, 방향은 낙서 9궁에서 발췌하는 식이다. 그 뒤에 이어지는 감괘와 곤괘도 마찬가지이다. 복희팔괘도에서 감괘에는 6이란 숫자가 배정되어 있고 곤괘에는 8이 배정되어 있다. 그리고 낙서 9궁을 살펴보면, 6은 서북쪽에 있고 8은 동북쪽에 있는데, 이를 일컬어 북동유위라고 표현한 것으로 보인다. 또한 태괘와 간괘도 마찬가지이다. 복희팔괘에서 태괘에는 2라는 숫자가 간괘에는 7이란 숫자가 배정되어 있다. 그리고

낙서 9궁을 보면 7이란 숫자는 서쪽에 있고, 2라는 숫자는 서남쪽에 위치한다. 이것을 일컬어 서남호위라고 표현한 것이다. 지금까지는 그리 어렵지 않은 문장이 이어졌다. 대략 복희팔괘도의 수리와 낙서 9궁을 연관 지어서 설명하는 것으로 보이는데, 그 내용이 지극히 상식 수준의 평범한 것들이었다. 그런데 아니나 다를까 잠시 방심한 틈을 타서 느닷없이 폭탄이 하나 떨어지고 만다. 평범한 문장이 이어지다가 느닷없이 나타나는 지뢰이므로, 자세히 살피지 않으면 인지조차 못할 수도 있다.

卦之震巽數之十五 팔괘의 진괘와 손괘는 숫자로 10과 5이니,
五行之宗六宗之長中位正易 5행의 우두머리며 6종의 으뜸, 정역에서 중위한다.
干之庚申數之九四南西交位 천간의 경신은 9, 4이니 남서 교위한다.

이 대목에 들어서 진괘와 손괘가 숫자로 10과 5라고 말하고 있다. 그런데 복희팔괘도에서 진·손괘는 10과 5가 아니라 4와 5라고 말해야 한다. 적어도 정역이 나타나기 이전에는 진괘가 결코 10이란 숫자와 결부된 적이 없다. 이것을 너무도 뻔히 잘 알고 계신 성현께서 지금 아무렇지도 않다는 듯이 태연히 10과 5라고 적어놓았다. 실상을 알고 보면 여태껏 복희팔괘의 수리를 말하고 있다가 느닷없이 갑자기 정역팔괘의 수리를 들고 나온 것이다. 지인께선 더 나아가 진·손괘는 정역에서 차지하는 위상을 보건대, 5행의 우두머리이자 6종의 으뜸이고, 정역의 한 가운데를 차지한다고 덧붙인다. 여기서 5행은 목·화·토·금·수를

말하고, 6종은 장남·장녀·중남·중녀·소남·소녀를 말한다. 정역의
한 가운데 위치에 진·손괘가 있다는 것을 특별히 강조하는 것으로
보인다. 그런데 진괘와 손괘를 특별히 강조하는 이와 유사한 사례들은
사실 도처에서 발견되고 있었던 바이기도 하다. 가령 아래의 구절은
이미 십오가에서 나왔던 구절이다.(부록 258페이지 참조)

십 오 일 언 혜 금 화 이 역
十五一言兮金火而易 십오일언이니 금화가 바뀌네.

금 화 이 역 혜 만 력 이 도
金火而易兮萬曆而圖 금화가 바뀌니 만세력 그려지네.

만 력 이 도 혜 함 혜 항 혜
萬曆而圖兮咸兮恒兮 만세력 그려지니 택산함, 뇌풍항.

함 혜 항 혜 혜 십 혜 오 혜
咸兮恒兮兮十兮五兮 복희팔괘 택산함이 정역팔괘 뇌풍항되니, 그 수가 십과 오.

그런데 마지막 문구를 보면 복희팔괘의 간·태괘 자리에 정역팔괘
진·손괘가 오는 것까지는 좋은데, 이 십오가의 최종 결론도 정역팔괘의
진괘와 손괘이고, 그 수리가 10과 5라고 명시하고 있다. 그런데 바로
이 대목을 당하여 이전에 정역을 연구하던 이들이 설명하던 방식은
진·손이 건·곤을 대행하여 후천 정사를 주도하는 것이므로 당연히
건·곤의 숫자인 10과 5까지 빌려 쓰는 것이라고 슬쩍 넘어가버린다.
과연 그럴까? 정말 이렇게 넘어가도 문제가 없는 것일까? 10과 5를
빌려 쓴다? 문제는 이렇게 슬쩍 넘어가버리는 순간, 정역 연구는 그걸로
끝장난다는 것이다. 그리고 이것이 전부가 아니다. 부록 248페이지
일세주천율려도수에서도 다음과 같은 구절이 등장했었다.

리 회 본 원 원 시 성
理會本原原是性 이치가 본원에 모이는 원시성은

건 곤 천 지 뇌 풍 중
乾坤天地雷風中 건곤천지뇌풍 가운데에 있다.

진·손괘의 위상이 어느 정도이냐 하면, 정역의 모든 이치가 진괘와 손괘에 모인다고 표현하고 있다. 이 얼마나 엄청난 표현인가? 그 뿐만이 아니라, 포도시(부록 260페이지 참조) 부분에도 진·손괘에 대한 언급이 또 있다.

萬古文章日月明 만고의 문장이 해와 달 같이 밝으니,

一張圖畵雷風生 한 장의 그림이 우레와 바람을 일으키네.

한 장의 그림이 우레와 바람을 일으키네. 정역팔괘 중에서 유독 진괘와 손괘를 계속 반복해서 언급하고 있음을 알 수가 있을 것이다. 그러고 보니, 금화1송에서도 심상치 않은 부분이 있었으니(부록 245페이지 참조),

畵工却筆雷風生 화공이 붓을 물리니, 우레와 바람이 일어난다.

德符天皇不能名 덕이 천심과 황심에 부합하니, 딱히 뭐라 부를 수 없다.

喜好一曲瑞鳳鳴 기뻐 한곡 부르니 상서로운 봉황이 울고,

瑞鳳鳴兮律呂聲 상서로운 봉황이 우니 율려의 소리이다.

우레와 바람은 진괘와 손괘를 말함이고, 천심과 황심은 각각 10무극과 5황극을 말하는 것이 틀림없다. 지금까지 표현된 바를 종합해볼 때 진괘와 손괘의 비중이 어느 정도인지는 이제 가히 짐작하고도 남음이 있을 것이다. 그리고 이제 정역의 괘상과 십일귀체의 수상을 펼쳐놓고 살펴보게 되면, 어찌해서 진괘와 손괘를 중요시 여기는지를 알 수 있다. 특히 진괘가 10이라는 숫자와 결부되고 있고, 손괘는 5라는 숫자와 결부되고 있음을 적나라하게 볼 수 있으니, 정역에서 가장 중요한 핵심

부분이란 것을 느낄 수 있을 것이다.

이토록 중요한 진괘와 손괘, 대체 이들이 무슨 일을 어떻게 하는
것이기에, 그토록 강조에 강조를 거듭하고 있는 것일까? 그들이 어떤
역할을 수행하는 지에 대해 이제 곧 보다 상세한 내용들이 드러나게
될 것이다. 가령 위에서 등장하는 봉황과 율려는 모두 4궁에 있는 5황극과

정역팔괘의 괘상(卦象)			십일귀체의 수상(數象)		
☶	☷	☵	1 5	7 9	3 3
☷		☳	2 4	6 1	9 7
☷	☴	☷	8 8	4 2	10 6

관련된 것이고, 4궁의 손괘가 상징하는 바가 바로 닭이면서 봉황이기도
하다. 그리고 이 5황극이 하는 역할이 후천 율려의 작용을 주관하는
것인데 그에 대해서도 보다 상세한 설명이 이루어질 것이다.

2 착종의 의미

지금까지 하도와 낙서에 대한 정리를 시작으로 『천부경』을 풀이하고, 다시 『정역』을 풀이하고 있으니, 참으로 숨 가쁘게 달려온 여정이었다. 그런데도 또 다시 하도와 낙서가 나온다. 참으로 징그럽고도 징그러운 하도와 낙서가 아닌가. 부처님 손바닥 안에서 뱅글뱅글 돌고 있다는 생각이 절로 든다. 하지만 다른 한편으로 생각을 해보면, 주역의 대가들은 과연 하도와 낙서를 어떤 식으로 바라보는지를 관찰해보는 것도 그리 나쁘지 않을 것이다. 어쩌면 전혀 색다른 맛을 느껴볼 수 있는 좋은 기회일 수도 있다.

洛書九宮生成數
낙 서 구 궁 생 성 수

낙서의 9궁은 주지하는 바와 같이 1에서 9까지의 숫자, 즉 9개의 숫자로 이루어져 있다. 그런데 어찌된 일인지 지금 이 단락에서 거론되는 숫자들은 짝수들이 모조리 빠져있고, 오직 홀수에 해당되는 5개의 숫자들만 놓고 낙서의 생성을 논하고 있다. 지인의 머릿속에는 낙서의 짝수들은 전혀 안중에도 없었던 것일까?

천 일 생 임 수 지 일 성 자 수
天一生壬水地一成子水 천1은 임수를 생하고, 지1은 자수를 성한다.

천 삼 생 갑 목 지 삼 성 인 목
天三生甲木地三成寅木 천3은 갑목을 생하고, 지3은 인목을 성한다.

天七生丙火地七成午火 천7은 병화를 생하고, 지7은 오화를 성한다.

天五生戊土地五成辰土 천5는 무토를 생하고, 지5는 진토를 성하니,

戌五空 술5는 공이다.

天九生庚金地九成申金 천9는 경금을 생하고, 지9는 신금을 성한다.

　지금 일반인들은 전혀 생각지도 못할 매우 특이한 방식으로 낙서의 수리들이 터치되고 있다. 따라서 지금 이 대목을 당해 오히려 조금은 당황스러워지는 것이 보다 자연스러운 반응이라고 할 수 있을 것 같다.

　"똑같은 낙서의 수리를 바라보는 것 같은데, 낙서의 수리라고 해봐야 결국 9개의 자연수에 불과할 텐데, 그럼에도 불구하고, 그러한 낙서에 대해 지금 이렇게까지도 전혀 다른 터치가, 이렇게 기상천외한 방식의 터치까지도 가능한 것이었구나! 이것이 바로 대가의 수준이라는 것일까? 이것이 바로 경지의 차이라는 것일까? 도저히 흉내를 낼 수 없을 것 같은 절대 경지, 이것이 바로 그거 아닐까?"

이런 생각이 저절로 들지 않을 수가 없게 된다. 그리하여 필자는 정말 오랜 시간동안 이 문구들 속에 담긴 의중을 읽어내기 위해 심사숙고를 거듭하고, 거듭할 수밖에 없었다. 심지어 관심을 기울이지 않던 천부경을 집어 들어가면서까지 한동안 공을 들인 결과 마침내 하늘로부터 보상이 주어졌다. 결국 필자가 발견하게 된 해독법이 하나 있었으니 그것이 바로 이것이었다. 지금과 같은 참으로 특이하고도 특이한 접근 방식을 그나마 논리적으로 이해할 수 있는 길을 열어줄 수 있는 유일한 툴(Tool)이 바로 십일도, 바로 그것이었다. 만일 그것이 아니었다면, 어째서 이런 식으로 논의가 될 수 있는지조차도 전혀 이해가 안 되는

상황임이 분명했다. 9개의 수
리 중에서 짝수들만 쏙 빼놓고
낙서의 수리를 논한다는 그 자
체가 당최 이해가 되지 않는
상황인 것이다. 그런데 십일도
가 상황을 완전히 바꾸어 주었
다. 이 구절이야말로 십일도의
진가를 제대로 알아보게 된 결
정적인 계기이기도 했다. 도저

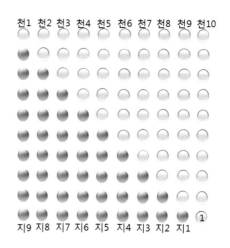

히 이해가 안 되는 상황을 이해할 수 있도록 해주는 신비한 힘을 지니고
있는 것이 바로 십일도였다. 지금 십일도에서 흰색의 돌들은 하도를
상징하고, 푸른색의 돌들은 낙서를 상징한다. 이것은 이미 충분히 주지
하고 있는 바이다. 그런데 푸른색 돌들이 낙서를 상징한다면 그 속에
당연히 1에서 9까지의 숫자들이 모두 들어 있어야 마땅하다고 할 수
있을 것이다. 그런데 십일도를 자세히 살펴보면, 그 9개의 숫자들을
그리 어렵지 않게 모두 발견할 수가 있게 된다. 놀랍게도 푸른색 돌의
영역에서 지1 · 지2 · 지3 · 지4 · 지5 · 지6 · 지7 · 지8 · 지9를 쉽게 찾아
볼 수 있다. 따라서 푸른색의 돌들이 한 치의 부족함도 없이 진실로
낙서를 상징하고 있다는 것을 이제 십분 수긍할 수 있게 되었을 것이다.
그리고 이제 또 하나의 십일도가 아래에 그려져 있다. 이 십일도에는
대각선에 숫자들이 하나씩 들어가고 있고, 이미 제2권에서『천부경』의
경문을 풀이할 때 사용했던 바이기 때문에 전혀 생소하지가 않을 것이다.
그리고 우리는 여기에 표기된 숫자들도 어떻게 만들어진 것들인지를
잘 이해하고 있다. 이 십일도에서 낙서 쪽에 해당하는 부분만을 자세히

살펴보면 숫자들이 놀랍게도
바로 1 · 3 · 5 · 7 · 9로 이루어
진 홀수들만 적혀있음을 목도할
수 있다. 그러니 이제 어찌해서
성현께서 낙서의 수리를 언급하
면서 어찌 홀수들만을 거론할 수
있는지에 대해 완벽하게 이해가
되리라 믿어 의심치 않는다. 우

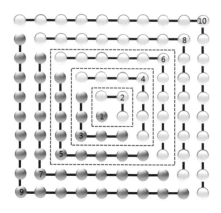

리의 성현께선 여기 대각선에서 보이는 1 · 3 · 5 · 7 · 9로 이루어진 5개의
홀수들만으로도 충분히 낙서를 완벽하게 대변할 수 있다고 보았던
것이 틀림없다. 그리고 지인은 아래와 같이 10천간들에다가 1 ·
3 · 5 · 7 · 9를 배정하고 있는데, 그 배정된 바를 모두 정리해보면 다음과
같을 것이다.

천간	甲 갑	乙 을	丙 병	丁 정	戊 무	己 기	庚 경	辛 신	壬 임	癸 계
숫자	3		7		5		9		1	

　천1은 임을 생하고, 천3은 갑을 생하고, 천5는 무를 생하고, 천7은
병을 생하고, 천9는 경을 생한다는 내용을 담고 있다. 그리고 나머지
5개의 천간에는 아무것도 배정되지 않은 채 그냥 빈칸으로 남겨져있다.
그리고 이어지는 내용은 지지에다가 낙서의 숫자를 배정한다.

지지	子 자	丑 축	寅 인	卯 묘	辰 진	巳 사	午 오	未 미	申 신	酉 유	戌 술	亥 해
숫자	1		3		5		7		9		5空	

지1은 자를 성하고, 지3은 인을 성하고, 지5는 진을 성하고, 술은 공이다. 지7은 오를 성하고, 지9는 신을 성한다고 한다. 그리고 나머지에는 아무것도 배정되지 않은 채 그냥 빈칸으로 남겨져있다. 정리하면 천간은 생하고 지지는 성하는 것이다. 하늘이 낳고 땅이 이룬다는 것이니, 아버지가 낳고 어머니가 기른다는 말과 일맥상통한다. 특이한 것은 술토에는 공空이란 글자가 추가되어 있다는 점이다. 뭔가 이유가 있는 듯한데, 아직까지는 그것이 뭔지가 뚜렷하지가 않다.

三五錯綜三元數
삼 오 착 종 삼 원 수

삼오착종삼원수, 이 용어도 아마 정역 이외에서는 전혀 찾아볼 수가 없을 것이다. 지금 지인이 사상 처음으로 사용하고 있는 것으로 보이는데, 그와 관련된 아래의 본문 내용을 쭉 훑어보면, 지금 우리가 사용하고 있는 현행 60갑자 운행 순서와 현행 역법을 그대로 기술하고 있는 것이 확실하다. 가령 갑자년의 경우라면 병인월을 1월로 삼게 되고, 을축년이라면 무인월을 1월로 삼게 된다.

甲己夜半生甲子丙寅頭 갑기야반에 갑자가 생하니 병인으로 머리한다.

乙庚夜半生丙子戊寅頭 을경야반에 병자가 생하니 무인으로 머리한다.

丙辛夜半生戊子庚寅頭 병신야반에 무자가 생하니 경인으로 머리한다.

丁壬夜半生庚子壬寅頭 정임야반에 경자가 생하니 임인으로 머리한다.

戊癸夜半生壬子甲寅頭 무계야반에 임자가 생하니 갑인으로 머리한다.

그리고 이는 비단 년·월에만 적용하는 것이 아니라, 매일매일 일·시에도 똑같이 적용하고 있다. 가령 갑자일이라면 당연히 갑자시부터 시작하고, 을축일이라면 병자시부터 시작하는 것이다. 이러한 내용을 하나의 도표로 만들어보면 바로 아래와 같을 것이다. 이처럼 선천의 60갑자 운행을 굳이 낙서에다가 연계한 이유는 앞에서 나왔던 선후천정윤도수 부분에서 선천은 낙서를 체體로 한다고 했던 언급의 연장선상에서 추가적으로 부연설명을 하는 것으로 보인다. 그리고 갑자일은 갑자시에서 시작하지만, 갑자년은 병인월에서부터 시작한다. 따라서 년과 일의 이러한 시작점의 차이를 삼원수라고 표현한 것으로 보인다. 즉 갑자일은 갑자시에서 시작하는 것과 달리 갑자년에는 갑자월부터 시작하는 것이 아니라, 갑자·을축·병인의 순으로 3칸을 더 가서 정월을 시작하므로 3이란 숫자가 튀어나온 것이 분명하다. 이것이 바로 3원수라는 용어가 비롯된 연유일 것이다.

12지지	삼오착종3원수				
	甲·己	乙·庚	丙·辛	丁·壬	戊·癸
자子	갑자	병자	무자	경자	임자
축丑	을축	정축	기축	신축	계축
인寅	병인	무인	경인	임인	갑인
묘卯	정묘	기묘	신묘	계묘	을묘
진辰	무진	경진	임진	갑진	병진
사巳	기사	신사	계사	을사	정사
오午	경오	임오	갑오	병오	무오
미未	신미	계미	을미	정미	기미
신申	임신	갑신	병신	무신	경신
유酉	계유	을유	정유	기유	신유
술戌	갑술	병술	무술	경술	임술
해亥	을해	정해	기해	신해	계해

그렇다면 삼오착종이란 용어는 또 어떻게 이해해야 할까? 먼저 착종이란 용어의 뜻을 알 필요가 있는데, 이 용어의 사전적 의미는 사물 따위가 뒤섞여 엉겨 있거나 뒤섞여 엉기게 되는 것을 일컫는 말이다. 그런데 더 중요한 점은 여기서 소위 삼오착종이란 말은 뒤에서 곧 나오는 구이착종이란 용어와 대대관계를 이룬다는 점이다. 이렇게 착종이란 사전적 의미와 더불어 구이착종과 대대관계를 이룬다는 두 가지 사안에 착안하여, 필자가 내린 결론은 바로 이것이다. 삼오착종이란 용어는 이를테면 병사들을 열병하는 방식에 대한 것이다.

	1	2	3	4	5	6	7	8	9	10	11	12	13	14	15
1행	갑자	을축	병인	정묘	무진	기사	경오	신미	임신	계유	갑술	을해	병자	정축	무인
2행	기묘	경진	신사	임오	계미	갑신	을유	병술	정해	무자	기축	경인	신묘	임진	계사
3행	갑오	을미	병신	정유	무술	기해	경자	신축	임인	계묘	갑진	을사	병오	정미	무신
4행	기유	경술	신해	임자	계축	갑인	을묘	병진	정사	무오	기미	경신	신유	임술	계해
5행	갑자	을축	병인	정묘	무진	기사	경오	신미	임신	계유	갑술	을해	병자	정축	무인
6행	기묘	경진	신사	임오	계미	갑신	을유	병술	정해	무자	기축	경인	신묘	임진	계사
7행	갑오	을미	병신	정유	무술	기해	경자	신축	임인	계묘	갑진	을사	병오	정미	무신
8행	기유	경술	신해	임자	계축	갑인	을묘	병진	정사	무오	기미	경신	신유	임술	계해
9행	갑자	을축	병인	정묘	무진	기사	경오	신미	임신	계유	갑술	을해	병자	정축	무인
10행	기묘	경진	신사	임오	계미	갑신	을유	병술	정해	무자	기축	경인	신묘	임진	계사
11행	갑오	을미	병신	정유	무술	기해	경자	신축	임인	계묘	갑진	을사	병오	정미	무신
12행	기유	경술	신해	임자	계축	갑인	을묘	병진	정사	무오	기미	경신	신유	임술	계해

여기서 말하는 병사란 총칼을 휘두르는 그 병사가 아니라 바로 60갑자의 구성원들을 말한다. 아니, 보다 더 정확히 말하면 60갑자가 상·중·하원으로 세 번이 반복되면 180갑자가 완성되는데, 흔히 180년을 시간흐름에 있어서 커다란 한 주기로 본다. 즉 60년이 한주기가 아니라 180년이 한주기라는 말인데, 이 180개의 구성원들을 기물이라고 지칭하기로 한다. 이들 180개의 기물들을 배치하는 방식으로써 그림과 같이 크게 3가지 색깔로 나누고, 그 안에 각 색깔마다 5개열을 늘어놓으면 위에

보이는 도표가 완성된다. 이것이 바로 이른바 삼오착종이라는 용어가 담고 있는 의미이다. 180갑자를 배열하는 방식을 일컫는 용어이다. 그런데 대체 왜 이렇게 뜬금없이 열병을 하는 것일까? 이렇게 병사들을 열병하듯이 180갑자를 삼오착종의 방식으로 열병해놓으면, 정말 생각지도 못했던 놀라운 현상이 하나 발견된다. 도표에서 제1행과 제2행은 항상 천간 오운의 관계가 성립된다. 즉 제1행이 갑甲이면, 그 뒤에 있는 제2행에는 항상 기己가 놓이게 되고, 이 둘의 갑·기 관계가 바로 오운 관계가 성립되는 것이다. 그 뒤에 놓인 제3행과 제4행의 관계도 물론 마찬가지이다. 이렇게 두 행 사이에서 보이는 갑기·을경·병신·정임·무계의 관계를 일컬어 천간의 오운이라고 통칭한다는 것은 이미 설명한 바가 있다. 그런데 오운육기 중에서도 특히 천간의 오운만을 볼 수 있으므로, 180개의 병사를 순전히 10천간 위주로만 정열을 해놓는 셈이다. 오로지 10천간의 배열에 있어서만큼은 확고한 일관성이 보이게 되는 것이니, 이는 선천의 건도乾道를 말하고 있는 셈이다. 그렇게 해서 지금까지는 선천을 논한 것이고, 다음에는 이와 대대 관계에 있는 후천의 대한 이야기가 후술될 것이 분명하다. 한편 다음으로 넘어가기 전에 정역에서 사용하는 착종의 의미를 종합적으로 정리해보기로 한다. 첫째는 문왕팔괘와 정역팔괘가 만들어지는 과정에서 빚어졌던 9궁과 2궁의 팔괘 교환을 의미했었다. 팔괘가 서로 섞이는 것, 다시 말해서 서로 교환되는 것이 바로 착종인 것이고, 그 궁이 공교롭게도 9궁과 2궁이니 구이착종인 것이다. 그리고 둘째로 지금 방금 설명한 180갑자를 열병하는 방식이 또한 착종이기도 하다. 마지막으로 세 번째는 5라는 숫자와 8이라는 숫자를 각각 9라는 숫자와 2라는 숫자로 바꾸게 되는 것을 또한 착종이라고 표현한다. 잠시 후에 보다 자세히 설명할 것이다. 정역에선 착종이라는 용어를 이렇게 세 가지 방식으로 사용하고 있다. 결코 한 가지 의미가 아니라는 말이다.

河圖八卦生成數
하 도 팔 괘 생 성 수

앞선 선후천정윤도수 부분에서 후천에는 하도를 체로 한다고 말했던 바가 있었지만, 지금 또 다시 후천을 언급하는 부분의 제목에서 하도팔괘란 용어를 언급하고 있으니, 확고부동한 일관성이 느껴진다. 그리고 지금 그 뒤에 이어지는 문장들에서도 계속 확실히 앞에서 보았던 바와 정확히 대대를 이루고 있다는 것을 느끼게 될 것이다. 이번에는 홀수들을 쏙 빼놓고 오직 짝수들만을 언급하고 있다.

지 십 생 기 토 천 십 성 축 토
地十生己土天十成丑土 지10은 기토를 생하고, 천10은 축토를 성한다.
지 사 생 신 금 천 사 성 유 금
地四生辛金天四成酉金 지4는 신금을 생하고, 천4는 유금을 성한다.
지 륙 생 계 수 천 륙 성 해 수
地六生癸水天六成亥水 지6은 계수를 생하고, 천6은 해수를 성한다.
지 팔 생 을 목 천 팔 성 미 목
地八生乙木天八成未木 지8은 을목을 생하고, 천8은 미목을 성하고,
묘 팔 공
卯八空 묘8은 공이다.
지 이 생 정 화 천 이 성 사 화
地二生丁火天二成巳火 지2는 정화를 생하고, 천2는 사화를 성한다.

앞에서 십일도를 가지고 이해를 할 수 있던 것과 마찬가지로 이번에도 역시 오직 십일도를 가지고서만 설명이 가능하다. 이번에는 흰색 돌들의

부분, 즉 하도의 부분만을 살펴보기로 한다. 앞에서 보았던 것과 같이, 하도를 상징하는 흰색 돌들의 영역 안에서 실제 하도를 구성하는 10개의 숫자 천1 · 천2 · 천3 · 천4 · 천5 · 천6 · 천7 · 천8 · 천9 · 천10등을 모두 찾아볼 수 있다. 따라서 이번에도 흰색의 돌들이 한 치의 부족함도 없이 진실로 하도를 상징하고 있다는 것을 이제 십분 수긍할 수 있게 되었을 것이다. 이런 의문이 자연스럽게 떠오르지 않을 수 없는 상황이다.

"이렇게 간결하면서도, 이토록 놀라운 성능을 보여주는 이 십일도라는 그림은 대체 누가 창안한 것일까?"

당연히 그 어디에도 이에 대한 답은 적혀 있지 않을 것이다. 따라서 필자가 한번 마음껏 상상력을 발휘해본다면, 윷놀이를 창안했던 바로 그 분, 자부선인께서 만들었던 것이 아닌가 싶다. 혹은 그 이전 팔괘를 창안한 복희씨나 더 멀리는 천부경을 창안하신 국조 한인, 그 분들일 가능성도 있겠다. 너무도 간결하면서도 너무도 놀라울

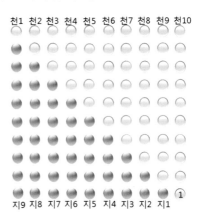

정도로 강력한 기능으로 미루어 볼 때, 왠지 그 분들이 아니고선 도저히 불가능할 것 같다는 생각이 들게 된다. 윷판과 십일도가 서로 밀접하게 결부되어 있으니, 최소한 그 이전에는 이미 십일도가 형성되어 있어야 한다. 어쩌면 복희씨도 천부경과 십일도가 이미 그 이전에 선행해서 존재하고 있었기 때문에 비로소 하도의 무늬를 예사롭게 넘기지 않았던 건지도 모른다. 심증만 있고 물증이 없어서 탈이지만 말이다. 그리고

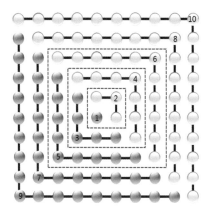

이제 또 하나의 십일도가 다음에 표시되어 있다. 이 그림도 앞에서 보던 바와 완전히 똑같은 그림이 다. 그 대각선에는 숫자들이 하나 씩 표시되어 있는 것도 완전히 똑 같다. 그리고 이제 성현께서 하도 를 언급하면서 어찌하여 짝수만 을 거론하고 있는지에 대해서도 100% 이해가 가능해진다. 성현께선 2·4·6·8·10만으로도 충분히 하도를 완벽하게 대변할 수 있다고 보았던 것이 틀림없다. 그리고는 지인은 이번에도 숫자들을 천간에다가 배정하기 시작하는데, 이전과 다른 점이 있다면 이번에는 오직 짝수들만을 배정한다는 사실이다.

천간	甲 갑	乙 을	丙 병	丁 정	戊 무	己 기	庚 경	辛 신	壬 임	癸 계
숫자		8		2		10		4		6

지2는 정을 생하고, 지4는 신을 생하고, 지6은 계를 생하고, 지8은 을을 생하고, 지10은 기를 생한다. 쉽게 말해서 음陰 천간에다가 하도의 짝수들을 배정한 것이다. 그리고 지지에다가도 하도의 짝수를 배정한다.

지지	子 자	丑 축	寅 인	卯 묘	辰 진	巳 사	午 오	未 미	申 신	酉 유	戌 술	亥 해
숫자	10			8空		2		8		4		6

천2는 사을 성하고, 천4는 유를 성하고, 천6은 해를 성하고, 천8은 미를 성하고, 천10은 축을 성한다. 특이한 점은 지지에다가 오행수를 배정함에 있어서 기존의 상식에 배치되는 점이 한 가지 발견된다. 10이란 숫자를 축과 미에다가 배정해야 하는데, 丑은 제대로 되어 있지만 어찌된 일인지 未에다가 엉뚱하게 8이란 숫자를 배정해놓고, 정작 8에 배정되어야 할 묘는 공空이라고 표기해놓았다. 여기에는 어떤 중요한 의도가 숨겨져 있다는 생각이 든다. 그 중요한 의도란 것이 무엇일까?

九二錯綜五元數
구 이 착 종 오 원 수

앞에서 이미 선천에는 180갑자를 어떻게 열병하고, 또 어떻게 사용하고 있는지는 이미 논의가 되었고, 이번에는 후천에는 어떻게 달라지는지에 대한 이야기가 등장한다. 앞으로 후천이 도래하게 되면 이런 식으로 열병 방식이 달라진다는 것이니, 매우 중요하다고 할 수 있을 것이다.

기 갑 야 반 생 계 해 정 묘 두
己甲夜半生癸亥丁卯頭 기갑야반에 계해가 생하니 정묘로 머리한다.

경 을 야 반 생 을 해 기 묘 두
庚乙夜半生乙亥己卯頭 경을야반에 을해가 생하니 기묘로 머리한다.

신 병 야 반 생 정 해 신 묘 두
辛丙夜半生丁亥辛卯頭 신병야반에 정해가 생하니 신묘로 머리한다.

임 정 야 반 생 기 해 계 묘 두
壬丁夜半生己亥癸卯頭 임정야반에 기해가 생하니 계묘로 머리한다.

계 무 야 반 생 신 해 을 묘 두
癸戊夜半生辛亥乙卯頭 계무야반에 신해가 생하니 을묘로 머리한다.

선천에는 낙서를 기반으로 책력 체계가 만들어진 데 비해, 후천에는 하도를 기반으로 해서 책력 체계가 만들어진다. 그렇게 해서 만들어지는 책력이 후천에는 己년의 경우 묘월을 정월로 삼고, 己일의 경우 을해시로 부터 시작된다고 한다. 물론 갑년의 경우도 기년과 마찬가지 상황이 된다.

12지지	구이착종오원수				
	己甲	乙庚	辛丙	壬丁	癸戊
해亥	乙亥	丁亥	己亥	辛亥	癸亥
자子	丙子	戊子	庚子	壬子	甲子
축丑	丁丑	己丑	辛丑	癸丑	乙丑
인寅	丙寅	戊寅	庚寅	壬寅	甲寅
묘卯	丁卯	己卯	辛卯	癸卯	乙卯
진辰	戊辰	庚辰	壬辰	甲辰	丙辰
사巳	己巳	辛巳	癸巳	乙巳	丁巳
오午	庚午	壬午	甲午	丙午	戊午
미未	辛未	癸未	乙未	丁未	己未
신申	壬申	甲申	丙申	戊申	庚申
유酉	癸酉	乙酉	丁酉	己酉	辛酉
술戌	甲戌	丙戌	戊戌	庚戌	壬戌

기년과 갑년은 묘월로 정월로 삼고, 기일과 갑일은 을해시부터 시작되니, 결과적으로 일과 년의 차이가 5칸이 생기게 되니 후천에는 5원수가 되는 것이다. 즉 다시 말해서, 을해·병자·정축·병인·정묘, 이렇게 다섯 칸을 더 나가게 되니, 이제 5라는 숫자가 과연 어디에서 비롯된 것인지가 명확해지는 것이다. 5원수라는 용어는 이제 완벽하게 이해가 되었을 것이다. 그렇다면 구이착종이란 용어는 또 무슨 뜻일까? 지금 여기서의 구이착종이란 용어는 삼오착종이란 용어와 대대관계를 이루는 말이 된다. 따라서 선천의 상황과 마찬가지로 병사들을 열병하는 방식에 대한 용어일 것이다.

	1	2	3	4	5	6	7	8	9	10	11	12	13	14	15	16	17	18
1행	기축	경인	신묘	임진	계사	갑오	을미	병신	정유	무술	기해	경자	신축	임인	계묘	갑진	을사	병오
2행	정미	무신	기유	경술	신해	임자	계축	갑인	을묘	병진	정사	무오	기미	경신	신유	임술	계해	갑자
3행	을축	병인	정묘	무진	기사	경오	신미	임신	계유	갑술	을해	병자	정축	무인	기묘	경진	신사	임오
4행	계미	갑신	을유	병술	정해	무자	기축	경인	신묘	임진	계사	갑오	을미	병신	정유	무술	기해	경자
5행	신축	임인	계묘	갑진	을사	병오	정미	무신	기유	경술	신해	임자	계축	갑인	을묘	병진	정사	무오
6행	기미	경신	신유	임술	계해	갑자	을축	병인	정묘	무진	기사	경오	신미	임신	계유	갑술	을해	병자
7행	정축	무인	기묘	경진	신사	임오	계미	갑신	을유	병술	정해	무자	기축	경인	신묘	임진	계사	갑오
8행	을미	병신	정유	무술	기해	경자	신축	임인	계묘	갑진	을사	병오	정미	무신	기유	경술	신해	임자
9행	계축	갑인	을묘	병진	정사	무오	기미	경신	신유	임술	계해	갑자	을축	병인	정묘	무진	기사	경오
10행	신미	임신	계유	갑술	을해	병자	정축	무인	기묘	경진	신사	임오	계미	갑신	을유	병술	정해	무자

위에 보이는 도표와 같이 크게 두 가지 색깔로 구분하고, 각각 9개씩의 열을 배치하는 방식으로 180갑자를 열병하라는 의미이고, 그렇게 시키는 대로 배열을 해놓은 것이 바로 위의 도표이다. 이번에는 이전의 것과 무엇이 달라졌을까? 제1행과 제2행의 관계를 유심히 살펴보면 금방 찾을 수 있다. 이번에는 제1행이 丑이면, 제2행은 未이다. 이러한 丑·未의 관계는 바로 오운육기 중에서 바로 12지지에서 보이는 육기의 관계이다. 즉 자오·축미·인신·묘유·진술·사해, 이들의 관계가 바로 12지지에서 도출되는 육기의 관계이다. 선천에는 오운, 즉 10천간을 위주로 열병을 했다면, 후천에는 육기, 즉 12지지를 위주로 열병을 하게 되는 것이니, 이는 선천이 건도乾道를 말한 것이라면, 후천은 곤도坤道를 말하는 것이기도 하다. 결국 지인은 오운육기라는 말은 단 한 마디도 언급하지 않고서도 이들을 표현해내는 경이로운 괴력(?)을 우리에게 선보인 셈인데, 오운과 육기가 서로 묘하게 대대가 된다는 것을 보여주는 또 하나의 유력한 증거물이 바로 십일도이다. 아래 두 십일도의 중간 부위를 유심히 살펴볼 필요가 있다.

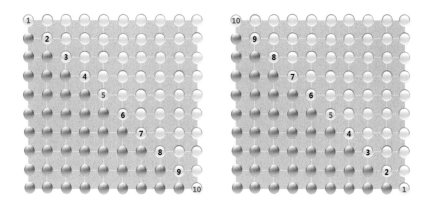

왼쪽 그림에서 5황극의 자리가 오른쪽 그림으로 자리를 옮기면 숫자 6으로 바뀌어 있다. 그리고 숫자 6은 어느 새 숫자 5로 바뀌어 있다. 참으로 오묘한 5와 6의 관계가 아니겠는가? 성현께서 5와 6의 이러한 오묘한 관계도 바로 선천과 후천의 묘한 대대관계의 하나라고 보았던 것이 틀림없다.

"그렇다면 김항 선생도 십일도를 이미 염두에 두고 있었다고 주장하는 건가?"

절대적으로 물론이다. 이 시점에 이르러 다시 두 말을 한다면 그것은 이제 완전히 잔소리가 될 뿐이다. 성현께서도 이미 십일도를 정역 깊숙이 비장해놓고 있었던 것이 분명하다. 그리고 정역과 천부경은 십일도라는 매개물로써 서로 완벽하게 연결되어 있다. 그 둘은 완전히 똑같은 맥락에서 성립된 것이 분명하다는 말이다.

十一歸體詩
십 일 귀 체 시

　정역을 통틀어 가장 중요한 것이 사실 11이다. 그러니 십일귀체와 관련된 무언가 중대한 비밀을 알려줄 것으로 기대되는 대목이다. 지금부터 성현께서 우리들에게 간절하게 알려주고자 했던 바로 그것을 향해 직행할 것이다. 먼저 아래의 두 가지 도표는 앞에서 이미 살펴보았던 것들이니 이젠 낯설지가 않을 것이다. 먼저 두 도표가 의미하는 바가 정확히 무엇인지를 정의해둘 필요가 있다. 왼쪽은 무엇이고, 오른쪽은 무엇일까? 왼쪽은 정역팔괘를 끄집어내기 위해서 필요했던 수상이었다. 그러면 오른쪽은? 십일귀체라는 결론을 말해주는 수상이다. 그리고 더 중요한 것, 이들의 정확한 의미가 무엇인가? 왼쪽은 지구가 궤도를 이탈하기 전의 모습, 바로 지금까지의 모습을 상징해준다. 그리고 오른쪽은 지구가 공전궤도를 이탈한 이후에 새로운 공전궤도에 정착하게 된 모습을 보여준다.

선·후천 변화 전(前)			선·후천 변화 후(後)		
7 1	3 5	9 9	1 5	7 9	3 3
8 10	2 7	5 3	2 4	6 1	9 7
4 4	10 8	6 2	8 8	4 2	10 6

그리고 다음의 문구들이 십일귀체시에서 이어진다. 화가 금의 마을로 들어가고, 금이 화의 마을로 들어간다.

火入金鄉金入火 화가 금의 마을로 들어가니, 금이 화로 들어가고
金入火鄉火入金 금이 화의 마을로 들어가니, 화가 금으로 들어간다.
火金金火原天道 화금금화하는 것은 본래 하늘의 도이니
誰遺龍華歲月今 지금 이 용화의 세월을 누가 남겼는가?

지금 등장한 구절들은 위의 두 가지 도표 중에서 정확히 말하면 오른쪽 도표를 말한다. 화가 금의 마을로 들어가고, 금이 화의 마을로 들어간 세상, 금화문이 열린 세상, 십무문이 열린 세상, 바로 그것이야말로 용화의 세월이고, 성현께서는 지금 이 아름다운 용화의 세상을 누가 우리들에게 남겨 주었냐고 노래하고 있다. 그리고 정령과 율려에 대한 이야기가 이어진다.

政令己庚壬甲丙 정령은 기, 경, 임, 갑, 병
呂律戊丁乙癸辛 율려는 무, 정, 을, 계, 신
地十爲天天五地 지10이 하늘이니, 천5는 땅이다.

이 부분도 그 기원을 바로 오른쪽 도표에서 찾아야 될 것들이다. 어떤 것이 정령이고, 어떤 것이 율려인지를 말이다. 그런데 결정적인 단서가 아직 등장하지 않았다. 정령과 율려가 무엇인지를 정확히 규정해 주기 위해서는 약간의 단서가 더 필요하므로 아직은 약간의 무리가 있다. 하지만 지10과 천5에 대해서만큼은 충분히 말할 수 있다. 지10은

낙서 6궁에 있는 천반수가 바로 그것이고, 천5는 낙서 4궁에 있는 지반수가 바로 그것이다. 지10이 천반수에 있는 것을 일컬어 하늘이라고 말한 것이고, 천5가 지반수에 있는 것을 일컬어 땅이라고 말한 것이다.

卯兮歸丑戌依申 묘에 축이 돌아가니, 술에 의지하는 것은 신이다.
(묘 혜 귀 축 술 의 신)

그리고 이어지는 문구가 바로 이것인데, 매우 중대하고도 결정적인 내용을 함축하고 있다. 묘에 축이 돌아가니 술에 의지하는 것은 신이다. 여기서 묘와 술이 다시 등장한다. 그리고 지금껏 미루고 미루어두었던 바, 낙서구궁생성수와 하도팔괘생성수의 최종결론이었던 술5공과 묘8공에 대한 이야기를 본격적으로 다루어야 할 시점이 되었다. 지금까지 논의되었던 선천과 후천의 숫자들을 모두 합쳐서 정리해보면 아래의 도표가 완성될 것이다.

천간	甲 갑	乙 을	丙 병	丁 정	戊 무	己 기	庚 경	辛 신	壬 임	癸 계
숫자	3	8	7	2	5	10	9	4	1	6

이를 자세히 살펴보면 적어도 10천간에 배정된 오행수, 이 부분에 있어서만큼은 기존의 상식과 완벽하게 부합하고 있다는 것을 알 수 있다. 아무리 살펴보아도 전혀 이상한 점이 눈에 띄지를 않는다. 그런데 10천간과 달리 12지지의 경우는 얘기가 조금 달라진다.

지지	子 자	丑 축	寅 인	卯 묘	辰 진	巳 사	午 오	未 미	申 신	酉 유	戌 술	亥 해
숫자	1	10	3	8空	5	2	7	8	9	4	5空	6

다른 것들은 상식에 위배되지 않는데, 유독 未토에다가 8이라는 숫자를 배정한 것과 더불어 卯목과 戌토가 공空이라는 점은 정역을 제외하고는 그 어디에서도 찾아볼 수가 없는 매우 이례적인 부분에 해당한다. 未토의 오행수는 8이 아니라 10이란 숫자가 배정되어야 맞다. 지금 8이 未토에 배정되어 있는 것은 사실 오행수가 아니라 홍국수를 배정해 놓은 것이다. 다른 것들은 오행수를 배정해놓았으면서 유독 未토에다가는 홍국수를 배정해놓았다? 더군다나 들도 보도 못한 卯8공과 戌5공, 이들은 대체 또 무엇이란 말인가? 대체 무엇을 말해주려는 것일까?

선후천 도수 변화표									
1	2	3	4	5	6	7	8	9	10
5	6	7	8	9	10	1	2	3	4

금화송에서 지금 이 도표를 느닷없이 선보이면서도, 자세한 설명만큼은 뒤로 미루어두었던 것을 기억할 것이다. 이제 드디어 이것이 대체 어디에서 비롯된 것인지를 설명해야할 차례이다. 결론부터 말하면 술5공과 묘8공이라는 것은 성현께서 지구의 궤도가 새로이 자리를 잡게 되면서, 앞으로 바뀌게 되는 세상에 대한 결정적인 힌트를 우리에게 표식으로써 남겨둔 것이다. 즉 술5에다가 소위 공空이라는 표식을 해둔 것이고, 묘8에다가도 소위 공空이라는 표식을 해둔 것이다. 그것이 바로 낙서구궁생성수와 하도팔괘생성수라는 시에서 장황하게 서두를 길게 뽑아두셨던 바로 그 핵심적인 이유이다. 그리고 이제 그 표식에다가 무엇을 대입해야 하는지를 바로 지금 십일귀체시에서 정확하게 적시해

주시고 있다. 다시 한 번 읽어보자.

卯兮歸丑戌依申 묘에 축이 돌아가니, 술에 의지하는 것은 신이다.

묘8에다가는 축丑을 대응해야 하고 술5에다가는 신申을 대응해야 한다고 말해주고 있다. 그러면 축은 무엇이고, 신은 무엇인가? 홍국수로 丑은 2에 해당하고 申은 9에 해당한다. 공교롭게도 이 두 수의 합이 바로 11이 된다. 그리고 이 뿐만이 아니라, 더욱 놀라운 점은 선천을 상징하는 卯의 홍국수 4와 戌의 홍국수 11을 합해보면 이번에는 15가 나온다는 것이니, 바로 여기에도 또한 15와 11의 절묘한 대대관계가 형성되어 있다. 아무튼 그렇게 대입하면 그것이 바로 앞서 보여준 그 도표가 된다. 이 도표가 어디에서 비롯되었는지를 이제는 명명백백하게 알게 되었을 것이다. 그리고 유독 未土에다가만 왜 홍국수를 대입해두었던 것인지 그 이유도 또렷하게 알아챘을 것이다. **제발 홍국수를 생각해내라는 의미**로써 그렇게 표시해두셨던 것이다. 그리고 이러한 표식을 통해서 최종적으로 도출되었던 바가 바로 새로운 공전궤도에 정착하는 지구의 모습, 바로 그것이었다. 이는 이미 앞에서 충분히 논의가 된 바이다. 그런데 지인은 왜 이런 식으로, 굳이 이렇게 어려운 방식으로 빙빙 돌려가면서 표식을 해두었던 것일까? 정말 궁금하지 않은가? 아무에게나 이 표식을 알려주고 싶지가 않았던 것이다. 결코 이 표식을 적들에게 들키고 싶지 않았던 것이다. 표식이란 것은 본래 아군끼리만 통해야 작전이 성공할 수 있는 것이고, 만일 적군이 이를 먼저 알아낸다면 반드시 작전 실패가 되는 것이다. 차경석이라는 인물이 생존하던 당시에 이미 정역을 샅샅이 훑어서 그것을 최대한 악용한 사례가 있었다. 만약 그때에 지금 이 내용을 차천자가 포착해냈다면 과연 어떤 일이 벌어졌을까? 당연히 민심이 엄청나게 동요했을 것이고, 머리 좋은 차천자는 결코 이를 놓치지 않았을 것이 분명하다. 그리고 나중에는 아마도 그 자신조차도 도저히 감당할 수 없을 정도의 초초초~초대형 사태가 필경 한번 크게 벌어지고야 말았을 것이 분명하다. 그렇게 되면 우리 민족 전체의 안위가 크게 위태로운 지경에 이르렀을 것이고, 더불어 양치기 소년의 효과로 인해 정역 소식이 엄청나게 크게 한번 김이 빠져버리고 말았을 것이 분명하다. 따라서 지인께서는 어떻게든지 이를 꼭 막아야겠다고 생각하신 것이 틀림없다. 영악하기 그지없는 수많은 적군들을 따돌리고 아군에게만 성공적으로 정보를 알려주기 위해서는 최소한 120여년의 시간이 필요하다고 여겼고, 의도하신바 그대로 시간이 흐르고 흘러 이제 바야흐로 정말 그때가 된 것이다. 그러니 지금 이 책을 읽고 있는 이들이 바로 지인이 주는 신호를 감지하여 행동으로 옮겨야 할 아군들이 되는 셈이다.

한편 십일귀체시에 이어서 계속 등장하는 문구가 바로 이것인데, 이 또한 전혀 낯설지가 않을 것이다. 이미 『천부경』에서 나왔던 바로 그것이니까 말이다. 십입도와 서로 비교해서 살펴보면, 성현께서 지금 무슨 말씀을 들려주고 있는지가 저절로 자명해진다.

십 십 구 지 중
十十九之中 10은 19의 중이고

구 십 칠 지 중
九十七之中 9는 17의 중이고

팔 십 오 지 중
八十五之中 8은 15의 중이고

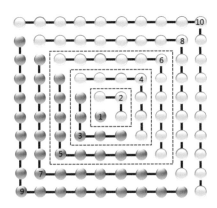

<ruby>七十三之中<rt>칠십삼지중</rt></ruby> 7은 13의 중이고

<ruby>六十一之中<rt>육십일지중</rt></ruby> 6은 11의 중이요

<ruby>五一九之中<rt>오일구지중</rt></ruby> 5는 단9의 중이고

<ruby>四一七之中<rt>사일칠지중</rt></ruby> 4는 단7의 중이고

<ruby>三一五之中<rt>삼일오지중</rt></ruby> 3은 단5의 중이고

<ruby>二一三之中<rt>이일삼지중</rt></ruby> 2는 단3의 중이고

<ruby>一一一之中<rt>일일일지중</rt></ruby> 1은 단1의 중이다.

십일도에서 흰색 돌 19개의 중간에 놓여있는 숫자가 바로 10이고, 푸른색 돌 17개의 중간에 놓여있는 숫자가 바로 9이다. 이런 식으로 나머지 숫자들이 모두 어떤 것들의 중간에 해당하는 지를 여실히 보여주고 있다.

<ruby>中十十一一之空<rt>중십십일일지공</rt></ruby> 중은 십십일일의 공이니

<ruby>堯舜之厥中之中<rt>요순지궐중지중</rt></ruby> 요순의 궐중[2]의 중이고,

<ruby>孔子之時中之中<rt>공자지시중지중</rt></ruby> 공자의 시중[3]의 중이고,

---

2) 『서경』에서 '인심유위(人心惟危) 도심유미(道心惟微) 유정유일(惟精惟一) 윤집궐중(允執厥中)'이라 했으니, 이는 사람들의 마음은 위험해져 가고, 도의 마음은 점차 희미해지니, 마음 자세를 맑고 한결같이 하고 진실로 그 중심을 잡으라는 뜻으로써, 순임금이 우임금에게 옥좌를 물려주면서 한 말이다.

3) 『중용』에서 '군자지중용야(君子之中庸也) 군자이시중(君子而時中)'이라 했으니, 이는 군자의 중용적 삶은 때를 잘 알아 그 상황에 가장 적절한 중심을 잡는 것이라는 뜻이고, '소인지반중용야(小人之反中庸也) 소인이무기탄야(小人而無忌憚也)'라

^{일 부 소 위 포 오 함 육}
一夫所謂包五含六 일부가 일컫는 바, 5를 덮고 6을 머금으며,

^{십 퇴 일 진 지 위}
十退一進之位 10이 물러나고 1이 나아가는 자리이다.

^{소 자 명 청 오 일 언 소 자}
小子明聽吾一言小子 부디 나의 한마디 말을 밝게 새겨들어라, 소자여!

그리고 이어지는 문구들에서 정말 재미있는 글귀들이 등장한다. 그동안 도저히 말도 안 되는 요설들이 난무하던 대목이 바로 이 자리이다. 여기서 중심십일일지공이란 용어는 바로 11과 11의 한가운데 자리가 비워있는 공이란 의미로써, 단 한 가지 11의 중이 아니라 최소한 2가지 이상으로 구성되는 복수개의 11이란 점이 특별히 강조되어 있는 바이다. 그리고 우리는 지금 그 자리가 어디를 지칭하는 것인지를 너무도 잘 알고 있다. 바로 아래 그림에서 노란색으로 표시된 중궁을 말한다.

선·후천 변화 전(前)			선·후천 변화 후(後)		
7 1	3 5	9 9	1 5	7 9	3 3
8 10	2 7	5 3	2 4	6 1	9 7
4 4	10 8	6 2	8 8	4 2	10 6

했으니, 이는 소인의 반중용적 삶은 시도 때도 모르고 아무런 생각도 없이 인생을 막 살아가는 것이라는 뜻이다.

이 중궁이야 말로 요순이 말했던 궐중의 중이고, 공자가 말했던 시중의 중이다. 그리고 일부가 일컫는 바 5를 덮고 6을 함유하는 자리가 된다. 어떻게 그렇게 말할 수 있을까? 5를 덮는다는 말은 낙서의 중궁이 바로 5이기 때문에 성립되는 용어이다. 말 그대로 중궁자체가 이미 5라는 숫자를 덮고 있는 것이다. 그리고 6을 함유하고 있다는 것은 바로 중궁의 천반수가 6이라는 말이니, 이 또한 중궁을 지칭하는 또 다른 표현이다. 또한 10이 물러나고, 1이 나아가는 자리라고 표현하고 있다. 낙서에서 4궁·5궁·6궁의 위상 관계를 살펴보자면, 4궁이란 것은 5궁으로 나아가는 자리에 해당한다. 그리고 6궁이란 것은 한 걸음 물러나야 5궁으로 갈 수 있는 자리이다. 1·2·3·4·5·6·7·8·9의 순으로 진행되는 자연수의 서열 순서상, 진행 순서상의 이치가 그러하다는 말이다. 이는 설사 기문이나 구성기학을 전혀 몰라도 이러한 수리적 이치는 지극히 상식적인 수준에 속하는 것이니 십분 이해가 될 것이라 믿는다. 따라서 위에서 표시된 바와 같이 4궁의 천반수 1이란 것은 5궁으로 나아가는 위치에 자리하고 있고, 6궁의 천반수 10이란 것은 5궁으로 물러나는 위치에 자리하고 있다. 그러니 5중궁이란 것은 곧 10이 물러나는 자리이고, 1이 나아가는 자리에 정확히 부합하게 된다. 이 또한 잘 이해가 되었으리라 믿어 의심치 않는 바이다. 부디 지금 지인의 당부 말씀과 같이 필자의 이 말을 밝게 새겨들을 수 있기를 간절히 정말 간절히 바라마지 않는 바이다. 이제부터는 또 다른 그 어떤 현란한 요설이 활개를 치더라도 제발 더 이상 현혹되지 않기를 간절히 당부 드린다. 그런데 지금 이 시점에 이르러 정역의 중궁인 이 자리가 묘하게도 금산사라는 절과 모종의 관계가 있는 것 같다는 것을 언급하지 않을 수가 없다.

금산사는 조계종 사찰의 하나로써 전라북도 김제시 모악산도립공원 입구에 위치해 있다. 599년 백제 법왕 원년에 창건되었고, 창건 당시에는 아주 작은 사찰에 불과했다. 그런데 진표 율사가 금산사를 크게 짓고자 발언하면서 금산사는 대 가람으로 발전하게 된다. 진표의 본래 성은 정井씨였고, 아버지는 진내말, 어머니는 길보랑이며, 완산주4) 만경현 출신이었다. 진표는 어려서부터 활쏘기를 매우 좋아하였고, 그래서 늘 활을 들고 들과 산을 누비며 사냥을 하였다. 어느 봄날, 사냥을 다니던 그는 논둑에 앉아 쉬다가 개구리를 잡았다. 그 개구리를 버들가지에 메어 물속에 담가 두고 산으로 가서 사냥을 하였다. 그리고는 개구리는 까맣게 잊은 채 그대로 집으로 돌아갔다. 해가 바뀌어 이듬해 봄이 되었다. 여느 때와 다름없이 사냥을 하러 가던 진표는 구슬프게 우는 개구리 소리를 듣게 되었고, 문득 지난해의 일이 떠올랐다. 그래서 걸음을 재촉하여 그 자리로 가보았다. 그런데 이게 웬일인가, 30여 마리의 개구리가 버들가지에 꿰인 채 그때까지 살아서 울고 있는 것이었다.

'내가 어찌 해가 넘도록 이런 고통을 받게 했단 말인가.'

그는 크게 뉘우치면서 탄식했다. 이에 금산사로 들어가 숭제 법사 밑에서 승려가 되었으니, 12세 때의 일이다. 숭제 법사는 일찍이 당나라에 들어가 선도善道에게 배우고 오대산에서 문수보살의 현신을 맞아 오계를 받고 돌아왔으므로 진표는 그로부터 도통의 요령에 대한 가르침을 받고 선계산에 들어가 7일 밤낮으로 마음을 닦은 끝에 740년(효성왕 4) 음력 3월 15일 지장보살의 현신을 맞아 정계를 받았다. 다시 영산사에서 도를 닦고 마침내 소원이던 미륵보살의 현신을 맞아 752년(경덕왕 11) 음력 2월에 『점찰경(占察經)』 2권과 간자5) 189개를 받았다. 760년(경덕왕 19년)에는 쌀 20말을 쪄서 말려 변산의 부사의방(不思議房)에 들어 갔다. 미륵불상 앞에서 부지런히 계법을 구하였으나 3년이 되도록 수기를 받지 못하자, 스스로 바위 아래로 몸을 던졌다. 이때 청의동자가 나타나 손으로 받들어

---

4) 지금의 전주
5) 간자(簡字)는 점치는 대쪽이다.

바위 위로 도로 올려놓았다. 당시는 신라 경덕왕 21년은 서기 762년이었고 그가 29세 되던 해였다. 그때 그는 죽음을 각오하고 몸을 희생시키며 행하는 망신참법(亡身懺法)'이라는 수행법으로 자신의 온몸을 돌로 두드기며 밤낮으로 쉬지 않고 참회를 하며 3·7일, 즉 21일간을 기약하며 구도를 시작하였다. 3일째가 되자 손과 발이 부러져 떨어졌고, 7일째 밤에 지장보살이 금장을 흔들며 와서 손과 발을 고쳐주고, 가사와 바루를 주었으므로 더욱 수도에 정진하였다. 21일을 채우자 드디어 천안을 얻어 도솔천중이 내려오는 모습을 볼 수 있었다. 이때 지장보살은 계본을 주고 미륵보살은 제8간자와 제9간자라고 쓰인 목간을 주었다. 미륵보살은

"이 두 간자는 내 손가락뼈로서 시각始覺과 본각本覺의 두 각을 비유한 것이다. 또 제8간자는 신훈성불종자(新熏成佛種子)이고 제9간자는 법이法爾이니, 이것으로써 과보를 알 것이다."

라고 하였다. 이때가 762년 4월 27일이었다. 그리고

"현세의 육신을 버리고, 큰 나라 왕의 몸을 받아 다시 태어나게 될 것이다."

라는 계시를 받는다. 진표율사가 문득 천안으로 미래를 내다보니 앞으로 지구가 대 개벽을 하는 것이 환히 보였다. 그래서 그는 다시 미륵불께 미래에 미륵불이 출세한 이후 자신도 그 때 다시 태어나 억조창생을 건지는 큰 일꾼이 되게 해달라고 간절히 기원하였다. 그러자 미륵불로부터 당시 금산사에 있는 "사답칠 두락" 정도 넓이의 연못을 메우고 미륵존불 모양의 불상을 세우라는 계시를 받게 된다. 그런데 불상을 세우기 위해 처음엔 흙으로 연못을 메웠는데, 어찌된 일인지 이튿날 가서보면 도루 다 파헤쳐지는 일이 자꾸 반복되었다. 그 때 지장보 살이 나타나서 흙이 아니라 숯으로 메우라고 알려준다. 하지만 흙 대신 숯을 사용한다는 것이 그리 쉬운 것이 아니었다. 이에 진표율사는 꾀를 내어 안질을 퍼뜨린 후

"누구든지 안질을 앓는 자는 금산사 용소에 숯을 한 짐 집어넣고 못물로 눈을 닦으면 낳는다."

는 소문을 퍼트렸다. 안질에 걸린 수많은 사람들이 소문을 듣고 숯을 집어넣으니 그제야 연못이 메워지게 되었다. 진표율사는 연못이 숯으로 메워지자 미륵불상을 받쳐 세우기 위해 연못 한 가운데에다 연꽃모양을 조각한 큰 바위6)를 세웠으나,

무슨 조화에서인지 석련대는 밤사이에 20여 미터나 떨어진 위치[7]로 옮겨져 버린다. 이를 이상히 여기고 있는데, 이때 미륵이 꿈에 현몽하더니,

"야! 이 미련한 놈아. 돌이란 직접 불에 들어가면 튀는 법이니라."

라고 계시한다. 이에 다시 진표율사는 연못 중앙에다 밑이 없는 대형 무쇠시루를 걸고 그 위에다 우물 정#자 형태의 나무 받침목을 얹은 다음 철로 된 16척의 미륵불상을 세우게 된다. 또한 미륵보살이 내려와서 계법을 주는 모양을 금당 남쪽 벽에 그렸다. 그렇게 해서 762년부터 시작해 766년에 완공을 본다. 지금도 금산사 미륵불상 밑에는 밑이 없는 거대한 시루가 봉안되어 있는데, 이는 다른 데서는 찾아볼 수 없는 기이한 형태이며 세계 최대의 미륵불상[8]이다. 진표율사는 그 뒤 금산사를 떠나 속리산을 거쳐 강릉으로, 다시 금강산으로 옮기면서 중생을 교화하였다. 금강산에 들어가 발연사를 창건하고 7년간 머무르면서 점찰법회를 열었으며, 흉년으로 굶주리는 많은 사람들을 구제하였다. 발연사에서 다시 부사의방에 들렀다가 고향으로 돌아가 아버지를 찾았다. 이 무렵 영심·융종·불타 등이 속리산으로부터 찾아와 계법을 구하였으므로, 그들에게 의발과 『점찰선악업보경』 및 『공양차제비법(供養次第秘法)』, 그리고 189개의 간자와 미륵의 두 간자를 전하면서 교법의 유포를 부탁하였다.

"제8간자는 신훈성불종자이고 제9간자는 법인데, 내가 이미 너희들에게 주었으니 이것을 가지고 속리산으로 돌아가라. 그 산에 길상초가 난 곳이 있을 것이니 거기에 절을 세우고 이 교법에 따라 널리 인간계와 천상계의 중생을 제도하고 후세에까지 유포시키도록 하라."

속리산으로 돌아간 영심 등은 스승이 일러준 곳을 찾아 길상사를 세우고 점찰법회로써 진표의 법통을 계승하였다. 진표는 말년에 아버지를 모시고 발연사에서 함께 도를 닦았으며, 절의 동쪽 큰 바위 위에 앉아 입적하였다. 제자들은 시체를 옮기지 않은 채 공양하다가 해골이 흩어져 떨어지자 흙을 덮어 무덤으로 삼았다.

---

6) 석조 연화대 또는 석련대, 현재 보물 23호
7) 현재 석련대가 있는 위치
8) 지금 이 미륵존불상은 이를 모시고 있는 3층 미륵전과 함께 국보 62호로 지정되어 있다.

이것이 지금까지 전해지고 있는 진표율사와 금산사에 대한 이야기이다. 그런데 여기서 금산사가 무엇을 의미하는 지를 한번 살펴보기로 하자. 먼저 미륵불이 나타나 석련대가 직접 불에 들어가면 튀는 법이라고 알려준다. 이것이 의미하는 바는 2·7화가 중궁에 있는 선천 수상도의 상황을 말해준다. 이에 대한 해결책으로 미륵불은 다른 멀쩡한 땅들을 놔두고 굳이 연못을 메워서 불상을 세우라고 말했다고 한다. 그 이유가 무엇일까? 연못은 물을 상징한다. 지금 정역에서 도출된 십일귀체의 수상도를 살펴보면 중궁의 상황이 바로 이것을 잘 말해주고 있다. 중궁에 1·6수가 들어가 있으니 말이다. 또 물에다가 흙을 넣었다는 것은 흙은 토土이고 십十과 일一로 파자할 수 있으니, 바로 10이 물러나고 1이 나아가는 중궁을 의미한다. 또한 연못 위에 미륵불상을 조성하게 한 것도 따지고 보면 미륵불이 10을 상징하는 것이고 연못의 물은 바로 1을 상징하니 이는 곧 십일귀체를 말하는 것으로서, 굳이 용소를 메워서 미륵불상을 세워야 했던 이유가 바로 거기에 있었던 것이다. 즉 여기서 1이란 작은 물은 6이라는 큰 물, 즉 대 지혜를 이끌어내는 마중물과도 같은 것이기도 하다. 연못 중앙에다 밑이 없는 대형 무쇠시루를 걸고 그 위에다가 우물 정井자 형태의 받침목을 얹었다는 것은 미륵의 대도가 앞으로 우물 정井자와 깊은 관련이 있을 것임을 암시한다. 우물 井정은 우선 그 형상 자체가 이미 낙서의 구궁을 상징하는 것이고, 우물이라는 것은 그 가운데에 반드시 우물물이 들어 있을 것이니 이는 중궁에 들어있는 1·6수를 상징하고 무궁무진하게 솟아나는 광명의 대 지혜를 표상하는 것이다. 한편 정井자는 또한 진표율사의 성씨이기도 하다. 진표라는 법명도 참 진眞자, 모범될 표表자로서 참 진리의 표상이라는 뜻을 가지니 이것도 결코 우연이 아닐 것이다. 한편 시루라는 것도 의미를 갖는다. 시루란 쌀을 쪄서 떡을 만들어내는 도구이니, 미완의 것을 성숙시키는 작용을 한다. 선천시절 내내 누적되어온 모든 모순들을 시루 속에 넣어 떡을 쪄내듯이 후천이 되면서 만물을 이화理化시키는 역할을 하는 것을 상징한다. 이처럼 모든 진리는 하나로 통하는 법이다. 결코 불가의 진리가 따로 있고, 도가의 진리가 따로 있고, 유가의 진리가 따로 있는 것이 아니다. 그러니 정역의 십일귀체는 곧 후천을 영도하는 미륵의 도를 상징하는 것이기도 하다. 오래전부터 우리 민족이 애타게 기다리던 그 미륵불 말이다. 도탄에 빠진 세상을 구해준다는 그 구세주 미륵불 말이다.

3 진수의 향연

어느덧 『십일일언』도 이제 거의 막바지이니, 아직까지도 채 정리되지 않고 있는 것들을 이제는 모두 깔끔하게 정리해야 할 시점이다. 지금까지 펼쳐놓기만 했던 그 모든 수상들을 이제 모두 정리할 것이고, 그야말로 상수학이 만들어낼 수 있는 최상의 향연이 한번 화려하게 펼쳐지게 될 것이다. 그러나 어렵고도 어렵다. 그러니 그것을 풀어내는 것이야말로 감히 상수학의 진수라고 말할 수 있는 것이다.

雷風正位用政數
뇌 풍 정 위 용 정 수

소위 뇌·풍, 즉 우레와 바람에서 우레는 진괘(☳)를 말하고, 바람은 손괘(☴)를 말한다. 드디어 진괘와 손괘가 소위 바른 자리라고 하는 곳에 앉아서 어떤 일들을 수행해나는지에 대해 수리적으로 설명될 것이다.

己位四金一水八木七火之中无極 己 자리는 4금1수, 8목7화의 중이니, 무극이다.

먼저 진괘(☳)가 어떤 정치를 수행하는 지를 설명한다. 후천 수상도에서 보면 6궁에 천반수 10과 지반수 6이 보이는데, 여기서 천반수 10이 바로 기토이면서 무극이다. 그리고 방금 표현된 기토는 4금1수와 7화8목의 가운데라는 이 묘사가 매우 중요한 포인트이다. 먼저 4금1수는 바로 태음을 말하고, 7화8목은 태양을 말한다. 따라서 기토는 태양과 태음의 가운데에 서서 이들의 운행

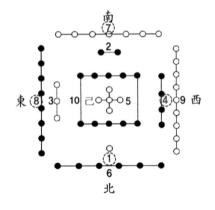

을 주재한다는 논리가 성립된다. 그런데 4금1수와 7화8목은 하도를 지칭하기도 한다. 어떻게 해서 감히 하도라는 의미가 도출되는지를 살펴보면 다음과 같다. 앞의 그림에서 己토 무극이 7화8목, 그리고 1수4금의 가운데 있다는 것을 표시해본다. 파란색 원으로 표시된 것을

보게 되면 하도 10개의 숫자에서 딱 절반인 5개의 숫자에 해당되고, 그 5개의 숫자 한 중간에 10무극이 자리하고 있는 양상이다. 그리고 이러한 5개의 숫자 구도를 아래와 같이 재해석볼 수가 있다. 즉 7화는 13이란 숫자의 중이고, 8목은 15라는 숫자의 중이고, 1수는 1이란 숫자의 중이고, 4금은 7이란 숫자의 중이고, 10토는 19라는 숫자의 중이라고 볼 수 있다. 이렇게 소위 말해서, 중十의 개념으로 기토를 둘러싼 숫자들을 재해석해보면, 전혀 예기치 않은 새로운 사실이 드러난다.

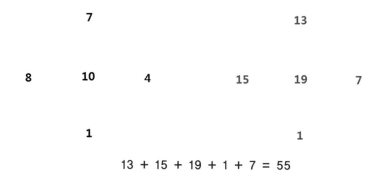

$$13 + 15 + 19 + 1 + 7 = 55$$

지금 10기토가 주재하는 숫자들을 모두 더해 보게 되면, 놀랍게도 55라는 숫자가 나타난다. 결론적으로 지금까지 언급된 己토 10무극이라는 것은 후천 정사의 중심이면서 동시에 하도의 중심이기도 하다는 것을 여실히 드러내준다. 따라서 후천에는 낙서는 뒤로 숨어 이면에서 작용하고, 반면에 하도가 전면에 나서는 것임을 다시 한 번 더 시사해준다. 문구가 계속 이어진다.

无極而太極十一 무극이면서 태극이니 10, 그리고 1이다.
十一地德而天道 10과 1은 지덕이면서 천도

천 도 원 경 임 갑 병
天道圓庚壬甲丙 천도라서 둥근 원이니 경, 임, 갑, 병
지 덕 방 이 사 육 팔
地德方二四六八 지덕이라 각진 방이니 2, 4, 6, 8

말 그대로, 무극은 또한 태극이므로 10이면서 1이기도 하다. 또 10과 1은 지덕이면서 천도라는 설명이 이어진다. 그리고 이어서 지덕과 천도에 대한 자세한 설명이 이어진다. 천도라서 둥근 원이니, 경·임·갑·병이라고 한 것을 그림으로 표현하면, 바로 아래 왼쪽 그림에서 파란색 글씨로 표시된 바와 같다. 그리고 지덕이라 각진 방이니, 2·4·6·8이란 표현은 붉은색 글씨로 표시된 바와 같다.

그리고 여기 이 모든 것들, 즉 천도와 지덕들이 10기토에 의해서 지휘를 받는 것이다. 그리고 이제는 말할 수 있게 되었다. 소위 경·임·갑·병이 무엇인지에 대해서. 그리고 그것의 정확한 위상에 대해서도. 드디어 결정적 단서가 나타난 것이다.

天道 1 壬 / 5	天道 7 丙 / 9	天道 3 甲 / 3
地德 2 / 4	地德 6 / 1	天道 9 庚 / 7
地德 8 / 8	地德 4 / 2	10 무극 / 6

天道 (둥근 원) - 경·임·갑·병
地德 (각진 방) - 2·4·6·8
己의 자리 - 4금·1수와 8목·7화의 중中 ············· 하도의 수리 55가 나온다.

이렇게 막상 이렇게 정리해놓고 보니, 앞에서 설명하지 못했던 부분, 소위 정령이란 것이 무엇인지에 대해 보다 분명하게 말할 수 있게 되었다. 바로 이 구절(부록 264페이지 참조),

정 령 기 경 임 갑 병
政令己庚壬甲丙 정령은 기, 경, 임, 갑, 병

己土의 정치와 사령은 경·임·갑·병을 통해서 행해진다는 의미로 해석된다. 즉 위의 그림에서 파란색 글씨로 표시되는 바와 같다. 그리고 소위 무극체위도수라고 했던 구절의 전체 의미를 해석해볼 수 있게 되었다. 앞에서 그냥 넘어갔던 부분이다.

기 사 무 진 기 해 무 술
己巳戊辰己亥戊戌 기사 무진 기해 무술
도 역 도 순
度逆道順 도度는 역행하고, 도道는 순행한다.
이 수 육 십 일
而數六十一 그 수는 61이다.

여기서 언급되는 소위 체위도수라는 것이 무슨 의미일까? 그리고 그 숫자 61이란 것은 또 어디에서 비롯된 것일까? 분명한 것은 10무극과 관계된다는 것만큼은 확실한 것 같다.

기 위 도 역 이 도 순
己位度逆而道順 己의 자리는 도度는 역행하고 도道는 순행하니,
도 성 도 어 육 십 일 도
度成道於六十一度 도수는 61도에서 성도
선 천 화 목 태 양 지 부
先天火木太陽之父 선천이며 화목火木, 태양의 아버지

여기서도 또 다시 61이란 숫자가 언급되고 있다. 이렇게 반복되는 것으로 보아서 61이란 숫자의 연원을 한번 찾아보아야 할 것 같다. 이렇게 반복되고 있으니, 중요한 것이 틀림없어 보인다.

☳	☷	☳	天道 **1** 壬 5	天道 **7** 丙 9	天道 **3** 甲 3
☶		☵	地德 **2** 4	地德 **6** 1	天道 **9** 庚 7
☲	☱	☷ 진괘	地德 **8** 8	地德 **4** 2	**10** 무극 6

천도天道 (둥근 원) : 경 + 임 + 갑 + 병 = 9 + 1 + 3 + 7 = 20
지덕地德 (각진 방) : 2 + 4 + 6 + 8 = 20
乙 무극 = 10
4궁의 천반수 1태극은 10무극이기도 하니 = 10
6궁의 천반수 10무극은 1태극이기도 하니 = 1

이렇게 나온 결과들을 가지고 이제 무작정 모두 더해보기로 하자. 20 + 20 + 10 + 10 + 1 = 61. 그런데, 오~오, 놀랍게도 이렇게 계산하면 정말로 61이란 숫자가 나온다. 소위 무극체위도수란 것의 정체가 바로 이것이었구나! 십일귀체의 수상에서 천반수들을 모두 합해주면 결국 61이란 숫자를 얻을 수 있게 되고, 이것이 바로 소위 무극의 체위도수에 해당한다는 결론이다. 정리하면 6궁 진괘 자리에 위치한 10무극은 태양과 태음의 정사를 모두 주관하는 중심자리에 해당한다. 즉 해와 달의 운행을 주재한다는 말이다. 지금까지 낙서 6궁 진괘 자리에 있는 10무극의 정사를 살펴보았으니, 이번에는 낙서 4궁 자리에 놓이게 된 손괘(☴)가어떤 일을 수행하는 지를 설명할 차례이다.

戊位二火三木六水九金之中皇極 戊 자리는 2화3목, 6수9금의 중이니 황극이다.

수상에서 보면 4궁의 지반수에 5가 보이고 이것이 바로 황극이다.
위의 문구에 의하면 戊토 5황극이 2화3목, 그리고 6수9금의 가운데라고 한다. 이것을 또한 그림으로 표시하면 옆에 보이는 것과 같을 것이다. 붉은색으로 표시된 것을 보면 하도에서 딱 절반에 해당하고, 그 중간에 무토가 자리하고 있음을 알 수 있다. 그리고 이번에도

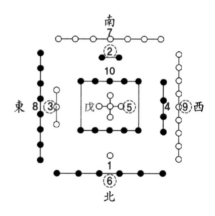

이러한 구도에 대해 아래와 같이 재해석볼 수 있을 것이다. 즉 2화는 3이란 숫자의 중이고, 3목은 5라는 숫자의 중이고, 6수는 11이란 숫자의 중이고, 9금은 17이란 숫자의 중이고, 5토는 9라는 숫자의 중이다. 이렇게 중의 개념으로 무토를 둘러싼 숫자들을 재해석해보게 되면, 이번에도 새로운 사실이 나타난다. 지금 오른쪽 그림에서 새로이 등장한 모든 숫자들을 다 더해보면, 놀랍게도 45라는 낙서의 숫자가 나타난다. 결국 5라는 무토이면서 황극에 해당하는 숫자는 낙서 배열의 가운데를 의미한다는 결론에 도달할 수 있게 된다.

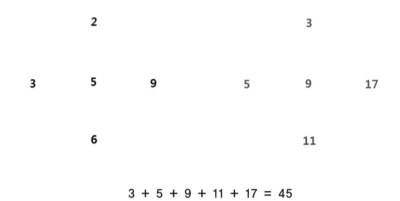

$$3 + 5 + 9 + 11 + 17 = 45$$

　　결론적으로 지금까지 언급된 무토 5황극이라는 것은 후천 율려의 중심이면서 동시에 낙서의 중심을 상징한다. 또한 손괘(☴)는 이제는 주지하고 있는 바와 같이 율려의 소리를 내는 봉황을 상징하기도 한다. 따라서 후천에는 낙서는 뒤로 숨어서 이면에서 작용하고, 반면에 하도가 전면에 나서서 용사하는 것임을 다시 한 번 짐작할 수 있다. 과연 그러한 지를 살펴보기로 한다. 성현께서 우리들에게 계속해서 새로운 정보들을 알려주시는데, 그런데 뜻밖에도 여기서 황극이면서 무극이란 말이 인류 역사상 최초로 등장하고 있다.

皇極而无極五十 황극이면서 무극이니 5, 그리고 10이다.

五十天度而地數 5와 10은 천도이며 지수

地數方丁乙癸辛 지수는 각진 방이니 정, 을, 계, 신

天度圓九七五三 천도는 둥근 원이니 9, 7, 5, 3

　　성현께서 가로대, 황극은 5이면서 동시에 10이기도 하다고 선언하신

다. 그리고 이어서 5는 천도이고, 10은 지수라고 밝히고 있다. 그리고 이어서 지수와 천도에 대한 자세한 설명이 이어진다. 지수는 각진 방이니, 정·을·계·신이라고 한 것을 그림으로 표현하면, 바로 왼쪽 그림에서 파란색 글씨로 표시된 바와 같다.

손괘 ☴	☷	☶
☵		☱
☶	☰	☷

1 天度 5 황극	7 天度 9	3 天度 3
2 地數 4 辛	6 1	9 天度 7
8 地數 8 乙	4 地數 2 丁	10 地數 6 癸

정·을·계·신이 숫자로 과연 어떻게 표현되어야 하느냐가 관건인데, 도표를 자세히 살펴보면 丁·乙·癸·辛이란 곧 2·8·6·4라는 것을 눈치를 챌 수 있다. 그리고 천도는 둥근 원이니, 9·7·5·3 이란 표현은 붉은색 글씨로 표시된 바와 같다.

天度 (둥근 원) - 9·7·5·3
地數 (각진 방) - 丁·乙·癸·辛
戊의 자리 - 2화·3목과 6수·9금의 중中········낙서의 수리 45가 나온다.

막상 이렇게 정리를 해놓고 보니 이제는 말할 수 있게 되었다. 앞에서 율려라고 언급되었던 이 문장이 무엇을 지칭하는 지….

^{율 려 무 정 을 계 신}
呂律戊丁乙癸辛 율려는 무, 정, 을, 계, 신

그리고 심지어는 그것을 위에 있는 그림에다가 표시까지 할 수 있게
되었다. 지구가 새로운 궤도에 자리를 잡게 된 이후에 율려는 5戊토에
의해서 지휘를 받게 되고, 그 율려의 구성은 그림에서 파란색 글씨로
표시된 바와 같다는 것이다. 그리고 이왕 내친 김에 앞에서 해결을
보지 못하고 넘어갔던 소위 황극체위도수라는 것까지 다시 한 번 도전해
보기로 한다.(부록 264페이지 참조)

^{무 술 기 해 무 진 기 사}
戊戌己亥戊辰己巳 무술 기해 무진 기사
^{도 순 도 역}
度順道逆 도度는 순행하고, 도道는 역행한다.
^{이 수 삼 십 이}
而數三十二 그 수는 32이다.

다시 살펴보아도 정말 난해하기 짝이 없는 구절이다. 아무리 이해를
해보려고 해도 잘 이해가 되지 않는 대목이다. 유일하게 도움이 될
만한 다른 구절들을 함께 살펴보자. 다음 구절은 「십오일언」에서 언급되
었던 부분이다.(부록 243페이지 참조)

^{무 위 도 순 이 도 역}
戊位度順而道逆 戊의 자리는 도度는 순행하고 도道는 역행하니,
^{도 성 도 어 삼 십 이 도}
度成道於三十二度 도수는 32도에서 성도成道
^{후 천 수 금 태 음 지 모}
后天水金太陰之母 후천이며 수금水金, 태음의 어머니

이 정도가 소위 '황극체위도수'에 대한 단서들의 전부인 것 같다.
지금 뇌풍정위용정수에서 5황극에 대한 단서들까지 모두 동원해서

정리해보면 다음과 같다.

䷸ 손괘	☷	☷		**1** 天度 5 황극	**7** 天度 9	**3** 天度 3
☷		☳		**2** 地數 4 辛	**6** 1	**9** 天度 7
☶	☰	☷		**8** 地數 8 乙	**4** 地數 2 丁	**10** 地數 6 癸

이 중에서도 가장 먼저 찾아야 할 것은 황극의 체위도수 32란 것이 대체 어디에서 비롯되어 나온 숫자인가를 찾아보는 일이다. 그래야 다른 것들을 논할 수 있는 길이 열릴 수 있을 것 같다. 따라서 이들 숫자들을 활용해서 무엇이 나오는 지를 살펴보아야 한다.

천도天度 = 9 + 7 + 5 + 3 = 24
지수地數 = 2 + 8 + 6 + 4 + 1 = 21
4궁의 지반수 5는 존공이므로 5를 뺌 = －5
8궁의 지반수 8은 존공 이므로 8을 뺌 = －8
도합 = 24 + 21 － 5 － 8 = 32

이렇게 계산하면 32가 나온다. 따지고 보면 중궁의 지반수 1에 대해서는 문맥상 그 어떤 특별한 언급도 없지만, 수치를 계산할 때 중궁의 지반수 1이 반드시 포함되어야만 비로소 숫자가 맞아 떨어지게 되므로 추가해놓은 것이다. 이를 참고해서 이해한다면 착오가 없을 것이다. 그리고 오 마이 갓! 술5공과 묘8공이 단지 표식이라는 비밀의 장치로만 쓰인 것만이 아니라, 수리적인 의미에서도 공空으로 사용되었음을 또한 알 수 있게 되었다. 결국 이렇게 해서 황극의 체위도수 32란 숫자가 어떻게 나온 건지를 알 수 있게 되었다. 그리고 이 부분(부록 244페이지 참조),

天地合德三十二 천지가 덕을 합하니 32
地天合道六十一 지천이 도를 합하니 61

이 부분도 앞에서 참 어지간히 속을 태우던 구절이다. 여기서 말하는 천지가 어디를 지칭하는 것이고, 지천이 어디를 지칭하는 지를 확정짓기가 결코 쉽지 않았지만, 오랜 시간 심사숙고를 거듭한 끝에 최종적으로 도달한 결론은, 결국 성현께서 황극과 무극에 대해 한 번 더 깔끔하게 정리를 해주는 구절이라고 이해할 수 있게 되었다. 황극의 경우가 덕을 합하니 32라고 하는 문구에 부합한다. 그리고 무극의 경우가 지천이 도를 합하니 61이라는 문구에 정확히 부합한다. 막상 이렇게 결론에 도달하고 보니, 아름다운 대칭이 한 가지 발견되었다. 이 대칭을 보고 나서야 비로소 필자는 올바른 결론에 도달했다고 안심할 수 있게 되었다. 알고 나면 이렇게 쉬운 것인데, 이것을 찾기가 왜 이렇게 어려웠던 것인지? 감히 말하건대, 가히 상수학의 진수라고 말할 수 있을 것 같다. 왼쪽에 표시된 지반수를 모두 합하면 32가 나오고, 오른쪽에 표시된 천반수를 모두 합하면 61이 나온다는 것은 이미 결론이 난 상태이므로 의문이 없을 것이다. 위에서 정리된 바와 같이 후천에는 주로 천반수를 위주로 정사가 펼쳐지고, 지반수는 뒤로 물러나 율려를 조율하는 작용을 한다.

戊황극 체위도수		
1 天度 **5** 황극	**7** 天度 **9**	**3** 天度 **3**
2 地數 **4** 辛	**6** **1**	**9** 天度 **7**
8 地數 **8** 乙	**4** 地數 **2** 丁	**10** 地數 **6** 癸

己무극 체위도수		
天道 **1** 壬 **5**	天道 **7** 丙 **9**	天道 **3** 甲 **3**
地德 **2** **4**	地德 **6** **1**	天道 **9** 庚 **7**
地德 **8** **8**	地德 **4** **2**	**10** 무극 **6**

결국 정사란 드러난 곳, 그러니까 눈에 보이도록 전면에 나서서 지휘하는 것이라면, 율려란 보이지 않는 이면에서 조용히 추임새를 넣어가며 장단을 맞추는 것으로 보면 될 듯하다. 물론 지구가 위험한 지경에 빠지게 되면 이 율려가 보이지 않는 이면에서 결정적인 역할을 도맡기도 하고 말이다. 반면 10무극은 6궁 진괘의 자리에 있으면서 모든 천반수를 지휘한다. 그리고 이 지휘 속에는 태양과 태음의 정사까지도 모두 포함된다. 그리고 5황극은 4궁 손괘의 자리에 있으면서 모든 지반수를 조율한다. 이렇게 후천은 진괘와 손괘가 각각 정사와 율려의 중심에 서서 모든 것을 지휘한다고 깔끔하게 결론내릴 수 있다.

그러면 이왕 내친 김에 앞에서 설명이 안 된 채로 넘어갔던 월극의 체위도수와 일극의 체위도수란 것까지 그 연원을 도출해보기로 한다.

다음에 열거되는 구절들은 소위 월극체위도수에 대한 내용을 다루고 있는 부분이다.(부록 253페이지 참조)

경 자 무 신 임 자 경 신 기 사
庚子戊申壬子庚申己巳 경자 무신 임자 경신 기사

초 초 일 도 유 이 무
初初一度有而无 초초 1도는 유이무, 즉 있으면서 없는 자리

오 일 이 후
五日而候 5일은 1후이다.

이 수 삼 십
而數三十 그 수는 30이다.

그리고 그와 관련이 있는 이 구절도 앞에서 그냥 넘어갔던 부분이다. 여기서 그 수가 30이라고 언급된 것이 바로 월극체위도수이다.

태 음 역 생 도 성
太陰逆生倒成 태음은 역생도성하니

선 천 이 후 천 기 제 이 미 제
先天而后天旣濟而未濟 선천이면서 후천이고 기제이면서 미제

일 수 지 혼 사 금 지 백
一水之魂四金之魄 1수의 혼魂, 4금의 백魄

아래에서 보면 천반수에 노란색을 칠한 부분이 바로 월극의 도수에 해당한다. 어찌해서 천반수만 논하는지를 묻는다면, 己토 10무극의 도수가 바로 천반수에서만 계산이 되었기 때문이다. 10무극이 1수4금과 7화8목의 중이라고 했는데, 그중 1수4금이 바로 태음, 즉 월극에 해당하고, 7화8목은 태양, 즉 일극에 해당한다. 따라서 월극의 도수란 것도 10무극의 일부분이어야 하므로 반드시 천반수로만 산출되어야 한다. 한편 다음의 그림에서 노란색 칠한 부분을 보면 천반수 중에서 일부분만 선택되었는데, 이는 어떤 연유로 이렇게 선택된 것인가? 본문(부록 255페이지)에 다음의 문구가 있다.

子寅午申先天之先后天 자인과 오신은 선천의 선천과 후천이고,
丑卯未酉后天之先后天 축묘와 미유는 후천의 선천과 후천이다.

지금 이 구절과 같이 후천의 선천은 축에서 시작하고, 후천의 후천은 미에서 시작한다는 주장이 버젓이 정역에 실려 있다. 따라서 이번에는 이를 토대로 해서 월극과 일극의 체위도수를 산출해보기로 한다. 먼저 월극체위도수를 산출해보자. 먼저 후천에는 12지지의 위치가 선천과는 달라진다. 다음의 오른쪽 그림에서 바깥쪽에 달라지는 12지지의 위치를 표시해놓았다. 그리고 후천에는 오전(선천)이 축에서 시작해서 축·인·묘·진·사·오의 순으로 진행되고, 오후(후천)가 미·신·유·술·해로 진행된다고 보면 다음의 그림과 같이 월극체위도수의 영역이 표시될 것이 분명하다.

	진	사	오	
묘	1 / 5	7 / 9	3 / 3	미
인	2 / 4	6 / 1	9 / 7	신
축	8 / 8	4 / 2	10 / 6	유
	자	해	술	

(왼쪽 그림: 월극 감괘)

후천의 선천 : 8 + 2 + 1 + 7 + 3 = **21**
1태극은 곧 10무극 = **10**
그리고 이 결과들을 모두 다 더해보기로 한다.
도합 = 21 + 10 = **31**

그런데 월극체위도수는 반드시 30이란 숫자가 되어야 하는데, 조금 엉뚱하게도 31이란 숫자가 나오게 된다. 그런데 정역에는 태음도수와 관련해서 다음과 같은 구절(부록 253페이지 참조)이 명시되어 있다.

初初一度有而无 초초 1도는 유이무, 즉 있으면서 없는 자리

즉 다시 말해서 초초1도는 있지만 없는 것이라는 정의이다. 이 정의에 의해서 1을 제하게 되면, 월극의 체위도수가 30이라는 말과 정확히 부합한다. 이렇게 해서 드디어 그 어렵고도 어렵기만 했던 월극의 체위도 수 30이란 것의 정체가 드러났다.

그리고 계속 이어서 소위 일극체위도수라는 것을 찾아보기로 한다. 부록 253페이지를 참조하면 다음과 같은 구절이 있다.

丙午甲寅戊午丙寅壬寅辛亥 병오, 갑인, 무오, 병인, 임인, 신해
初初一度无而有 초초 1도는 무이유, 즉 없으면서 있는 자리
七日而復 7일에 회복한다.
而數三十六 그 수는 36이다.

이 또한 여전히 어렵고도 어려운 부분이다. 도대체 이해가 안 가는데, 그나마 일극체위도수가 36이라고 한다.

太陽倒生逆成 태양은 도생역성하니,
后天而先天未濟而旣濟 후천이면서 선천이요, 미제이면서 기제

칠 화 지 기 팔 목 지 체
七火之氣八木之體 7화의 기, 8목의 체

  일극의 도수도 마찬가지로 천반수로만 산출을 해야 한다. 다음의 그림에서도 노란색 칠한 부분을 보면 천반수 중에서 일부분만 선택되었는데, 이는 또 어떤 연유로 이렇게 선택된 것인가? 먼저 후천에는 오후(후천)이 미에서 시작해서 미·신·유·술·해·자의 순으로 진행된다고 보면, 다음의 그림과 같이 일극체위도수의 영역이 표시될 것이 분명하다.

후천의 후천 : 3 + 9 + 10 + 4 + 8 = **34**
10무극은 곧 1태극 = **1**
그리고 이 결과들을 모두 다 더해보기로 한다.
도합 = 34 + 1 = **35**

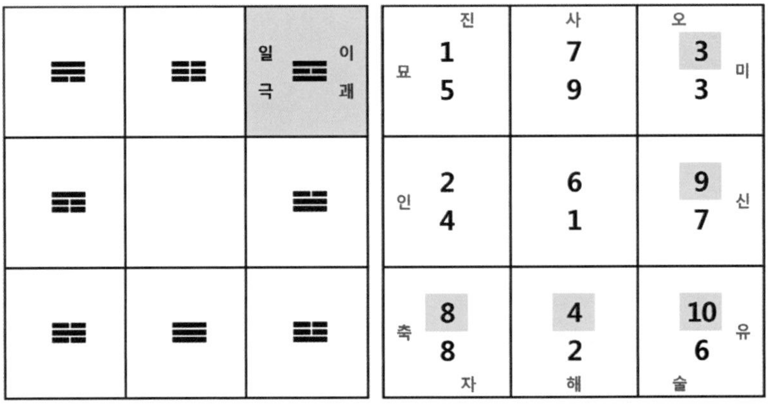

  분명 일극체위도수는 36이어야 하는데, 이번에도 조금 엉뚱하게도 35라는 숫자가 나오게 된다. 그런데 정역에는 태양도수와 관련해서 다음과 같은 구절이 있다.(부록 253페이지 참조)

^{초 초 일 도 무 이 유}
初初一度无而有 초초 1도는 무이유, 즉 없으면서 있는 자리

즉 다시 말해서 초초1도는 없지만 있는 것이라는 정의이다. 이러한 정의에 의거해서 1이란 숫자를 더해줄 수 있게 되면, 일극의 체위도수가 36이라는 말과 정확히 부합한다. 이렇게 해서 월극과 일극의 체위도수를 또 다시 성공적으로 산출할 수 있게 되었다. 결국 네 가지 체위도수를 모두 찾았으니, 이제 앞에서 그냥 넘어갔던 사상분체도수라는 것도 보다 확정적으로 말할 수 있게 되었을 것이다.

^{사 상 분 체 도 일 백 오 십 구}
四象分體度一百五十九 사상분체도 159 [9]
^{일 원 추 연 수 이 백 일 십 육}
一元推衍數二百一十六 일원추연수 216 [10]

지금까지 거론되었던 황극·무극·월극·일극의 체위도수를 모두 합하면 바로 사상분체도수(부록 244페이지 참조)라고 하는 숫자가 나온다. 즉, 다시 말해서,

황극체위도수 + 무극체위도수 + 월극체위도수 + 일극체위도수
= 32 + 61 + 30 + 36 = 159

라는 숫자가 나온다. 그런데 사상분체도수 159가 나오는 또 다른 방법이 있다.

---

9) 무극61+황극32+일극36+월극30 = 159
10)『주역』「계사상전」 9장에 언급된 건책수.

후천 십일귀체 수상도			중의 개념을 적용		
1 5	7 9	3 3	1 5	13 17	5 5
2 4	6 1	9 7	3 7	11 1	17 13
8 8	4 2	10 6	15 15	7 3	10 11

왼쪽에 있는 후천 십일귀체의 수상도에서 가령 10은 19의 중이라고 하는 '중의 개념'을 도입해보는 것이다. 그리고 그렇게 나온 결과가 바로 오른쪽 그림이다. 다만 왼쪽의 그림에서 5황극과 10무극만은 예외적으로 '중의 개념'을 적용하지 않았다는 것만 주의하면 된다. 그렇게해서 나온 오른쪽 그림에서 5황극과 10무극을 제외한 숫자들을 모두더하면 144라는 숫자가 나온다. 그리고 거기에다가 5황극과 10무극을더해주면 159라는 숫자가 나온다.

四正七宿用中數
사 정 칠 수 용 중 수

소위 4정7수라고 함은 4방위에 있는 7개의 별을 의미하는 것으로보이니, 청룡·주작·백호·현무를 의미하고, 이는 다른 말로는 곧 28수를 의미할 것이다. 그리고 용중수라 함은 가운데 숫자를 사용한다는 말이니, 가령 28이라는 숫자의 가운데 숫자는 14를 말한다.

先天五九逆而用八錯閏中 선천 5, 9는 역행, 8을 쓰니 윤이 중간에 섞이고,

后天十五順而用六合正中 후천 10, 5는 순행, 6을 쓰니 정중에 들어맞는다.

위의 문구에서 하필 선천에는 8이란 숫자를 용하고, 후천에는 6이란 숫자를 용한다고 표현해놓고 있다. 그 이유는 28수의 가운데 숫자 14를 각각 8과 6으로 쪼갠 것으로 보인다. 그런데 하필이면 8과 6으로 쪼갠 이유가 무엇일까? 그 이유는 바로 일팔칠과 일칠사라는 코드에 있는 것으로 보인다. 다음과 같은 추론이 가능할 것 같다.

선천 : 1+8+7 = 16 → 16을 2로 나눈 값 = 8 ·········· 15의 중
후천 : 1+7+4 = 12 → 12를 2로 나눈 값 = 6 ·········· 11의 중

즉 1+8+7=16인데, 이것을 2로 나누면 8이 된다. 그리고 1+7+4=12가 되고 이것을 2로 나누면 6이 된다. 따라서 하필 8과 6으로 쪼갤만한 그 나름대로의 연유가 있었던 것이 틀림없다. 그런데 다시 8은 15의 중이고, 6은 11의 중이다. 이렇게 해서 결국 우리는 십오일언의 15와 십일일언의 11을 다시 만나게 되었다. 이래저래 선천은 15이고, 후천은 11이 아닌가 싶다. 가령 선천을 15라고 보면 그 중간에 해당하는 8이란 숫자를 사용한다는 말이고, 후천을 11이라고 보면 그 중간에 해당하는 6이란 숫자를 사용한다는 말로 풀이가 된다.

그런데 갑자기 선천오구역과 후천십오순과 같이 선천과 후천이 알 수 없는 숫자들을 달고 툭툭 튀어나오므로 또 한 번 갑자기 당황하게

된다. 하지만 이번에도 당황할 필요가 없다. 여기서는 주로 책력, 즉 달력을 만드는 방법에 대해서 선후천을 비교한 것이다. 삼정 권영원 선생이 저술한 『정역과 천문력』이란 책에 소개된 내용을 보면 달력 만드는 방법에 대한 얘기가 상세히 실려 있다. 그에 의하면, 선천에 달력을 만드는 법은 소위 '오구법'이란 것이 있다고 한다. 가령 선천의 경우 금년의 달력을 만들 때에는 반드시 9년 전의 달력을 가지고 만들게 되어있다. 선천은 낙서를 체로 삼았기 때문에 9라는 숫자와 관련되어 있는 것으로 보인다. 그리고 달력 만드는 공식은 다음과 같다고 한다.

큰 달은 30일 : 간오지구(천간은 5번째, 지지는 9번째로 정한다.)
작은 달은 29일 : 간사지팔 (천간은 4번째, 지지는 8번째로 정한다.)
24절기 : 간삼지칠 (천간은 3번째, 지지는 7번째로 정한다.)

이러한 세 가지 공식에 의거해서 매월의 삭일에 해당하는 간지를 정한다. 가령 9년 전의 정월이 큰달이면서 초하루의 간지가 갑자일이었다면, 간오지구의 원칙에 의해 천간은 갑·을·병·정·무 순서로 달리다가 5번째 천간에 해당하는 무토로 결정되고, 지지는 자·축·인·묘·진·사·오·미·신으로 순서로 달리다가 9번째 지지인 신금을 정해서, 금년의 정월 초하루는 무신일로 정하는 것이다. 만약 9년 전의 정월이 작은 달이면서 초하루의 일진이 갑자였다면, 이번에는 간사지팔의 원칙에 의해 정미가 되는 것이다. 이런 방법으로 12개월의 초하루를 공식에 의해 모두 정해 놓고, 날짜를 세어보아서 30일 간격이면 큰 달이라 하고, 29일 간격이면 작은 달이라고 한다. 24절기는 무조건 간삼지칠의 원칙에 의해 정해진다. 9년 전의 입춘이 갑자라면 금년의 입춘은 병오가 된다. 이와 같이 선천인 지금까지는 오구법 등에 의해 달력을 만들어왔던

것인데, 후천이 되면 그 달력 만드는 법도 크게 달라져서 십오법을
사용한다는 말이 된다. 달력 만드는 일은 앞으로 그 일을 맡은 사람들이
알아서 하도록 내버려두기로 하자. 아직 오지도 않은 후천 달력으로
머리를 싸매고 있는 것은 효율적인 시간 사용법이 아닌 것 같다.

五九太陰之政一八七 5, 9 태음지정은 1, 8, 7이고,
十五太陽之政一七四 10, 5 태양지정은 1, 7, 4이다.

지금 방금 표현된 바와 같이 선천을 태음지정이라고 보고, 후천을
태양지정이라고 보는 견해도 정역 이외에선 찾아볼 수 없는 용어들이다.
한편 소위 일팔칠과 일칠사라는 용어가 잊을만하면 나타나고, 잊을만하
면 다시 나타나서, 끈질기게 괴롭히고 있는데, 대체 이들은 어디에서
튀어나온 수리들일까?

선·후천 도수 변화 전(前)		
7 1	3 5	9 9
8 10	2 7	5 3
4 4	10 8	6 2

선·후천 도수 변화 후(後)		
1 5	7 9	3 3
2 4	6 1	9 7
8 8	4 2	10 6

어디에서 굴러왔는지 도무지 알 수 없는 숫자들이 계속 신경이 쓰이게 만들고 있는데, 이 또한 정역에서만 나오는 용어들임에 분명하다. 이 수리들의 근원을 찾기 위해서 필자는 또 다시 많은 시간들을 투자할 수밖에 없었다. 그냥 무시하고 넘어갈까를 수없이 고민하다가 정역 본문을 보다 정확하게 이해하기 위해서 이 개념을 반드시 알 필요가 있다고 결론을 내렸고, 마침내 오랜 시간동안의 노력을 기울인 끝에 찾아낸 이 숫자들의 연원은 다음과 같다. 그 숫자들을 찾아내기 위해서는, 먼저 우리가 익히 알고 있는 위의 수리 도표로부터 출발해야 한다. 그리고 여기에다가 우리가 앞에서 취급했던 19의 중은 10이라는 소위 '중의 개념'이란 것을 사용해야만 한다. 가령 위에서 10이란 숫자는 19의 중에 해당하므로 19란 숫자로 바꾸어 준다. 다른 모든 숫자들에 대해서도 동일한 원칙을 적용해, 그렇게 해주게 되면 마침내 위의 도표들은 다음과 같이 탈바꿈하게 된다.

선·후천 도수 변화 전(前)

13 1	5 9	17 17
15 19	3 13	9 5
7 7	19 15	11 3

선·후천 도수 변화 후(後)

1 9	13 17	5 5
3 7	11 1	17 13
15 15	7 3	19 11

이렇게 정리된 숫자들을 각각 모두 더해야 한다. 그렇게 더하게 되면 왼쪽의 합은 188이 되고, 오른쪽의 합은 172가 된다. 공교롭게도 일팔칠과 일칠사와 비슷하기는 하지만 정확하게 부합하지는 않는다. 그러면 정확하게 부합하도록 만드는 방법은 무엇이 있을까? 먼저 왼쪽의 도표에서, 태음 초초1도는 유이무라는 문구가 있다. 선천 태음정사의 경우에는 처음의 1이란 숫자는 있지만 없는 것이라고 정의해준다. 이러한 정의에 의해서 왼쪽 도표 숫자의 합은 188에서 1이란 숫자를 빼줄 수 있게 되므로 최종적으로 187이란 숫자에 도달하게 된다. 그 다음에 오른쪽 도표에서는, 태양 초초1도는 무이유라는 문구가 있다. 후천 태양정사의 경우에는 처음의 1이란 숫자는 없지만 있는 것이라고 정의해준다. 이러한 정의에 의거해서 1이란 숫자를 찾아보면, 지반수에 하나, 그리고 천반수에 하나, 이렇게 이 둘을 합쳐 모두 두 개가 있음을 알 수 있다. 따라서 172라는 숫자에다가 1이라는 숫자를 두 번 더해줄 수 있게 되므로, 마침내 최종적으로는 174라는 숫자에 도달하게 된다. 이렇게 해서 187이란 숫자와 174라는 숫자를 모두 성공적으로 찾아낼 수 있게 된다.

易三 역은 모두 3가지[11]

乾坤卦八 건괘, 곤괘를 비롯해 모두 8개의 괘가 있으니

否泰損益咸恒旣濟未濟 천지비, 지천태, 산택손, 풍뢰익, 택산함, 뇌풍항, 수화기제, 화수미제

嗚呼旣順旣逆 아아, 이미 순하고 이미 역하여

---

11) 복희역, 문왕역, 정역의 3가지 역을 말함.(또는 연산역, 귀장역, 주역 등 3가지 역)

克終克始十易萬曆 능히 마치고 능히 시작되니 십역이 만세력이다.

지금 위에서 나오는 문장들에는 그다지 어려운 것이 없어 보인다. 팔괘가 모두 8개로 구성된 것도 사실 상식 중의 상식에 해당되고, 64괘중에서 8개의 괘상만을 언급하고 있지만, 그리 어려워보이지도 않는다. 결론적으로 역이란 것은 복희역·문왕역·정역으로 변화한다는 것을 말해주고 있는 듯하다. 그리고 그렇게 역이 바뀔 때마다 책력도 달라지고, 그 책력이란 것도 역에 의거해서 만세력이란 것이 만들어진다는 의미를 담고 있다고 결론지을 수 있을 것 같다.

유무지 동궁

앞에서 일월의 체위도수에 대한 것까지 결론을 보았으나, 그럼에도 불구하고 아직까지도 해결을 보지 못하고 미제로 남아있는 것들이 수두룩하다. 그중에서 특히 일월이 유무지에서 동궁한다는 구절이 있고, 이 유무지라는 것이 대체 무엇을 지칭하는 것이며, 또 무엇을 근거로 이런 문구가 나온 것인지를 연구해보기로 한다. (부록 244페이지 참조)

日月同宮有无地 일월은 유무지에서 동궁하고,

정역에서 이르기를 태음은 선천정사이고, 태양은 후천정사라고 하였다. 그리고 선천은 1·8·7이고, 후천은 1·7·4라고도 했다. 그리고 우리는 앞에서 187이란 숫자를 선천 수상에서 도출하였고, 174란 숫자를 후천 수상에서 도출할 수 있었다. 그 과정에서 선천은 4궁에 1이란

숫자가 있었기 때문에 이른바 4궁이 초초1도 유이무가 되었다. 그리고
후천은 4궁과 5궁에 각각 1이란 숫자가 있었기 때문에 이 또한 이른바
초초1도 무이유가 되었다.

선·후천 도수 변화 전(前)		
13 1 유 이 무	5 9	17 17
15 19	3 13	9 5
7 7	19 15	11 3

선·후천 도수 변화 후(後)		
1 9 무 이 유	13 17	5 5
3 7	11 1 무 이 유	17 13
15 15	7 3	19 11

따라서 낙서의 4궁은 일월이 모두 공통되는 곳이 된다. 그래서 추론컨
대, 지인은 낙서의 4궁, 불역의 하늘에 해당하는 바로 이곳을 일러,
이른바 유무지가 동궁하고 있다고 말하는 것으로 짐작된다. 다음에
그려진 그림을 보노라면 낙서의 4궁은 유有이면서도 또한 무無이기도
하므로, 이른바 유무지라고 한 것이 아닐까? 이어서 등장하는 문구(부록
244페이지 참조)가 바로 이것이었는데….

月日同度先后天 월일이 같은 도수이지만, 각각 선·후천인 것을….

무엇을 말해주려는 것일까? 참으로 애매모호하기가 짝이 없다. 대략
난감한 상황이지만 그럼에도 불구하고 최선을 다해서 이해를 한번

도모해보기로 하자. 태음과 태양이 같은 도수인데 각각 선천과 후천이다? 분명 우리말로 말하는 것 같은데, 무슨 말인지 도통 알아들을 수가 없다. 귀신이 곡할 노릇이다. 이것을 이렇게 이해해보면 어떨까? 앞에서 후천의 경우는 이미 태양의 체위도수는 36이고, 태음의 체위도수는 30이라는 것을 확인하

7 A 1 B	3 5 B	9 9 B
8 A 10	2 7	5 3 B
4 A 4	10 A 8	6 A 2 B

였다. 그런데 지금 태음과 태양이 같은 도수인데, 각각 선천과 후천이라고 말하고 있으니, 이는 혹시 후천 수상도 상에서만 태음과 태양 도수를 계산할 수 있는 것이 아니라, 선천 수상도 상에서도 태음과 태양 도수를 계산할 수 있다는 것을 말해주고 있는지도 모른다. 그리고 공교롭게도 선천 수상도 상에서의 태음도수가 후천 수상도 상에서 태양도수와 똑같은 값을 가진다고 말하는 것인지 모른다. 즉 선천 수상도 상에서 태음의 도수가 36이라고 말하는 것이 아닐까? 먼저 알아두어야 할 것은 후천의 경우 후천 수상도 상에서는 당연히 천반수에서 태음과 태양의 도수를 찾았으나, 선천 수상도 상에서는 지반수를 살펴야 한다는 점이다. 그런데, 문제는 선천 수상도의 경우 태음도수와 태양도수의 경계점이 과연 어디인지를 알아야 되는데, 우리는 그에 대한 별다른 정보를 가지고 있지 않다. 도대체 어디를 경계점으로 해야 할까? 이에 대해 나름대로 필자가 임의로 여러 가지 가능성을 고려해본 결과 대략 바로 옆에 보이는 그림과 같이 낙서 4궁과 낙서 6궁을 경계로 할 때에 비로소

본 사안에 대한 논의가 가능해진다는 것을 알게 되었다. 그러므로 선천 수상도 상에서 낙서 4궁과 6궁을 경계점으로 한다는 것을 기본 바탕으로 해서, 두 가지 그룹으로 나누어 숫자를 합산해보면,

A그룹 : 1+ 10 + 4 + 8 + 2 = 25가 된다.
B그룹 : 1 + 5 + 9 + 3 + 2 = 20이 되고,

A그룹에선 도합 25이지만, 그 속에 1태극과 10무극이 있으므로, 위의 계산 결과 25에다가 추가적으로 10과 1을 더할 수 있고, 그렇게 하면 결국 36을 얻을 수 있게 된다. 반면에 B그룹에서 1태극은 10무극이므로 위의 계산 결과 20에다가 10을 더할 수 있고, 그러면 최종적으로 30이 된다. 이렇게 얻어진 결과는 **A그룹=36, B그룹=30**이라는 결론이다. 여기서 A그룹과 B그룹 중에서 과연 어느 쪽이 선천의 태양 도수이고, 어느 쪽이 선천의 태음 도수일까? 36이 되는 쪽이 태음이어야, 앞에서 나온 문제의 그 구절과 일치를 본다. 그러면, 결국 A그룹이 선천의 태음도수라는 말이 성립되는데, 그런데 대체 선천 태음도수 36이란 게 무엇을 말하는 것일까? 참으로 아리송하다. 도수라는 말 자체가 무엇을 의미하는지가 명확하지 않으니, 추론이 쉽지가 않은 것 같다. 따라서 이 질문 또한 미제로 남을 수밖에 없을 것 같다. 그리고 바로 그 다음(부록 244페이지 참조)에 등장했던 이 구절,

三十六宮先天月大明后天三十日 36궁 선천 달이 후천 30일을 크게 밝힌다.

이 또한 참으로 알아듣기가 어려운 대표적인 문구에 해당한다. 난해하기가 이를 데가 없다. 체위도수란 개념이 정확히 무엇을 의미하는지는

잘 모르겠지만, 적어도 방금 나타난 이 문장의 뜻만큼은 어렴풋이나마 이해가 될 수 있는 여지가 조금 생겼다. 선천에는 체위도수가 36도수였던 태음이, 후천에는 30도수의 태음으로 바뀌게 된다는 말로 간단하게 풀이가 될 수도 있게 되는 셈이다. 이렇게 억지로, 억지로, 어떻게 풀이를 해놓긴 해놓았는데, 여전히 어렵기는 매한가지이다. 앞으로 더 많은 연구가 필요할 것 같다. 대체 체위도수라는 것이 무엇을 의미하는 것일까? 이것을 깨우치지 못하고 있기 때문에 어려움이 해소되지 못하고 있는 것 같다. 앞으로 강호제현들의 많은 연구가 있기를 바라는 바이다.

4 유리세계

정말이지 어렵고도 어렵다. 그런데 이제 드디어 마지막 대목에 도달하였다. 겨우겨우, 어떻게, 어떻게 하다 보니 결국 여기까지 오게 되고, 정말 살다보니 이런 날도 오는구나! 이 순간이 있을까를 의심했던 때가 엊그제 같은데, 대망의 마지막 부분에 도달한 이 감회는 무어라 형언할 수가 없을 정도이다. 갑자기 가슴 한 켠이 뭉클해진다.

十一吟
십 일 음

이제 십일음에서 성현께서 정역에서 알려주고자 하는 바를 우리들에

208 ·

게 들려주고 있다. 정역의 최종 결론이 바로 이것이다. 이것이 바로 우리들에게 보여주고 싶었던 정역의 비전이다. 이 속에 지인께서 앞으로 우리들이 후천이란 것을 조우하게 되면서 어떤 세상이 우리에게 임하게 될 지에 대해 소상하게 알려주고 있다.

^{십 일 귀 체 혜 오 팔 존 공}
十一歸體兮五八尊空 십일귀체이고 5와 8이 존공이네.
^{오 팔 존 공 혜 구 이 착 종}
五八尊空兮九二錯綜 5와 8이 존공이고 9와 2가 착종하네.

십일귀체를 맨 앞에 둔 것은 그리로 가는 길을 알려준다는 의미를 담고 있다. 5와 8을 존공하는 이유는 이미 앞에서 살펴본 바와 같이 선후천의 도수가 바뀌는 것에 대한 표식을 우리에게 보여주고자 했던 바였음을 익히 기억하고 있을 것이다. 그럼에도 불구하고 지금 다시 5와 8이란 숫자들은 반드시 9와 2라는 숫자로 바뀌어야 함을 다시 한 번 더 일깨워주고 있다. 혹 불민한 후손들이 이를 깨닫지 못하게 될까봐 그것이 크게 염려되었던 것이 분명하다. 하지만 그것을 알아채서 바꿔주게 되면, 마침내 십일귀체에 도달하게 될 것임을 또한 우리들에게 알려주고 있다. 즉 다시 말해서 십일음에서 십일귀체라는 말을 제일 앞세운 이유가 바로 그것이다. 그리고 성현께선 그것도 모자라 아예 5와 8, 그리고 9와 2를 더욱 적나라하게 대비까지 시켜서 분명하게 알려주고 있다. 참으로 답답하기만 한, 참으로 미덥지 못한 후손들을 위한 배려임이 분명하다.

^{구 이 착 종 혜 화 명 금 청}
九二錯綜兮火明金淸 9와 2가 착종하고 화가 밝고 금이 맑네.

^{화 명 금 청 혜 천 지 청 명}
火明金淸兮天地淸明 화가 밝고 금이 맑고 하늘과 땅도 맑고 밝네.

^{천 지 청 명 혜 일 월 광 화}
天地淸明兮日月光華 하늘과 땅이 맑고 밝고 해와 달도 아름답게 빛나네.

^{일 월 광 화 혜 유 리 세 계}
日月光華兮琉璃世界 해와 달이 아름답게 빛나니 유리세계 되는구나.

^{세 계 세 계 혜 상 제 조 림}
世界世界兮上帝照臨 세계세계여 상제께서 비추어 내려다보시네.

^{상 제 조 림 혜 우 우 이 이}
上帝照臨兮于于而而 상제께서 내려다보시니 우우이이

^{우 우 이 이 혜 정 정 방 방}
于于而而兮正正方方 우우이이이니 정정하고 방방하네.

^{정 정 방 방 혜 호 호 무 량}
正正方方兮好好无量 정정하고 방방하니 좋고 좋음이 헤아릴 수 없네.

『천부경』에서 이미 일시무시일로 시작해서 일종무종일로 종결된다고 선언했으나, 지상천국에 대한 소식이 묘연했던 부분이 다소 아쉬웠다면, 이곳에서 그것에 관한 명명백백한 소식을 들을 수 있게 된 것이 큰 의의가 아니겠는가?

성현의 마지막 메시지는 너무나 분명하고도 분명하다. 마침내 십일귀체의 수상에 도달하면, 그 세상이 바로 무릉도원이고, 인류가 오랫동안 염원해오던 이상향이라고 말해주고 있다. 이것이 바로 성현께서 진정으로 우리 후손들에게 전하고 싶으셨던 궁극의 소식, 궁극의 복음일 것이다. 다름 아닌 유리세계의 도래이다. 유리 유, 구슬 리. 유리와 구슬의 나라? 아니면, 유리구슬로 반짝반짝 빛나는 세상? 유리라는 말은 본래 약사유리광여래 부처님이라는 명칭에서 보이듯이 일종의 불교 용어이다. 약사유리광여래 부처님, 줄여서 약사여래가 계시는 세계의 이름이 동방유리광세계(東方瑠璃光世界)이니 유리세계의 도래란 다름 아닌 동방유리광세계의 도래를 말한다. 불교에서 말하는 약사유리광여래 부처님

은 질병의 고통으로부터 중생을 구제해준다는 위대한 분으로서, 범어로
는 '바이사쟈구루바이두르야'이다. 약사불은 이른바 약사 12대원을 세운
것으로 유명하다.

01. 모든 중생을 약사여래처럼 되게 하는 것
02. 깨닫지 못하고 있는 중생을 깨닫게 하는 것
03. 중생이 바라는 것을 얻게 하는 것
04. 중생으로 하여금 대승교에 들어오게 하는 것
05. 모든 중생이 깨끗한 업을 지어 삼취정계三聚淨戒를 갖추게 하는 것
06. 불구자로 하여금 온전하게 하는 것
07. 모든 중생의 질병을 없애는 것
08. 모든 여인으로 하여금 남자가 되게 하는 것
09. 올바른 견해를 갖게 하는 것
10. 나쁜 왕이나 도적의 고난을 면하게 해주는 것
11. 기갈12)이 든 중생에게 기갈을 면하게 해주는 것
12. 의복이 부족한 중생에게 좋은 옷을 갖게 해주는 것

12대원 하나하나를 살펴보면, 모두 하나같이 선천 시대의 모순을
그대로 적나라하게 보여주는 내용들이다. 참된 도가 묘연한 세상, 바라
는 것을 얻지 못하던 세상, 참된 종교가 묘연한 세상, 악업을 짓게
되는 세상, 불구자가 나을 수 없는 세상, 질병에 시달리는 세상, 여자가
차별받는 세상, 올바른 견해가 사라진 세상, 고난이 넘치는 세상, 기갈을
면할 수 없었던 세상, 의복이 부족한 세상, 이 모두가 선천의 상황을
그대로 표현해주고 있다. 약사여래의 불상을 살펴보면 왼손에 약병을

---

12) 배고픔이나 목마름을 기갈이라고 한다.

오른손은 시무외인(施無畏印)을 하고 있는 경우가 많다. 좌우보처에 일광보살과 월광보살을 협시로 한다. 하여 약사삼존(藥師三尊)이라고 부르기도 하지만 혹은 대웅보전에서 석가모니의 협시불로 아미타불과 함께 봉안되기도 한다. 아무튼 약사여래가 염원하던 동방유리광세계가 도래하면 얼마나 좋을지 상상만으로도 웃음이 절로 나온다. 그것을 상수학으로 표현하면 바로 36궁 온천하의 11귀체이니, 천지의 어머니가 새 생명을 잉태하고 있는 상이며, 10무극이 1태극을 머금고 있는 상이다. 무극이므로 무념무상의 경지일 것이요, 동시에 태극이므로 하나로 일통된 마음, 동네마다 하나씩 있는 태권도장마다 죄다 현판에 걸어놓은 흔히 말하는 '정신일도하사불성'의 바로 그 경지, 정신이 통일되면 무엇이든 해낼 수 있다는 바로 그 경지, 기적과 같은 일들을 실현한다는 그 광명의 경지가 도래한다고 한다. 물론 혹자들이 말하는 오직 간괘와 태괘 자리만이 11귀체를 이룬 그런 세상이 절대 아니다. 오히려 사방팔방의 온 천하가 모두 지극히 평등하게 11귀체를 이루는 세상, 신선이나 진인들만이 누리고 있을 것 같은 무릉도원, 그 꿈같은 세상이 도래한다고 하신다. 그 꿈같은 세상을 가장 생생하게 표현해놓은 『성경』「요한계시록」 21장에 나오는 구절을 참고해보자.

"또 내가 새 하늘과 새 땅을 보니 처음 하늘과 처음 땅이 없어졌고, 바다도 다시 있지 않더라.…(중략)…그 성의 빛이 지극히 귀한 보석 같고 벽옥과 수정같이 맑더라.…(중략)…성과 그 문들과 성곽을 측량하려고 금 갈대를 가졌더라. 그 성은 네모가 반듯하여 장광이 같은지라, 그 갈대로 그 성을 척량하니 12000스다디온이요, 장과 광과 고가 같더라. 그 성곽을 척량하매 144규빗이니, 사람의 척량 곧 천사의 척량이라.

그 성곽은 벽옥으로 쌓였고 그 성은 정금인데 맑은 유리 같더라. 그 성의 성곽의 기초석은 각색 보석으로 꾸몄는데, 첫째 기초석은 벽옥이요, 둘째 남보석이요, 셋째는 옥수요, 넷째는 녹보석이요, 다섯째는 홍마노요, 여섯째는 홍보석이요, 일곱째는 황옥이요, 여덟째는 녹옥이요, 아홉째는 담황옥이요, 열째는 비취옥이요, 열한째는 청옥이요, 열두째는 자정이라. 그 열두 문은 열두 진주니 문마다 한 진주요, 성의 길은 맑은 유리 같은 정금이더라.…(중략)…성문들은 낮에 도무지 닫지 아니하리니 거기는 밤이 없음이라. 사람들이 만국의 영광과 존귀를 가지고 그리로 들어오겠고,…(중략)…강 좌우에 생명나무가 있어 12가지 실과를 맺히되 달마다 그 실과를 맺히고 그 나무 잎사귀들은 만국을 소성하기 위하여 있더라.…(중략)…또 내게 말하되 이 책의 예언의 말씀을 인봉하지 말라. 때가 가까우니라. 불의를 하는 자는 그대로 불의를 하고 더러운 자는 그대로 더럽고 의로운 자는 그대로 의를 행하고 거룩한 자는 그대로 거룩 되게 하라. 보라 내가 속히 오리니…(중략)…드는 자도 오라 할 것이요 목마른 자도 올 것이요 또 원하는 자는 값없이 생명수를 받으라 하시더라.…(중략)…"

乙酉歲癸未月乙未日二十八不肖子金恒謹奉書 1885년8월8일(음력 6월28일) 불초자 김항 삼가 받들어 씁니다.

1885년 8월8일, 성현께서는 마침내 5년간의 집필 작업을 종결하셨다. 그리고 이 원고를 이듬해에 책으로 엮도록 하였고, 그 책이 하나의 씨앗이 되어 지금까지 전해져 오고 있는 것이다. 그리고 바로 다음에 이어지는 부분은 후천이 도래하게 되면 사용하게 될 달력과 24절기에 대한 것이다. 지구의 궤도가 달라져서 달력과 기존의 24절기까지 못쓰게 될 것임을 미리 내다보시고, 친히 후손들을 위해서 후천 달력과 후천 24절기까지 준비해두시는 정말 세심한 분이 바로 그 분이셨다. 눈물이 나도록 고맙고도 고마운 성현이 아니겠는가! 앞으로 수천 년, 혹은 수만 년간 우리 후손들이 사용하게 될 바로 그 달력이니, 이 어찌 소중하고도 소중한 것이라고 말하지 않을 수 있겠는가.

十二月二十四節氣候度數
십 이 월 이 십 사 절 기 후 도 수

장차 미래의 어느 날, 모년모월모일모시가 되면 아마도 그날의 저녁 종합 뉴스는 다음과 같을 것이다.

"시청자 여러분, 오늘도 무사하십니까? 너무도 놀라운 전대미문의 초대형 사건들이 계속해서 벌어지고 있는 지라 인사말 자체가 '안녕하십니까?' 만 가지고는 도저히 감당이 안 되는 그런 세상이 되었습니다. 모월모일모시, 오늘의 종합 뉴스를 전해드리겠습니다. 첫 소식입니다. 전 세계에서 우리나라로 새로운 달력에 대한 요청들이 쇄도하고 있습니다. 전 세계에서 모인 유명한 천문학자들이 새롭게 바뀐 지구의 공전 궤도와 지구의 공전 속도를 바탕으로 정밀하게 수학적인 계산을 실행해 본 결과, 놀랍게도 1년이 365일이 아니라, 360일로 바뀌었다는 것이 확인되었다고 합니다. 그런데 더욱 놀라운 것은 백 수 십년 전 한국의 한 주역학자에 의해서 이미 미래의 달력이 만들어져 있었다는 사실이 널리 알려지게 된 것인데, 이 달력의 1년 주기가 정확히 360일이어서 세인들을 깜짝 놀라게 하고 있습니다. 놀라운 점은 여기에서 그치지

214

앓습니다.…"

<small>묘 월 초 삼 일 을 유 유 정 일 각 십 일 분 원 화</small>
卯月初三日乙酉酉正一刻十一分元和　묘월 초3일 을유 유정 1각11분 원화

<small>십 팔 일 경 자 자 정 일 각 십 일 분 중 화</small>
十八日庚子子正一刻十一分中化　묘월 18일 을유 자정 1각11분 중화

<small>진 월 초 삼 일 을 묘 묘 정 일 각 십 일 분 대 화</small>
辰月初三日乙卯卯正一刻十一分大和　진월 초3일 을묘 묘정 1각11분 대화

<small>십 팔 일 경 오 오 정 일 각 십 일 분 포 화</small>
十八日庚午午正一刻十一分布化　진월 18일 경오 오정 1각11분 포화

<small>사 월 초 삼 일 을 유 유 정 일 각 십 일 분 뢰 화</small>
巳月初三日乙酉酉正一刻十一分雷和　사월 초3일 을유 유정 1각11분 뇌화

<small>십 팔 일 경 자 자 정 일 각 십 일 분 풍 화</small>
十八日庚子子正一刻十一分風化　사월 18일 경자 자정 1각11분 풍화

<small>오 월 초 삼 일 을 묘 묘 정 일 각 십 일 분 립 화</small>
午月初三日乙卯卯正一刻十一分立和　오월 초3일 을묘 묘정 1각11분 입화

<small>십 팔 일 경 오 오 정 일 각 십 일 분 행 화</small>
十八日庚午午正一刻十一分行化　오월 18일 경오 자정 1각11분 행화

<small>미 월 초 삼 일 을 유 유 정 일 각 십 일 분 건 화</small>
未月初三日乙酉酉正一刻十一分建和　미월 초3일 을유 유정 1각11분 건화

<small>십 팔 일 경 자 자 정 일 각 십 일 분 보 화</small>
十八日庚子子正一刻十一分普化　미월 18일 경자 자정 1각11분 보화

<small>신 월 초 삼 일 을 묘 묘 정 일 각 십 일 분 청 화</small>
申月初三日乙卯卯正一刻十一分淸和　신월 초3일 을묘 묘정 1각11분 청화

<small>십 팔 일 경 오 오 정 일 각 십 일 분 평 화</small>
十八日庚午午正一刻十一分平化　신월 18일 경오 오정 1각11분 평화

<small>유 월 초 삼 일 을 유 유 정 일 각 십 일 분 성 화</small>
酉月初三日乙酉酉正一刻十一分成和　유월 초3일 을유 유정 1각11분 성화

<small>십 팔 일 경 자 자 정 일 각 십 일 분 입 화</small>
十八日庚子子正一刻十一分入化　유월 18일 경자 자정 1각11분 입화

<small>술 월 초 삼 일 을 묘 묘 정 일 각 십 일 분 함 화</small>
戌月初三日乙卯卯正一刻十一分咸和　술월 초3일 을묘 묘정 1각11분 함화

<small>십 팔 일 경 오 오 정 일 각 십 일 분 형 화</small>
十八日庚午午正一刻十一分亨化　술월 18일 경오 오정 1각11분 형화

<small>해 월 초 삼 일 을 유 유 정 일 각 십 일 분 정 화</small>
亥月初三日乙酉酉正一刻十一分正和　해월 초3일 을유 유정 1각11분 정화

<small>십 팔 일 경 자 자 정 일 각 십 일 분 명 화</small>
十八日庚子子正一刻十一分明化　해월 18일 을유 자정 1각11분 명화

<small>자 월 초 삼 일 을 묘 묘 정 일 각 십 일 분 지 화</small>
子月初三日乙卯卯正一刻十一分至和　자월 초3일 을묘 묘정 1각11분 지화

<small>십 팔 일 경 오 오 정 일 각 십 일 분 정 화</small>
十八日庚午午正一刻十一分貞化　자월 18일 경오 오정 1각11분 정화

丑月初三日乙酉酉正一刻十一分太和　축월 초3일 을유 유정 1각11분 태화

十八日庚子子正一刻十一分體化　축월 18일 경자 자정 1각11분 체화

寅月初三日乙卯卯正一刻十一分仁和　인월 초3일 을묘 묘정 1각11분 인화

十八日庚午午正一刻十一分性化　인월 18일 경오 오정 1각11분 성화

대동강 물도 풀리고 개구리가 겨울잠에서 깨어난다는 우수와 경칩, 봄비가 내려 백곡이 윤택해진다는 곡우, 청개구리가 울고 지렁이가 땅에서 나온다는 입하, 씀바귀가 뻗어 나오고 냉이가 누렇게 되고 보리가 익는다는 소만, 매미가 울기 시작한다는 하지, 더위를 처분하고 벼가 누렇게 익어간다는 처서, 벌레가 땅 속에 숨는다는 상강, 이런 선천의 24절기들은 더 이상 그 의미가 없어지게 될 것이다. 이제는 대한이 소한 집에 놀러갔다가 얼어 죽었다는 이야기도 더 이상 할 수가 없게 될 것이다. 이전에 익숙한 것들과는 결별하고, 이제 새로운 것들을 맞아들여 새로운 이야기들을 써내려가야 할 시점이 곧 도래하게 될 것이다. 아쉽지만 보내야 할 것들은 또한 보내야 한다. 그래야 새 것들을 담을 수 있기 때문이다.

5 팔괘도 의미

정신없이 숨 가쁘게 달려오다 보니 이제 정말로 마무리를 해야 할 시점이다. 막상 정리를 하려고보니, 문득 정말 중요한 것을 빼먹고

말았다는 자괴감이 밀려온다. 정역을 구성하는 온갖 난해한 수수께끼 같은 문구 하나하나에 정신없이 매달리다보니, 정작 정역팔괘도의 의의가 무엇이고, 차지하는 위상이 무엇인지를 제대로 표현하지 못하고 말았다. 나무만 보다가 숲을 보지 못한 것이다. 이제 잠시 그것을 다루어 보기로 한다. 복희팔괘, 문왕팔괘와 더불어 제3의 팔괘도인 정역팔괘까지 세 가지 팔괘도의 의미를 서로 비교 고찰하는 것이 가장 쉬운 지름길이 될 것이다. 가장 먼저 복희팔괘도를 살펴보면 서로 마주보는 것들이 정음정양의 제짝을 이루면서 완벽한 상호 대대를 이룬다. 이른바 음양의 대립성과 상보성을 동시에 보여주고 있는 것이다. 무극이면서 태극이었고, 여기에서 서로 대립되는 것들이 쌍으로 생성되는 이치를 한 눈에 보여주는 그림이 바로 복희팔괘도이기도 하다.

그리고 아래의 수식은 제1권의 제4장에서 복희팔괘도를 설명하면서 예시하였던 수학적 표현이었다. 거기에서 괄호 안이 [음+양]이기 때문에 단순한 [X+Y]와 같은 수학적 표현 이상의 의미를 지닌다고 언급했었다.

$$[\text{음}+\text{양}]^0 = 1 \rightarrow 1개의\ 객체$$
$$[\text{음}+\text{양}]^1 = \text{음} + \text{양} \rightarrow 2개의\ 객체$$
$$[\text{음}+\text{양}]^2 = \text{음}^2 + \text{양}^2 + \text{음양} + \text{양음} \rightarrow 4개의\ 객체$$
$$[\text{음}+\text{양}]^3 = \text{음}^3 + \text{양} + 3\text{음}^2\text{양} + 3\text{양}^2\text{음} \rightarrow 8개의\ 객체$$

이제 그것에 대한 보다 심화 설명을 할 차례이다. 모델을 가장 단순화하기 위해서 진공상태에서 작은 입자가 탄생하는 순간을 들여다본다고 가정해보자. 복희팔괘도는 바로 진공상태에서 에너지가 물질로 전환되는 과정인 쌍생의 원리를 나타내준다. 위의 수식과 같이 음과 양은 무극에서부터 반드시 하나의 쌍으로 나타난다.

그러면 정역팔괘도는 무엇일까? 물질에서 다시 에너지로 사라져가는 쌍멸의 원리를 보여주는 것이다. 놀랍게도 복희팔괘도와 너무나 유사하게도 서로 마주 보는 것들이 정확한 정음정양의 대대관계, 즉 제짝들로 완벽한 상호대대를 이루고 있다. 그러나 복희팔괘도와 달리 이번에는 쌍생이 아니라 쌍멸의 원리이다. 그것을 보다 적나라하게 짐작해볼 수 있는 근거가 바로 지인이 정역팔괘도를 그려놓은 괘상의 방향을 자세히 살펴보면 알 수가 있다. 즉, 정역팔괘의 경우는 애초부터 괘상을 바라보는 방향이 복희팔괘나 문왕팔괘와는 반대로 바깥에서 안쪽으로 보도록 그려져 있다. 이러한 상황을 놓고 복희팔괘는 탄생이고, 문왕팔괘는 팽창이고, 정역팔괘는 수축이라고 보는 종래의 견해가 있는데, 그러나 필자는 그보다 더욱 포괄적이고 명징한 의미로써 복희팔괘는 태극을 중심으로 유有의 상태로 분화해 나오는 쌍생의 과정이고, 정역팔괘는 거꾸로 유有에서 무無로 사라져가는 쌍멸의 과정이라고 이야기하고 싶다. 함께 온 것이 사라질 수 있는 유일한 방법은 바로 함께 가는 것이다. 아름다움이라는 개념이 사라지기 위해선 반드시 추함이라는 개념을 동반할 수밖에 없는 이치와 같은 것이다.

이처럼 복희팔괘와 정역팔괘가 각각 시·종의 의미, 즉 복희팔괘가 일시무시일로부터 비롯되는 일련의 전개 과정이었다면 정역팔괘는 일종무종일로 향하는 일련의 수렴과정을 말한다. 그렇다면 그 중간의 위상을 차지하는 문왕팔괘도는 어떤 의의를 갖는 것일까? 쌍생과 쌍멸의 사이에서 만물이 만물로써 실존하는 이치를 보여주는 그림이라 할 수 있을 것 같다. 모든 미립자는 생성된 후 소멸되기 전까지 각자의 수명(Lifetime)을 가지고 있다. 바로 이 영역이 바로 문왕팔괘도가 설명하는 영역이다. 만약 문왕팔괘도 원리가 없었다면 위의 진공도식과 같이 양성자와 반양성자의 수명(lifetime)은 고작해야 10^{-9}초 정도에 불과하게 되었을 것이다. 복희팔괘도의 원리대로 모처럼 생성되었다가도 곧바로 정역팔괘도의 원리대로 소멸되어 버릴 것이기 때문이다. 이렇게 된다면 이 우주에는 온통 진공과 그 속에서 끝없이 생성하고 소멸하는 소립자들의 춤 이외에는 다른 그 무엇도 존재할 수가 없게 되었을 것이다.[13]

---

13) 지금 필자의 설명에 대해서, 문왕팔괘가 단지 지구 지축 변화를 반영하기 위해

따라서 앞서 본 도식에서 다른 또 하나의 원리가 있어야만, 보다 긴 소립자들의 수명과 우주 속에 존재하는 만물을 비로소 보장받을 수 있게 될 것이다. 가령 전자와 정음정양의 대대 관계에 있는 미립자는 양성자가 아니라, 바로 양전자이다. 전자는 양전자를 만나야 제대로 된 짝이 되어 함께 사라질 수가 있다. 그런데 문왕팔괘도에 의해 전자는 엉뚱하게도 양성자를 짝으로 만나게 되었다. 이것이 얼마나 중요한 것인가? 만물이 만물로써 존재할 수 있는 이유가 바로 문왕팔괘도에 있고, 바로 이러한 면에서 문왕팔괘도가 얼마나 중대한 역할을 하고 있는지가 또한 명백해진다. 그리고 기존의 정역팔괘도를 설명하는 이들이 정역팔괘도의 수리적 우아함과 그것이 내포하는 의미를 강조하기 위해서 얼마나 문왕팔괘도를 매도하고 있는지를 또한 깨달을 수 있을 것이다. 문왕팔괘도는 팔괘들이 서로 정음정양의 대대관계를 이루지 못하면서 모순과 대립의 세계만을 표현하는 것이 아니라, 정음정양의 대대관계를 이루지 않고 있으므로 비로소 만물이 만물로써 존재하게 만드는 근거도 함께 제공할 수 있다는 것을 깨달아야 한다. 물리학 용어로 말하자면 충분한 수명(Lifetime)을 보장해주는 역할을 하는 것이다.

바로 이 화두를 소립자가 아니라 사람의 의식에 응용해보게 되면 어떻게 이해할 수 있을까? 복희팔괘도는 자아(에고)가 태어나기 이전에

만들어진 것이 아니냐고 반문할 수도 있을 것 같다. 따라서 이를 우주 전체로 확장한다는 것은 너무 지나친 비약이 아니냐고 반문할 수 있을 것 같은데, 이는 역의 확장성을 모르고 하는 소리이다. 역의 모든 상징은 무한대로 확장할 수 있다. 이것이 역의 특징이다. 손바닥의 혈을 찔러서 인체의 오장 육부를 치료할 수 있는 것이 바로 이러한 이치이다. 부분이 단지 전체의 한 부속품이 아니라, 부분 속에 전체가 들어있기도 하다.

하나의 개체가 태어나는 과정이고, 문왕팔괘도는 완전히 하나의 자아(에고)를 갖게 되는 과정이고, 라즈니쉬가 강조했던 바와 같이 붓다의 경지에 이르기 위해선 또한 자아의식, 즉 에고라는 것도 반드시 필요한 부분이기도 한 것이다. 이런 의미에서 우리는 결코 문왕팔괘도를 평가절하해서는 안 된다. 처음 태극으로 나와 충분히 황극(자아의식)으로 무르익어야만 비로소 무극(무아의식)이라는 완성의 결실을 바라볼 수 있게 된다는 말이다. 인류의 역사를 돌이켜보면, 아주 극소수 중의 극소수의 사람들만이 무극의 완성에 도달할 수 있었다. 현존하는 세계의 인구가 70억을 넘었다고 한다. 이들 중에서 무아의 경지에 오른 이가 과연 몇이나 될까? 그토록 어렵고도 지난한 길이 바로 무극에 이르는 길이다. 인류 역사상 최연소 무극의 완성을 맛본 사람은 바로 이 동자일 것이다. 설악산에 있는 오세암이라는 암자에 관한 이야기에 등장하는 주인공이 바로 그 동자이다.

때는 서기 1643년 조선 인조21년, 설정대사는 졸지에 고아가 된 형님의 아들을 절에 데려다 키우고 있었다. 대사는 어느 해 초 겨울날 월동준비를 위해 마등령 넘어 양양의 물치 장터로 가게 되었다. 어린 조카를 혼자 두고 가기가 마음에 걸려 며칠분의 밥을 지어 두고 법당안의 관세음보살을 가리키며,
"이 밥을 먹고 저 어머니에게 '관세음보살, 관세음보살'하고 부르면 잘 보살펴 주실 것이다."
라고 신신 당부를 한 후 떨어지지 발길을 돌려 양양으로 떠났다. 그러나 설정대사가 양양에서 장을 본 후 외설악 신흥사에 왔을 때 갑자기 폭설이 내리기 시작해 그로인해 산길이 막혀버리고 말았다. 대사는 조카가 걱정이 되어 발을 동동거려가며 조바심을 태우면서도 다른 도리가 없어 어쩔 수 없이 신흥사에서 그해 겨울을 넘길 수밖에 없었다. 이듬해 이른 봄 설정대사는 눈이 채 녹기도 전에 암자로 달려갔다. 그런데 경내에 다다랐을 때 뜻밖에도 법당 안에서 은은한 목탁소리가

들려오고 있었다. 대사는 황급히 법당 문을 열어보았다. 그런데 거기에는 굶어죽은 줄로만 알았던 어린 조카가 여전히 목탁을 치면서 나지막한 목소리로 관세음보살을 염송하고 있었고, 방안에는 훈훈한 기운과 함께 향기까지 감돌고 있었다. 대사는 어린 조카를 와락 끌어안고 어떻게 지냈느냐고 다그쳐 물었더니 관세음보살을 가리키며

"저 어머니가 와서 밥도 먹여주고 잠도 같이 자고 놀아도 주었어요."

라고 말하는 것이었다. 그 때 홀연히 흰 옷 입은 한 젊은 여인이 관음봉으로부터 내려와 동자의 머리를 만지면서 일심으로 관세음보살을 염송하여 마침내 성불했다는 기별을 주고는 한 마리 푸른 새로 변하여 날아가 버렸고, 곧이어 바라보니 어린 동자는 앉은 자세로 숨을 쉬지 않고 있었다. 설정대사는 다섯 살의 어린아이가 득도한 사실과 관세음보살이 현현한 일을 널리 알리기 위해 절을 중건하고 이름을 오세암으로 고쳤다고 한다.

단지 5살에 불과한 어린 동자가 자아가 채 성숙하기도 전에 순수한 동심으로 관세음보살을 염송하다가 무극의 경지에 오른 매우 희귀한 경우이고, 이와 같은 예는 아마도 전무후무한 일이라 할 것이다. 황극이 충분히 성숙되기도 전에 무극에 도달한다는 것은 바늘구멍으로 낙타가 들어가는 것보다 어렵고도 지난한 일이다. 그러니 문왕팔괘도가 도맡고 있는 바로 그 황극의 과정이 중하고도 중할 수밖에 없는 것이다. 그리고 정역팔괘도는 그렇게 형성된 자아(에고)가 완전히 무르익어 붓다로 완성되는 과정을 말한다. 양성자는 일견 비슷해 보이지만, 사실은 전자의 올바른 정음정양의 짝이 아니다. 여기에 모순이 있는 것이다. 그래서 전자는 때가 되면 언제든지 양성자를 떠나려고 발버둥을 친다. 자유전자가 되고 싶어서 안달이 나 있는 것이다. 뱅글뱅글 양성자 주위를 끝없이 돌다가도 조금만 에너지가 들어오면 마치 기다렸다는 듯이 원자핵을 떠나버린다. 바로 이것이 전자공학을 비롯한 현대 과학의 온갖 첨단

기술이 꽃을 피울 수 있게 하는 근거지이기도 하다. 미립자에 불과한 전자조차도 스스로가 이미 양성자가 올바른 제짝이 아니라는 것을 잘 알고 있는 것이다. 전자는 언젠가는 기어이 또 다시 양전자를 만나야 한다. 전자를 비롯한 모든 존재는 우주라는 거대한 바다로부터 태어난 하나의 물방울이었다가 다시 본래의 거대한 바다로 되돌아가야만 한다.

이제 정리가 되었다. 만물은 복희팔괘도의 원리로 태어나서 문왕팔괘도의 원리대로 성숙의 과정을 거쳐 정역팔괘도의 원리대로 완성된다고 말할 수 있는 것이다. 이러한 결론을 내리고 나서야 필자는 정역팔괘도에서 다시 복희팔괘도로 전환하는 원리를 찾는 일을 그만둘 수 있었다. 그런 것이 있을 지도 모른다는 가정을 머릿속에서 깨끗이 지워버릴 수가 있었다. 그런 것은 애초에 있을 수가 없다는 것이 필자의 최종 결론이다. 그 둘 사이를 연결해주는 유일한 끈은 바로 무극이었기 때문이다. 정역팔괘도와 복희팔괘도의 간격은 바로 무극이다. 거기에 또 다른 전환 원리가 존재해야 할 하등의 이유가 없는 것이다. 그렇다면 이제 결론은 자명해졌다. 정역팔괘도는 반드시 존재해야 하는 또 하나의 원리임에 틀림없다. 하도에서 코스모스 꽃[14]이 피어나는 아름다운 무극 동산에서 복희와 여와의 러브스토리가 이루어진다. 그리고 그 사랑의 결실로 태극이라는 하나의 수정란이 생기게 되면 이제 복희팔괘도가 작동하기 시작한다. 곧이어 복희팔괘도에서 낙서가 만들어진다. 그리고 낙서의 수리에 맞추어 복희팔괘도가 문왕팔괘도로 전환된다. 그리고

---

14) 코스모스를 보면, 8개의 꽃잎이 마치 하도팔괘(복희팔괘)를 상징하는 것과 같은데다가, 그 이름 자체가 또한 우주를 뜻하고 있다.

그것은 다시 정역팔괘도로 전환되고 무극으로 완성된다. 무無에서 출발해서 다시 무無로 완성되는 것이다. 이와 같이 정역팔괘도가 있어야만 완전한 순환 루프를 이룰 수 있게 된다. 이는 40,320개의 팔괘 배열 중에 의미를 갖고 있는 팔괘 배열이 또 하나 존재하고 있었다는 것을 의미하는 것이고, 그것을 찾은 주인공이 바로 성현이었던 것이다. 만일 이것이 없었더라면 우주는 온통 만물로 가득 차 버리고 결국 엔트로피 법칙에 의해 열 사망에 이르러, 대자대비하고 전지전능하신 부처님조차도 도저히 어쩌지 못하게 되는 최대 엔트로피라는 덫에 빠진 쓰레기 더미가 될 처지였다. 그러나 정역팔괘로 인해서 그것은 단지 하나의 기우로 그칠 수 있게 된 것이다.

6 무극대도

정역은 결국 10무극대도를 말하고 싶어한다는 것을 본서를 읽어오면서 충분히 인지했을 것이라고 믿어 의심치 않는다. 그렇다면 10무극의 대도란 것이 대체 역리적으로 어떻게 설명되는지를 또한 살펴보지 않을 수가 없다. 그리고 그 역리적 의미란 것이 당연히 하도와 낙서에 고스란히 들어있어야 마땅할 것이다. 만약 들어있지 않다면, 조금 격하게 표현해서 하도와 낙서를 쓰레기통에 갖다버려도 무방할 것이다. 그런 것조차도 들어있지 않으면서 어찌 감히 진리의 본체임을 주장할 수 있겠는가? 그 정도는 들어있어야 마땅하고도 마땅할 것이다. 그리고 이를 조금 다른 각도에서 말한다면 그런 것이 들어있다는 것을 알아야 비로소 하도와 낙서를 조금 알게 되었다고 말을 할 수 있다. 그것도 알지 못한다면 어찌 하도와 낙서를 본 것이라고 말할 수 있겠는가. 서지학에 빠져있는 자들의 폐단이 바로 이것이다. 그들은 정작 자신의 공부를 하고 있는 게 아니라, 다른 자들이 써놓은 것을 인용하는데 급급할 뿐이다. 그러면서도 그들은 그것을 학문이라고 부른다. 이것이 선천의 공부법이었다면 이제 후천의 공부법은 스스로 깨우치는 공부가 되어야 한다. 선천의 공부가 끝없이 채워가는 공부였다면, 후천의 공부는 끝없이 비우는 공부가 되어야 한다. 비우고 또 비워서 마침내 천심에 이를 수 있어야 한다. 선천이 채우고 쌓아가는 과정이었다면, 후천은 비우고 덜어내는 과정이다. 마침내 더 비울 것이 없게 되었을 때 천심이 들어서게 될 것이다. 하도와 낙서에 들어있다는 그 10무극의 대도, 그것이 과연 무엇일까? 이를 이해하기 위해선 먼저 낙서 속에 들어있는 매우 중대한 이치 한 가지를 이해할 필요가 있다.

한나라 무제 시절 미앙궁이라고 하는 궁궐에 동으로 만든 커다란 종이 있었는데, 어느 날 이 동종이 사람이 치지도 않았는데 저절로 댕~댕 거리면서 우는 괴이한 일이 일어났다. 마침 한 무제가 이 소리를 듣게 되었고, 그는 이 현상이 너무도 이상하여 그 연유를 여러 신하들에게 물으니 아무도 대답을 하지 못하는데, 동방삭[15]이 나서서 이르기를,

---

15) 동방삭(東方朔, 기원전 154~기원전 93)은 한나라 무제(武帝)를 중국 역사 속에서 단연 빛나게 만든 뛰어난 책사였다. 당시의 정치, 사상, 군사, 문화 등 제 방면에서 혁혁한 공을 세운 동방삭은 열네 살에 문사(文史)에 정통하였고, 열다섯에 검술을 익혔으며, 열여섯에 시서(詩書)에 정통하였으며, 열아홉에는 손자병법에 이미 능했다고 한다. 참으로 신통방통한 인사였을 것으로 짐작된다.

"지진이 일어나 광산이 붕괴되었기 때문일 것입니다."
라고 대답했다. 한 무제가 사람을 보내 알아보니, 과연 종이 울린 시각에 서쪽 촉의 진령 땅에 구리 광산이 지진으로 붕괴되었다는 사실을 알려왔다. 한 무제가 다시 동방삭에게 그 일을 어떻게 알았느냐고 물으니 동방삭이 대답하기를 "이 동종은 아마도 바로 그 광산에서 캐어낸 동으로 만들었기 때문에 그 기가 서로 통하여 이런 일이 발생했을 것입니다."
라고 대답하였다. 이에 한 무제가 크게 감탄해마지 않았다.

바로 이 고사와 똑같은 현상이 낙서에서 일어난다. 옆에 보이는 십일귀체의 수상도에서 숫자를 유심히 살펴보자. 가령 구리 광산이 4궁이라고 치자. 그러면 그 구리 광산에서 난 구리로 만든 종은 무엇일까? 그 종은 바로 파란색으로 표시된 지반수 4와 천반수 4, 두 개의 숫자 4가 된다. 따라서 4궁이 동하게 되면, 당연히 파란색으로 표시된 4라는 숫자들도 동하게 되는 것이다. 반대로 4라는 숫자의 본체는 바로 4궁이 된다. 따라서 4라는 숫자들의 건전성 여부를 판단하기 위해서는 반드

4	9	2
1 5	7 9	3 3
3	**5**	**7**
2 4	6 1	9 7
8	**1**	**6**
8 8	4 2	10 6

시 4궁의 상태를 살펴보아야 한다. 이렇게 4궁과 4라는 숫자는 서로 밀접한 관계를 맺고 있고, 이러한 궁宮과 수數 사이에 끊으려야 끊을 수 없는 불가분의 연결고리와 둘 사이에 일어나는 일련의 동기감응 이치를 알아야 기문둔갑이나 구성기학과 같은 제반 응용학에서 진정한 고수의 반열에 오를 수 있게 되는데, 동종이 울기 이전에 동방삭이 이미 그 이치를 잘 알고 있었던 것이다. 그런데 위의 수상도에서 낙서

6궁에 들어있는 10이란 숫자를 살펴보자. 10무극의 대도를 논하려면 반드시 그 주인공이 되는 바로 이 숫자를 살펴야 할 것이다. 이 10이란 숫자의 본체는 어디에 있는 것일까? 4라는 숫자의 본체는 4궁이라고 했는데, 그럼 이 10이란 숫자의 본체는 어디일까? 공교롭게도 낙서에서 10의 본체가 되는 궁은 따로 존재하지 않는다. 존재하지 않는다니, 이것은 또 무엇을 의미하는 것일까?

이 질문은 결국 최종적으로는 중생과 붓다의 문제로 귀결된다. 세상을 중생의 눈으로 볼 것인가? 붓다의 눈으로 볼 것인가? 세상을 보는 눈이 이렇게 두 가지가 존재한다. 원효대사가 젊은 시절 의상대사와 함께 중국으로 선진 불법을 배우러 가다가 어느 날 밤 묵게 된 한 동굴 속에서 해골에 담겨있던 썩은 물을 마시고는 문득 깨달음을 얻는다. 간밤에 갈증을 느낄 때는 입에 달기만 했던 해골물이 눈을 뜨고 해골에 담긴 그 물의 실체를 보고나자 저절로 구토가 쏟아져 나왔다. 그리고 문득 모든 것이 일체유심조라는 것을 온몸으로 체득한 것이다. 모든 게 사실은 마음이 문제였다. 즉심성불, 원효가 막상 그렇게 찰나의 순간에 최상의 깨달음을 얻고 보니, 중생들이 고해의 바다를 헤매는 사바세계와 붓다가 머문다는 극락정토가 따로 떨어져 있는 것이 아니었다. 그는 발길을 돌려 다시 신라로 돌아갔다. 신라의 차디찬 그 긴 겨울 서라벌 밤거리를 오갈 데 없이 헤매고 있는 거지들의 그 처참한 몰골이 사실은 동시에 열반의 희열에 가득 찬 붓다의 모습이기도 했다. 서방에 있다는 극락정토가 우주 저 너머 100억 광년 거리에 따로 떨어져 있는 것이 아니었다. 바로 이 지긋지긋한 이 땅의 모든 것들이 사실은 있는 그대로 곧 희열이 넘쳐나는 극락정토가 현현되어 있기도 한 것이었다. 알고 보니까 극락정토가 너무 멀어서 못가는 게 아니라, 오로지 세상을 바라보는 눈이 문제였다. 그 이치를 모르는 중생들이 너무도 안타까워서 원효는 거지들이 붓다의 세상을 볼 수 있는 길을 열어주기 위해 간단한 주문, 나무관세음보살이라고 하는 주문을 앉으나 서나, 언제나 쉼 없이 마음속 깊이 외우라고 알려주었다. 서라벌의 차가운 겨울밤을 지새우며, 중생구제를 위해 거지들과 함께 나무관세음보살을 염송하고 있는 원효를 상상해보라. 거기에는 희열에 가득 차 극락을 보고 있는 원효와 고통에 절어 고통스런 사바세계를 보고 있는 거지들이 함께 하고 있다. 거지들은 바로 옆에다가 극락정토를 두고도 여전히 고통의 바다를 헤매고 있다. 이 이상한 현상, 똑같은 상황에 처해 있음에도 불구하고 전혀 다른 우주를 보고 있는 이 이상한 현상, 물리학은 이 현상을 설명할 수 있을까? 단언컨대 이 은하계의 물리학은 혹 모르겠지만, 지구상의 물리학으로는 도저히 불가능한 일이다. 그러면 이것을 역리적으로는 어떻게 이해해야 하는 것일까? 이 두 의식의 차이는 사실 바로 하도에 고스란히 표현되어 있다. 하도의 도상을 머릿속에 떠올려보자. 하도의 중궁에 들어있는 5와 10, 이들이 또한 바로 중생과 붓다의 의식 차이를 극적으로 표현해주고 있음을 말해야 할 것 같다. 하도의 중궁은 참으로 놀라운 부분이다. 제1권에서 복희와 여와가 하도의 중궁에서 만나던 장면은 지복·실재·의식이라는 진리의 3가지 모습 중에서 특히 지복의 측면을 강조한 것이었지만, 이번에는 의식의 측면을 강조해 하도의 중궁은 세상을 바라보는 두 가지 의식 상태를 상징하고 있기도 하다. 그 하나는 5의 눈으로 바라보는 중생의 의식이고, 다른 하나는 10의 눈으로 바라보는 붓다의 의식이다. 여기서 5는 바로 자아의식 상태, 즉 에고에 충만 하여(?), 나라는 의식, 자 기 영혼의 필만을 소중 하다고 느끼면서, 자신 의 몸뚱이만이 곧 자기 자신이라고 느끼는 뭇  중생들의 작은 나, 바로 소아의 관점을 표현한다. 그에 비해서, 10이란 것은 자신을 완전히 지워버린 상태를 말한다.[16) 이렇게 자신을 지우고 나니, 이 모든 우주가 곧 나 자신이 되어 나를 채워준다. 조그마한 자아를 버리고 나니, 그 자리를 엄청나게 큰 자아가 들어서게 되는 셈이다. 하늘의 마음이 들어서는 것이다. 이렇게 세상을 바라보는 서로 다른 두 가지 관점이 바로 하도의 정 중간에 떡하니 버티고 있었던 것이다. 그리고 이 우주가 왜 이 모양으로 생겨져 있는지 그 우주의 실체를 정확하게 표현해주고 있었던 것이다. 원효의 천하와 거지의

---

16) 먼저 5라는 숫자를 보자. 1·2·3·4 다음이 5이다. 생수의 마지막 단계가 바로 5이다. 그러니까 5라는 것은 마땅히 있어야 할 것, 인의예지신을 모두 갖춘 상태를 말한다. 그러나 5는 아직 성수의 그림자도 보지 못한 상태를 말하니, 아무것도 이룬 것이 없다. 그래서 5는 이뤄내야 할 것들이 참 많다. 그래서 5는 항상 배가 고프다. 먹고 또 먹어도 배가 고프다. 이기고 또 이겨도 배가 고프다. 그래서 5는 탐·진·치의 화신이다. 에고는 반드시 필요하다. 에고가 자라나야 한다. 그러나 그 에고의 성장은 탐·진·치와 함께 자라난다. 그래서 끝없는 욕망을 채우기 위해, 끝없는 탐욕을 추구한다. 그리고 10이란 숫자를 보자. 1·2·3·4·5·6·7·8·9 다음에 10이다. 모든 것이 다 채워져 있다. 인의예지신이 모두 완성되었다. 더 채울 레야 채울 것이 없는 상태이다. 더 채워야 할 이유가 없는 상태이다. 있는 그대로가 모두 지상 낙원이다. 모든 것이 긍정되는 단계이다. 이제 이 우주에 더 새로운 것도, 더 새로울 것도 없는 단계, 있는 그대로를 긍정하는 단계, 바로 붓다의 경지이다.

천하가 모두 하도 속에 들어 있었던 것이다! 한편 낙서의 수상을 살펴보면 그곳에 끝없는 순환이 있다고 말한바 있다. 낙서의 영원한 순환은 고대 이집트의 수레바퀴에서도 그대로 나타

난다. 이집트의 수레바퀴를 자세히 들여다보면 그 안에 적십자와 백십자가 그대로 겹쳐져 있는 모양이 이는 영락없이 낙서의 상이다. 수레바퀴가 굴러가면 그것이야말로 말 그대로 영원한 순환을 표상한다. 낙서가 돌아가는 것이다. 이러한 수레바퀴는 고대 바벨론에서 태양

신을 표상했다는 세메쉬에서도 그대로 표출된다. 태양 자체가 이미 영원을 상징하는데, 그 영원의 상징물 안에 백십자와 흑십자를 겹쳐놓음으로써, 낙서의 영원한 순환까지 함께 표상해놓은 것이다. 이처럼 낙서는 명명백백하게 영원한 순환을 표상한다. 그런데 그 끝없는 순환에도 두 가지 방법이 있다. 하나는 자신이 지은 카르마(업)를 따라서 끝없는 윤회를 반복하는 것이고, 또 하나는 끝없는 열반의 희열을 계속하는 것이다. 결국 끝이 없기는 매한가지이나 그 차이는 실로 어마어마한 것이다. 끝없는 윤회, 그것이 얼마나 힘들고 고된 여정이겠는가? 그 하나하나의 삶마다 그 속에 고스란히 깃들어 있을 그 끝없는 생로병사의 고통, 고해의 삶, 그 끝없는 윤회의 고통을 어찌 필설로 다 담아낼 수가 있겠는가! 끝없는 윤회와 끝없는 열반, 그 차이는 또 과연 어디에서 비롯되는 것일까? 이 또한 낙서의 수상을 떠올려보면 그것이 적나라하게 드러난다. 낙서를 보면 10이란 숫자가 거처하는 장소는 아예 존재하질

않는다. 그러면서도 동서남북 사방팔방 모든 곳에 존재하는 것이 바로 10이기도 하다. 특정한 거처가 없기 때문에 곧 모든 곳이 거처가 된다고나 할까? 이 이상한 역설이 낙서에서 그대로 실현되어 있다. 온 세상이 곧 10의 거처가 되는 셈이다. 낙서의 중궁에 있는 숫자 5라는 것을 지워버리기만 하면, 그것이 바로 모든 곳, 사방팔방 온통 합십合十의 세상, 10(대아)만이 존재하는 세상이 된다. 낙서 그 중궁에 자리하고 있는 5라는 것이 바로 자아의 중심, 즉 에고이다. 에고를 지우면 대아의 세상이 되고, 에고를 지우지 못하면 소아의 세상이 된다. 하지만 이 에고를 지우는 일이 그리 쉬운 일이 아닌 것은 확실해 보인다. 인류의 역사가 그것을 증명해주고 있다. 우리 주위에서 성인군자가 그토록 보기 힘든 이유가 바로 그 증거이다. 왜 이렇게 힘든 것일까? 15가 되려는 경향이 그렇게 강력한 것이 아닌가하고 추정해본다. 그만큼 5를 지우기가 힘든 것이다. 아무튼 이렇게 해서 낙서가 상징하는 이 세상은 곧 중생들이 생로병사의 윤회를 끝없이 반복하는 생생한 현장이기도 하지만, 동시에 열락이 넘쳐흐르는 붓다의 세상이 현현되어 있기도 하다. 결국 하도는 세상을 바라보는 두 가지 의식을 보여주고 있고, 낙서는 그렇게 바라본 결과로 나타나는 두 가지 세계를 보여주고 있다. 낙서가 보여주는 두 세상, 하나는 거지가 살아가는 중생의 사바세계이고, 다른 하나는 원효가 살아가는 붓다의 극락세계이다.

지인이 정역에서 우리에게 들려주고 싶었던 바는 바로 10무극이 낙서의 6궁, 정사하는 자리에 들어서서 직접 정사를 행하는 새 세상이 온다는 소식이다. 지금까지 이 지구상에 존재했던 그동안의 그 많았던 제왕들은 하나같이 모두 가짜였다. 교묘하게 하늘이나 대의나 민의 같은 것을 빙자해가면서 정작 때가 무르익으면 그 무엇보다도 제 잇속부터 챙기기 바빴던 탐욕스런 소인배들에 불과했다. 그들 중의 어떤 정신 나간 놈이 기꺼이 제 자신을 벗어던져 가면서 만백성을 위해 붓다의 정사를 베풀었더란 말인가? 먼저 제 뱃속부터 채우고, 또 채우고, 또 채우고, 그렇게 가득 채우고 나서야, 겨우 남의 굶주림이 조금 눈에 들어왔을 뿐이다.

'쟤들이 몹시도 배가 고픈 모양이로구나! 가엾어라!'

그나마 게 중에 백성들의 고통이 조금이나마 눈에 들어온 자들은 그나마 약간의 공감하는 능력이 남아있어서 성군이란 소리를 들을 수 있었던 것이고, 대부분의 제왕들, 그들 중의 99.99퍼센트 이상은, 그 배고픔이 전혀 눈에 들어오지 않았던 자들 일색이었다. 오직 제 뱃속 하나 가득 채우기 위해서 온 세상이 존재하는 것이었다. 우리는 대부분 그런 세상을 살아왔다. 본래 인간의 탐욕은 끝이 없기 마련이다. 그들의 탐욕은 뭐 별다른 게 있었을까? 기회가 왔을 때 마음껏 누리고 싶은 게 또한 인지상정일 것이다. 이를 잘 제어해줄 수 있었으면 그때가 바로 태평성대였고, 적당히 그럭저럭 제어가 된 자는 그나마 폭군이란 소리를 면할 수 있었다. 이것이 바로 지난 역사의 적나라한 진실 아니겠는가? 그러니 지난 인간들의 역사 속에 뭐 그리 대단한 것이 담겨 있었겠는가? 말 그대로 고통의 바다였고 사바세계였을 뿐이다. 그나마 근래 들어 민주주의의 태동으로 약간의 희망을 갖게 하지만 아직 허명만 요란할 뿐 여전히 중요한 요소요소에서 보다 근본적인 모순들이 극복되지 못하고 있다. 그런데 이제 10무극의 성군이 6궁에 자리하는 세상이 도래한다고 한다. 진정한 지도자, 제 자신을 완전히 지워버리고 천하가 곧 제 자신 속에 현현되어있는 사람, 정말로 큰 사람이 다스리는 세상, 크나큰 세상이 장차 오게 될 것이라고 알려주고 있다. 사실 알고 보면 선천에 일어났던 그 모든 문제들과 모순들은 내 육신을 이루는 이 몸뚱이만이 나의 전부라고 여기는 잘못된 이해에 그 근원을 두고 있는 것이다. 나의 가족만이 나라고 여기는 그릇된 마음, 보이지 않게 쳐놓은 그 울타리만이 나라고 여기는 비뚤어진 개념 설정으로부터 모든 문제가 시작되었던 것이다. 따라서 무엇보다도 이 잘못된 근원이 가장 먼저 해결되어야 할 필요가 있고, 장차 도래할 미륵불이 그 문제를 깨끗하게 해결해줄 것이다. 『천부경』에서도 하늘과 땅보다도 큰, 이렇게 진짜로 큰 위대한 대인을 우러러보아야 한다고 알려주고 있다. 이것이 제1의 소식이다.

그리고 제2의 소식이 있다. 이렇게 큰 지도자가 큰 정사를 베풀면서 앞으로 이 지구가 어떻게 변모해가게 되는지를 설명해준다. 사실 알고 보면 낙서의 수상에서 이미 사방팔방이 모두 합해서 10을 이루고 있었지만, 낙서를 체로 삼은 선천 시대에는 결코 10무극의 대도가 이 땅 위에 임하지 못했다. 10무극이 1태극으로 연결되는 고리를 막을 수가 없었던 것이다. 그 이유는 아마도 15로 결속하고자하는 힘이 그만큼 강하다는 반증이 아닐까 한다. 그런데 그러한 부작용을 십일귀체의 수상이 보완해준다. 사방팔방이 11이 되면, 10무극이 1태극이 되는 순간, 1태극은 10무극으로 바뀐다. 이렇게 해서 항상 무심(10무극)과 일심(1태극)을 유지할 수 있는 황금 열쇠를 쥐게 된다. 또한 낙서의 사정방과 중궁이 이뤄내는 큰 십무문, 즉 이른바 금화문이 또한 엄청나게 큰 열십자의 형상을 이루면서, 금오행과 화오행이 오묘한 조화를 이뤄낸다. 그 금화문이 얼마나 큰 것인지, 심지어 천지인의 삼재가 모두 드나드는 어마어마하게 큰 문이 열린다고 알려주고 있다. 대도무문이 온전하게 실현되는 세상, 마침내 인류가 오랫동안 염원해왔던 유토피아, 무릉도원, 서방정토, 금화문명이 열리는 것이다. 금이란 본래 딱딱한 형체는 있지만 에너지는 들어있지 않는 형상이다. 화란 것은 형체는 없지만 에너지의 형상이다. 이 둘이 만나서 이뤄내는 세상, 딱딱한 형체가 에너지를 만나서 이뤄내는 기적 같은 세상, 요즘 막 태동하고 있는 사물 인터넷이라는 말이 바로 금화문명을 표현하는 하나의 단초일 것이다. 그러나 이는 막 시작일 뿐이고, 앞으로 펼쳐지게 될 금화문명의 그 끝은 가늠하기가 불가능할 정도로 광대무변할 것이다. 사람이 우주의 끝과 끝을 오고가는 정말로 놀라운 기적이 실현되는 세상이 도래할 것이다. 모든 우주가 살아서 움직이는 기적을 연출해낼 것이다. 모든 한계가 무너진 큰 세상이 도래할 것이다. 진괘가 표상하는 끝없는 에너지와 손괘가 표상하는 끝없는 순응이 이 우주를 모든 것이 가능한 세상으로 탈바꿈 시켜줄 것이다. 닭과 용이 웅비하는 계룡의 시대가 올 것이다. 봉황이 울고 청룡이 승천하는 시대가 올 것이다. 모두가 저마다 꿈을 이루는 큰 세상, 모두가 시인이 되어 노래하는 세상이 도래할 것이다. 대우주가 온통 사람들의 무대가 될 것이다. 살맛나는 세상, 붓다의 세상이 만들어질 것이다. 무지와 분노와 탐욕을 거둬낸 이상사회가 이 지구상에서 실현될 것이다. 저마다 탐·진·치의 삼독을 걷어 내버린 진정한 대인들이 살아가는 아름다운 세상이 이 지구상에 펼쳐지게 될 것이다. 이룰 수 없는 허울 좋은 평등만을 찾는 공산주의가 아니라, 돈 벌레들처럼 이윤만을 추구하는 자본주의가 아니라, 사람이 진정으로 사람을 위하는 이상사회가 실현될 것이다. 지구가 곧 우주에서 제일가는 낙원이 될 것이다. 바로 이 소식이 정역에 담겨져 있다.

　이제 선택은 바로 여러분 각자의 몫이다. 스스로 금화문명을 누릴 것인가? 스스로 걷어차 버릴 것인가? 그리고 정말 중요한 것은 선택이 아니라 실천이다. 『주역』에 나오는 적선지가(積善之家) 필유여경(必有餘慶)이고, 적불선가(積不善之家) 필유여앙(必有餘殃)이라는 구절과 같이, 선을 쌓으면 반드시 경사가 있을 것이고 악을 쌓으면 반드시 재앙이 있게 될 것이다. 가난하다고, 소외받는다고, 살기가 어렵다고 하늘을 원망하지 말기로 하자. 이제 곧 『성경』의 말씀처럼 마음을 가난하게 지닌 자가 복을 받는 때가 도래한다. 『불경』의 말씀처럼 인과응보가 이루어지는 때가 도래한다. 놀랍게도 하늘은 모든 것을 보고 있었다. 하늘이 만백성의 눈물을 닦아주시는 때가 도래할 것이다. 지금까지 선천에 일어났던 그 모든 일들은 하늘이 진가를 가리기 위해 내린 하나의 큰 시험대였을 뿐이고 진짜배기는 이제야 가려진다. 선후천 교체기에 진정한 열매가 가려지게 될 것이란 말이다. 아직 피지 못한 꽃이라고 낙담할 필요가 없다. 하늘이 알고 있다. 성심전력을 다해서 불원간에 닥쳐올 모든 고난과 역경을 반드시 이겨내야 한다. 혼자만 살고자 하는 자는 반드시 죽을 것이고, 기꺼이 작은 나를 버리고 천하가 사는 길을 도모하는 자는 반드시 살지 않겠는가. 한 가지 간절한 당부 하나는 정역은 결국 인류에게 크나큰 희망이 있다는 것을 알려주고 있음을 결코 잊지 말자는 것이다. 하늘이 무너진다고 해도 반드시 솟아날

구멍이 있을 것이다. 정역과 천부경이 그것을 보장해주고 있다. 하늘과 땅이 그것을 보장해주고 있고, 북두칠성과 일월이 그것을 보장해주고 있다. 부디 모든 이의 가슴 속에 한 가닥 큰 희망을 품을 수 있기를 바라마지 않는 바이다.

정 역 원 문

부록

大易序

^{성 재 역 지 위 역}
聖哉易之爲易 성스럽도다. 역易이 변화를 다스림이여.

^{역 자 력 야}
易者曆也 역은 책력이니,

^{무 력 무 성}
無曆無聖 책력이 없으면 성인도 없는 것이고,

^{무 성 무 역}
無聖無易 성인이 없으면 역도 없는 것이니,

^{시 고 초 초 지 역 래 래 지 역 소 이 작 야}
是故初初之易來來之易所以作也 이것이 초초지역과 래래지역이 지어진 까닭
이다.

^{부 자 친 필 오 기 장}
夫子親筆吾己藏 공자의 친필을 내 몸에 감추었으니,

^{도 통 천 지 무 형 외}
道通天地無形外 천지무형의 바깥까지 도를 통한다.

^{복 희 조 획 문 왕 교}
伏羲粗畫文王巧 복희가 팔괘를 긋고 주 문왕이 다듬었으나,

^{천 지 경 위 이 천 팔 백 년}
天地傾危二千八百年 천지가 위태롭게 기운지 주 문왕 이래 2800년이다.

^{오 호 성 재 부 자 지 성 호}
嗚呼聖哉夫子之聖乎 아아, 성스럽다. 공자의 성스러움이여.

^{지 천 지 성 성 야}
知天之聖聖也 하늘을 아시는 성인도 성스럽고,

^{락 천 지 성 성 야}
樂天之聖聖也 하늘을 즐기는 성인도 성스럽지만,

^{친 천 지 성 기 유 부 자 지 성 호}
親天之聖其惟夫子之聖乎 하늘을 그토록 흠모하신 공자의 성스러움이여,

^{통 관 천 지 무 형 지 경 일 부 능 지}
洞觀天地無形之景一夫能之 천지무형 지경의 통관은 일부가 능하였으나,

^{방 달 천 지 유 형 지 리 부 자 선 지}
方達天地有形之理夫子先之 천지유형 이치의 방달은 공자가 먼저였으니,

^{오 호 성 재 부 자 지 성 호}
嗚呼聖哉夫子之聖乎 아아, 성스럽다. 공자의 성스러움이여.

^{문 학 종 장 공 구 시 야}
文學宗長孔丘是也 문학의 종장은 공자이시며,

^{치 정 종 장 맹 가 시 야}
治政宗長孟軻是也 치정의 종장은 맹자이시니,

^{오 호 량 부 자 만 고 성 인 야}
嗚呼兩夫子萬古聖人也 오호, 공자와 맹자는 만고의 성인이로다.

^{일 부 사 실}
一夫事實 일부의 사실이니,

^{연 원 천 지 무 궁 화 무 옹}
淵源天地無窮化无翁 연원은 천지무궁하신 화무옹이시고,

^{래 력 신 라 삼 십 칠 왕 손}
來歷新羅三十七王孫 내력은 신라 37대 왕손이다.

^{연 원 무 궁 래 력 장 원 혜}
淵源無窮來歷長遠兮 도의 연원은 무궁하고 집안 내력은 장원하다.

^{도 통 천 지 무 형 지 외 야}
道通天地無形之外也 천지무형의 바깥까지 도를 통했으니

^{아 마 두 통 천 지 제 일 원 김 일 부}
我馬頭通天地第一元金一夫 아마도 가장 먼저 통천지한 이가 김일부일 것이다.

^{일 부 사 적}
一夫事蹟 일부의 사적이니,

^{삼 천 년 적 덕 지 가}
三千年積德之家 삼천 년 덕을 쌓은 집안

^{통 천 지 제 일 복 록 운 자 신 고 야}
通天地第一福祿云者神告也 통천지의 으뜸 복록에 이른 자가 신고하오니

^{육 십 년 솔 성 지 공}
六十年率性之工 육십 년 동안의 정성스런 공부

^{병 의 리 대 저 춘 추 사 자 상 교 야}
秉義理大著春秋事者上敎也 바른 이치를 붙잡고 춘추의 일을 크게 드러냄은
하늘의 가르침에 말미암은 것이다.

^{일 부 경 서 서 기 도 죄 호}
一夫敬書庶幾逃罪乎 일부가 공경하며 쓰오니, 부디 죄를 면하게 하소서.

^{신 사 육 월 이 십 이 일 일 부}
辛巳六月二十二日一夫 1881년 음력 6월22일 (양력 7월17일) 일부.

十五一言

^{오 호 반 고 화 천 황 무 위}
嗚呼盤古化天皇無爲 아아, 반고가 천지를 창조하시고, 천황이 무위하시고,

^{지 황 재 덕 인 황 작}
地皇載德人皇作 지황이 덕을 베풀었으며, 인황이 다스림의 틀을 만드셨다.

^{유 소 기 소 수 인 내 수}
有巢旣巢燧人乃燧 유소가 처음 집을 짓고, 수인이 처음 불을 사용하였으며,

^{신 재 복 희 획 결}
神哉伏羲劃結 신성한 복희가 팔괘를 긋고 그물을 만들었으며,

^{성 재 신 농 경 시}
聖哉神農耕市 성스런 신농이 농사를 가르치고 시장을 열었다.

^{황 제 갑 자 성 두}
黃帝甲子星斗 황제께서 육십갑자와 별자리를,

^{신 요 일 월 갑 진}
神堯日月甲辰 갑진년 등극한 신성한 요왕이 일월의 역법을 밝히셨으며,

^{제순칠정옥형}
帝舜七政玉衡 순왕이 칠정옥형을 밝히고,

^{대우구주현귀}
大禹九疇玄龜 우왕이 귀서구주를 밝혔다.

^{은묘가이관덕}
殷廟可以觀德 은나라 종묘는 덕을 크게 보이셨고,

^{기성내성}
箕聖乃聖 기자는 곧 성인이시니,

^{주덕재자이남칠월}
周德在玆二南七月 주나라의 덕이 2남과 7월에 있다.

^{린혜아성건곤중립}
麟兮我聖乾坤中立 기린 같으신 성인 공자께서 하늘과 땅 사이에 우뚝 서서

^{상률하습습우금일}
上律下襲襲于今日 상률하습 하셨기에 오늘날까지 도를 잇게 되었도다.

^{오호금일금일}
嗚呼今日今日 아아, 오늘 오늘이여.

^{육십삼칠십이팔십일}
六十三七十二八十一 63, 72, 81 (도합 216)

^{일호일부}
一乎一夫 하나이니 일부로다.

^{거변무극십}
擧便无極十 손을 다 펴면 곧, 무극 10

^{십변시태극일}
十便是太極一 10은 곧, 태극 1

^{일무십무체십무일무용}
一无十无體十无一无用 1이 없으면 10은 무체고, 10 없으면 1은 무용이다.

^{합토거중오황극}
合土居中五皇極 십十과 일一을 합해 토土가 되니, 중앙의 황극 5이다.

^{지재천이방정체}
地載天而方正體 땅은 하늘을 싣고 방정하니 바탕인 몸이 되며,

^{천포지이원환영}
天包地而圓環影 하늘은 땅을 둥그렇게 감싸고 있는 그림자이다.

^{대재체영지도}
大哉體影之道 크도다! 체영의 도

^{리기유언신명췌언}
理氣囿焉神明萃焉 이기가 그 안에 있고 신명이 그 안에 모여 있다.

^{천지지리삼원}
天地之理三元 천지의 이치는 삼원

^{원강성인시지신물}
元降聖人示之神物 하늘에서 성인을 내리시고 신물을 보이시니,

^{내도내서}
乃圖乃書 이것이 곧 용도와 귀서이다.

^{도서지리후천선천}
圖書之理后天先天 용도와 귀서의 이치는 후천과 선천,

天地之道旣濟未濟 천지의 도는 기제와 미제[1]

龍圖未濟之象而倒生逆成先天太極 용도는 미제의 상, 도생역성이니 선천 태극

龜書旣濟之數而逆生倒成后天无極 귀서는 기제의 수, 역생도성하니 후천 무극

五居中位皇極 5는 중앙에 위치하니 황극이다.

易逆也極則反 역은 거스르는 것이니 궁극에 이르면 거꾸로 돌아선다.

土極生水 토가 궁극에 이르면 수를 생하고

水極生火 수가 궁극에 이르면 화를 생하고

火極生金 화가 궁극에 이르면 금을 생하고

金極生木 금이 궁극에 이르면 목을 생하고

木極生土 목이 궁극에 이르면 토를 생하고,

土而生火 토는 화를 생한다.

金火互宅倒逆之理 금화가 서로 집을 삼는 것이 도역의 이치이니,

嗚呼至矣哉无極之无極 아아, 지극하다. 무극의 무극 됨이여.

夫子之不言 공자는 말하지 않았다.

不言而信夫子之道 말하지 않아도 믿는 것은 공자의 도일지니.

晩而喜之十而翼之 공자 만년에 십익을 정리하여

一而貫之儘我萬世師 하나로 관통하셨으니 참으로 만세의 스승이시다.

天四地六 천 4이면 지는 6 이고,

天五地五 천 5이면 지는 5 이며,

---

1) 다른 것들도 그렇겠지만, 그중에서도 특히 아직 의문점이 완전히 해갈되지 않은 것을 굵은 글씨로 표시해둔다. 강호제현들의 연구가 이어져 이러한 의문점들을 말끔하게 해결해줄 수 있기를 간절히 바라는 바이다.

天六地四 천 6이면 지는 4 이다.

天地之度數止乎十 천지의 도수는 10 에서 그친다.

十紀二經五綱七緯 10과 5는 기강이고, 2와 7은 경위이다.

戊位度順而道逆 戊의 자리는 도(度)는 순행하고 도(道)는 역행하니,

度成道於三十二度 도수는 32도에서 성도(成道)

后天水金太陰之母 후천이며 수금(水金), 태음의 어머니(母)

己位度逆而道順 己의 자리는 도(度)는 역행하고 도(道)는 순행하니,

度成道於六十一度 도수는 61도에서 성도

先天火木太陽之父 선천이며 화목(火木), 태양의 아버지(父)

太陰逆生倒成 태음은 역생도성하니

先天而后天旣濟而未濟 선천이면서 후천이고 기제이면서 미제

一水之魂四金之魄 1수의 혼(魂), 4금의 백(魄)

胞於戊位成度之月初一度 戊의 자리가 성도하는 월초1도에서 포(胞)

胎於一九度養於十三度 9도에서 태(胎), 13도에서 양(養),

生於二十一度度成道於三十 21도에서 생(生), 도수는 30도에서 성도

終于己位成度之年初一度 己의 자리가 성도하는 년초 1도에서 끝나고,

復於戊位成度之年十一度 戊의 자리가 성도하는 년 11도에서 회복한다.

復之之理一八七 회복하는 이치는 1, 8, 7

五日一候十日一氣十五日一節 5일은 1후, 열흘은 1기, 15일은 1절,

三十日一月十二月一朞 30일은 1개월이고, 12개월은 1기이다.

太陽倒生逆成 태양은 도생역성하니,

后天而先天未濟而旣濟 후천이면서 선천이요, 미제이면서 기제

七火之氣八木之體 7화의 기, 8목의 체

胞於己位成度之日一七度 己의 자리가 성도하는 날 7도에서 포,

胎於十五度養於十九度 15도에서 태, 19도에서 양,

生於二十七度度成道於三十六 27도에서 생, 36도에서 성도

終于戊位成度之年十四度 戊의 자리가 성도하는 년 14도에서 끝나고,

復於己位成度之年初一度 己의 자리가 성도하는 년초 1도에서 회복된다.

復之之理一七四 회복하는 이치는 1, 7, 4

十五分一刻八刻一時十二時一日 15분은 1각, 8각은 1시, 12시 는 1일.

天地合德三十二 천지가 덕을 합하니 32

地天合道六十一 지천이 도를 합하니 61

日月同宮有无地 일월은 유무지에서 동궁하고,

月日同度先后天 월일은 선후천이 동도이다.

三十六宮先天月大明后天三十日 36궁 선천 달이 후천 30일을 크게 밝힌다.

四象分體度一百五十九 사상분체도 159

一元推衍數二百一十六 일원추연수 216

后天政於先天水火 후천은 선천에서 정사하니 수와 화

先天政於后天火水 선천은 후천에서 정사하니 화와 수

金火一頌

聖人垂道金火明 성인이 도를 드리우니, 금화가 밝아진다.

將軍運籌水土平 장군이 운주하니 수토가 평정된다.

^{농 부 세 서 세 공 성}
農夫洗鋤歲功成 농부가 호미를 씻으니 일세의 공덕이 이루어진다.

^{화 공 각 필 뇌 풍 생}
畵工却筆雷風生 화공이 붓을 물리니, 우레와 바람이 일어난다.

^{덕 부 천 황 부 능 명}
德符天皇不能名 덕이 천심과 황심에 부합하니, 딱히 뭐라 부를 수 없다.

^{희 호 일 곡 서 봉 명}
喜好一曲瑞鳳鳴 기뻐 한곡 부르니 상서로운 봉황이 울고,

^{서 봉 명 혜 율 려 성}
瑞鳳鳴兮律呂聲 상서로운 봉황이 우니 율려의 소리이다.

^{금 화 이 송}
金火二頌

^{오 황 대 도 당 천 심}
吾皇大道當天心 내 황극의 대도가 천심과 짝으로 마주하고

^{기 동 북 이 고 수}
氣東北而固守 기는 동과 북을 견고히 지키고

^{리 서 남 이 교 통}
理西南而交通 리는 서와 남에서 서로 사귀어 통한다.

^{경 금 구 이 기 영}
庚金九而氣盈 경금 9는 기가 가득 차있고

^{정 화 칠 이 수 허}
丁火七而數虛 정화 7은 수가 비어 있다.

^{리 금 화 지 호 위}
理金火之互位 금화가 서로 자리를 바꾸는 이치가

^{경 천 지 지 화 권}
經天地之化權 천지의 화권을 경영한다.

^{풍 운 동 어 수 상}
風雲動於數象 바람과 구름이 수와 상에서 움직이고,

^{가 락 장 어 무 문}
歌樂章於武文 노래와 음악이 문과 무에서 빛난다.

^{희 황 하 지 일 청}
喜黃河之一淸 황하가 한번 맑아짐이 기쁘고,

^{호 일 부 지 장 관}
好一夫之壯觀 일부의 장관이 좋도다.

^{풍 삼 산 이 일 학}
風三山而一鶴 삼산의 한 마리 학이 일으키는 바람

^{화 삼 벽 이 일 관}
化三碧而一觀 삼벽의 일관이 일으키는 변화

^{관 어 차 이 대 장}
觀於此而大壯 뇌천대장에서 풍지관하니,

禮三千而義一 예절은 삼천 가지나 뜻은 하나.

金火三頌

北窓淸風 북쪽 창가의 맑은 바람

暢和淵明無絃琴 도연명의 줄 없는 거문고에 화답한다.

東山弟一三八峰次第登臨 동쪽 산 제일의 3·8봉에 다음 차례로 올라가니

洞得吾孔夫子小魯意 공자께서 노나라를 작다고 하신 뜻을 알겠다.

脫巾掛石壁 모자를 벗어 바위벽에 걸어놓고

南望靑松架短壑 남쪽을 바라보니 푸른 소나무 짧은 골짜기에 걸리고

西塞山前白鷺飛 막힌 산 앞 서쪽으로부터 백로가 날아든다.

懶搖白羽扇俯瞰赤壁江 느릿느릿 흰 부채를 부치며 적벽강을 굽어보니,

赤赤白白互互中 적적백백, 서로 서로 마주하는 한 가운데,

中有學仙侶吹簫弄明月 그 중에 공부하는 신선의 벗이 있어 퉁소 불며 밝은 달을 희롱한다.

金火四頌

四九二七金火門 4, 9, 2, 7 금화문은

古人意思不到處 옛 사람의 생각이 미처 이르지 못한 곳.

我爲主人次第開 내가 주인이 되어 차례로 그 문을 열어보니,

一六三八左右分列 1, 6, 3, 8이 좌우로 갈라져 배열되니,

^{고 금 천 지 일 대 장 관}
古今天地一大壯觀 고금천지에 일대장관이요,

^{금 고 일 월 제 일 기 관}
今古日月第一奇觀 고금일월에 제일로 기이한 경치로다.

^{가 송 칠 월 장 일 편}
歌頌七月章一篇 7월장 한편을 노래로 칭송하고,

^{경 모 주 공 성 덕 어 호}
景慕周公聖德於好 주공의 성덕을 크게 사모하니,

^{부 자 지 불 언 시 금 일}
夫子之不言是今日 공자께서 말씀하지 않으신 것이 바로 오늘이로구나.

<h1>^{금 화 오 송}
金火五頌</h1>

^{오 호 금 화 호 역 불 역 정 역}
嗚呼金火互易不易正易 아아, 금화호역은 바뀔 수 없는 바른 역이니

^{회 삭 현 망 진 퇴 굴 신}
晦朔弦望進退屈伸 회삭현망과 진퇴굴신,

^{율 려 도 수 조 화 공 용 립}
律呂度數造化功用立 율려도수와 조화공용이 선다.

^{성 인 소 불 언}
聖人所不言 성인이 말씀하지 않으신 바를

^{기 일 부 감 언 시 명}
豈一夫敢言時命 감히 일부가 말하는 것은 이제 때가 되었기 때문이다.

^{오 호 일 월 지 덕}
嗚呼日月之德 아아, 일월의 덕이여

^{천 지 지 분 분 적 십 오 각}
天地之分分積十五刻 천지를 나누어 분을 15번 쌓으면 각,

^{각 적 팔 시 시 적 십 이 일}
刻積八時時積十二日 각을 8번 쌓으면 시가 되며, 시를 12번 쌓으면 일,

^{일 적 삼 십 월 월 적 십 이 기}
日積三十月月積十二朞 일을 30번 쌓으면 월, 월을 12번 쌓으면 1년이다.

^{기 생 월 월 생 일}
朞生月月生日 1년은 달을 생하고, 달은 일을 생하고,

^{일 생 시 시 생 각 각 생 분}
日生時時生刻刻生分 일은 시를 생하고, 시는 각을 생하고, 각은 분을 생하며,

^{분 생 공 공 무 위}
分生空空无位 분은 공을 낳으니, 공은 무위이다.

^{제 요 지 기 삼 백 유 육 순 유 육 일}
帝堯之朞三百有六旬有六日 요임금의 1년은 366 일이고,

^{제 순 지 기 삼 백 육 십 오 도 사 분 도 지 일}
帝舜之朞三百六十五度四分度之一 순임금의 1년은 365와 4분의 1도이고,

일 부 지 기 삼 백 칠 십 오 도
一夫之朞三百七十五度 일부의 주기는 375도이니,

십 오 존 공 정 오 부 자 지 기 당 기 삼 백 육 십 일
十五尊空正吾夫子之朞當朞三百六十日 15를 존공하면 공자가 말한 주기 360

일이 된다.

오 도 이 월 혼 생 신 초 삼 일
五度而月魂生申初三日 5도 월혼이 신을 생하니 초3일이고,

월 현 상 해 초 팔 일
月弦上亥初八日 해에서 상현달이 되니 초 8일이고,

월 백 성 오 십 오 일 망 선 천
月魄成午十五日望先天 월백이 오에서 이루어지니 15일 선천 보름.

월 분 우 술 십 육 일
月分于戌十六日 술에서의 16일은 월분,

월 현 하 사 이 십 삼 일
月弦下巳二十三日 사에서의 23일은 하현달,

월 굴 우 진 이 십 팔 일
月窟于辰二十八日 진에서의 28일은 월굴,

월 복 우 자 삼 십 일 회 후 천
月復于子三十日晦后天 자에서 월복이니, 30일이 후천 그믐,

월 합 중 궁 지 중 위 일 일 삭
月合中宮之中位一日朔 달이 중궁의 중위에서 합하니 1일이 삭이다.

육 수 구 금 회 이 윤 이 율
六水九金會而潤而律 6수, 9금은 모여서 윤택함이니 율이 되며,

이 화 삼 목 분 이 영 이 려
二火三木分而影而呂 2화, 3목은 나뉘어 그림자로서 려가 된다.

일 세 주 천 율 려 도 수
一歲周天律呂度數

분 일 만 이 천 구 백 육 십
分一萬二千九百六十 분으로는 12960분,

각 팔 백 육 십 사
刻八百六十四 각으로는 864각,

시 일 백 팔
時一百八 시로는 108시,

일 일 구
日一九 일로는 9일이다.

리 회 본 원 원 시 성
理會本原原是性 이치가 본원에 모이는 원시성은

건 곤 천 지 뇌 풍 중
乾坤天地雷風中 건곤천지뇌풍 가운데에 있다.

세 갑 신 육 월 이 십 육 일 무 술 교 정 서 송
歲甲申六月二十六日戊戌校正書頌 1884년8월16일(음력6월26일) 교정하고 칭송

수 토 지 성 도 천 지
水土之成道天地 수와 토가 도를 이룬 것이 천지이며

천 지 지 합 덕 일 월
天地之合德日月 천지가 덕을 합한 것이 일월이다.

태 양 항 상 성 전 리 직
太陽恒常性全理直 태양은 항상 변함없는 것이니, 성이 온전하고 리는 곧다.

태 음 소 장 수 영 기 허
太陰消長數盈氣虛 태음은 사라지고 자라나니, 수는 차고 기는 허하다.

영 허 기 야 선 천
盈虛氣也先天 차고 비는 것은 기이니 선천이다.

소 장 리 야 후 천
消長理也后天 사라지고 자라는 것은 리이니 후천이다.

후 천 지 도 굴 신 선 천 지 정 진 퇴
后天之道屈伸先天之政進退 후천의 도는 굴신, 선천의 정은 진퇴이다.

진 퇴 지 정 월 영 이 월 허
進退之政月盈而月虛 진퇴의 정은 달이 찼다 비는 것이고,

굴 신 지 도 월 소 이 월 장
屈伸之道月消而月長 굴신의 도는 달이 사라졌다 자라나는 것이다.

억 음 존 양 선 천 심 법 지 학
抑陰尊陽先天心法之學 억음존양은 선천 심법의 학이고,

조 양 율 음 후 천 성 리 지 도
調陽律陰后天性理之道 조양율음은 후천 성리의 도이다.

천 지 비 일 월 공 각
天地匪日月空殼 천지는 일월이 아니면 빈 껍질이고,

일 월 비 지 인 허 영
日月匪至人虛影 일월은 지인이 아니면 빈 그림자다.

조 석 지 리
潮汐之理 밀물과 썰물의 이치는

일 육 임 계 수 위 북
一六壬癸水位北 1, 6 임계수는 북쪽에 위치하고,

이 칠 병 정 화 궁 남
二七丙丁火宮南 2, 7 병정화는 남쪽에 자리하니

화 기 염 상 수 성 취 하
火氣炎上水性就下 화의 기운은 오르고 수의 성질은 아래로 흐르는 것.

호 상 충 격 호 상 진 퇴 이 수 시 후 기 절
互相衝激互相進退而隋時候氣節 서로 충격하고 진퇴하며 시후절기를 따르는
것이

일 월 지 정
日月之政 일월의 정사이다.

오 호 일 월 지 정 지 신 지 명
嗚呼日月之政至神至明 아아 일월 정사가 지극히 신묘하고 지극히 밝으니

書不盡言 글로서 다 말할 수 없다.

嗚呼天何言哉地何言哉 아아 하늘과 땅이 어찌 말을 할까마는

一夫能言 일부는 말할 수 있다.

一夫能言兮 일부가 말하건대,

水潮南天水汐北地 밀물은 남쪽 하늘, 썰물은 북쪽 땅.

水汐北地兮早暮難辨 썰물 북쪽 땅이여, 빠르고 늦음을 분별하기 어렵구나.

水火旣濟兮火水未濟 수화기제, 화수미제

大道從天兮天不言 대도는 하늘을 따르니, 하늘이 말씀하지 않겠는가!

大德從地兮地從言 대덕은 땅을 따르니, 땅이 말씀을 따르지 않겠는가!

天一壬水兮萬折必東 천1 임수는 만 번 꺾여도 반드시 동으로 흐른다.

地一子水兮萬折于歸 지1 자수는 만 번 꺾여도 임수를 따라 돌아간다.

歲甲申流火六月七日大聖七元君書 1884년 윤달 6월7일 대성 칠원군 씀.

嗚呼天地无言一夫何言 아아 천지가 말이 없는데 일부가 어찌 말할까?

天地有言一夫敢言 천지에 말씀이 있어 일부가 감히 말할 수 있음이로다.

天地言一夫言一夫言天地言 천지의 말씀이 일부의 말이고, 일부의 말이 천지의 말씀이다.

大哉金火門天地出入 크도다! 금화문이여, 천지가 출입하고,

一夫出入三才門 일부가 출입하니 삼재의 문이로다.

日月星辰氣影一夫氣影五元門 일월성신 기 그림자, 일부 기의 그림자, 오원문이다.

八風風一夫風十无門 팔풍의 바람이 불고 일부의 바람이 부니 십무문이다.

日月大明乾坤宅天地壯觀雷風宮 일월은 건곤집을 크게 밝히고, 천지장관 뇌풍궁.

誰識先天復上月正明金火日生宮 선천 복상월이 금화의 태양이 낳는 궁을 정명하게 될 줄을 그 누가 알았으랴.

化无上帝言

復上起月當天心 복상에서 일어난 달이 천심을 마주하고

皇中起月當皇心 황중에서 일어난 달이 황심을 마주한다.

敢將多辭古人月 감히 무릇 말 많던 옛사람의 달이

幾度復上當天心 몇 번이나 복상에서 일어나 천심을 마주 보겠는가.

月起復上天心月 복상에서 일어난 달이 천심월이고,

月起皇中皇心月 황중에서 일어난 달이 황심월이다.

普化一天化翁心 우주를 주재하는 조화옹의 마음이

丁寧分付皇中月 정녕 황심월을 분부하심이로다.

化无上帝重言

推衍无或違正倫 이치를 추연함에 바른 윤리에 어긋남이 없게 하라.

倒喪天理父母危 천리를 거꾸로 손상하면 부모가 위태로울 것이다.

不肖敢焉推理數 불초가 감히 이치의 수를 추리하오리마는,

只願安泰父母心 다만 부모님의 마음이 편안하시기를 기원하나이다.

歲甲申七月十七日己未不肖子金恒感泣奉書 1884년 7월17일. 불초자 김항 감읍하고 받들어 씁니다.

化翁親視監化事
_{화 옹 친 시 감 화 사}

嗚呼金火正易否往泰來 아아, 금화정역이니 천지비가 가고, 지천태가 온다.
_{오 호 금 화 정 역 비 왕 태 래}

嗚呼己位親政戊位尊空 아아, 기위친정이니 무위는 존공이다.
_{오 호 기 위 친 정 무 위 존 공}

嗚呼丑宮得旺子宮退位 아아, 축궁이 득왕이니 자궁은 퇴위한다.
_{오 호 축 궁 득 왕 자 궁 퇴 위}

嗚呼卯宮用事寅宮謝位 아아, 묘궁이 용사하니 인궁이 양보한다.
_{오 호 묘 궁 용 사 인 궁 사 위}

嗚呼五運運六氣氣 아아, 오운과 육기가 운기하고,
_{오 호 오 운 운 육 기 기}

十一歸體功德無量 십일귀체이니 공덕이 무량하다.
_{십 일 귀 체 공 덕 무 량}

无極體位度數
_{무 극 체 위 도 수}

己巳戊辰己亥戊戌 기사 무진 기해 무술
_{기 사 무 진 기 해 무 술}

度逆道順 도(度)는 역행하고, 도(道)는 순행한다.
_{도 역 도 순}

而數六十一 그 수는 61이다.
_{이 수 육 십 일}

皇極體位度數
_{황 극 체 위 도 수}

戊戌己亥戊辰己巳 무술 기해 무진 기사
_{무 술 기 해 무 진 기 사}

度順道逆 도(度)는 순행하고, 도(道)는 역행한다.
_{도 순 도 역}

而數三十二 그 수는 32이다.
_{이 수 삼 십 이}

월 극 체 위 도 수
月極體位度數

庚子戊申壬子庚申己巳 경자 무신 임자 경신 기사

初初一度有而无 초초 1도는 유이무, 즉 있으면서 없는 자리

五日而候 5일은 1후이다.

而數三十 그 수는 30이다.

일 극 체 위 도 수
日極體位度數

丙午甲寅戊午丙寅壬寅辛亥 병오, 갑인, 무오, 병인, 임인, 신해

初初一度无而有 초초 1도는 무이유, 즉 없으면서 있는 자리

七日而復 7일에 회복한다.

而數三十六 그 수는 36이다.

化翁无位原天火生地十己土 화옹무위니 원천화로 지10 기토를 생한다.

己巳宮先天而后天 기사궁은 선천이면서 후천이다.

地十己土生天九辛金 지10 기토는 천9 신금을 낳고

天九辛金生地六癸水 천9 신금은 지6 계수를 낳고,

地六癸水生天三乙木 지6 계수는 천3 을목을 낳고

天三乙木生地二丁火 천3 을목은 지2 정화를 낳고

地二丁火生天五戊土 지2 정화는 천5 무토를 낳는다.

戊戌宮后天而先天 무술궁은 후천이면서 선천이다.

天五戊土生地四庚金 천5 무토는 지4 경금을 낳고

地四庚金生天一壬水 지4 경금은 천1 임수를 낳고

天一壬水生地八甲木 천1 임수는 지8 갑목을 낳고

地八甲木生天七丙火 지8 갑목은 천7 병화를 낳고

天七丙火生地十己土 천7 병화는 지10 기토를 낳는다.

地十己土生天九庚金 지10 기토는 천9 경금을 낳고

天九庚金生地六癸水 천9 경금은 지6 계수를 낳고

地六癸水生天三甲木 지6 계수는 천3 갑목을 낳고

天三甲木生地二丙火 천3 갑목은 지2 병화를 낳고

地二丙火生天五戊土 지2 병화는 천5 무토를 낳고

天五戊土生地四辛金 천5 무토는 지4 신금을 낳고

地四辛金生天一壬水 지4 신금은 천1 임수를 낳고

天一壬水生地八乙木 천1 임수는 지8 을목을 낳고

地八乙木生天七丁火 지8 을목은 천7 정화를 낳고

天七丁火生地十己土 천7 정화는 지10 기토를 낳다.

地十己土成天一壬水 지10 기토는 천1 임수를 이루고

天一壬水成地二丁火 천1 임수는 지2 정화를 이루고

地二丁火成天九辛金 지2 정화는 천9 신금을 이루고

天九辛金成地八乙木 천9 신금은 지8 을목을 이루고

地八乙木成天五戊土 지8 을목은 천5 무토를 이루고

天五戊土成地六癸水 천5 무토는 지6 계수를 이루고

地六癸水成天七丙火 지6 계수는 천7 병화를 이루고

^{천 칠 병 화 성 지 사 경 금}
天七丙火成地四庚金 천7 병화는 지4 경금을 이루고

^{지 사 경 금 성 천 삼 갑 목}
地四庚金成天三甲木 지4 경금은 천3 갑목을 이루고

^{천 삼 갑 목 성 지 십 기 토}
天三甲木成地十己土 천3 갑목은 지10 기토를 이룬다.

^{병 갑 경 삼 궁 선 천 지 천 지}
丙甲庚三宮先天之天地 병갑경 3궁은 선천의 하늘과 땅이다.

^{정 을 신 삼 궁 후 천 지 지 천}
丁乙辛三宮后天之地天 정을신 3궁은 후천의 땅과 하늘이다.

^{선 선 삼 천 량 지 후 천 삼 지 량 천}
先天三天兩地后天三地兩天 선천은 3천2지이고, 후천은 3지2천이다.

^{자 인 오 신 선 천 지 선 후 천}
子寅午申先天之先后天 자인과 오신은 선천의 선천과 후천이고,

^{축 묘 미 유 후 천 지 선 후 천}
丑卯未酉后天之先后天 축묘와 미유는 후천의 선천과 후천이다.

^{상 원 축 회 간 지 도}
上元丑會干支圖

^{기 축 궁} ^{경 인} ^{신 묘} ^{임 진} ^{계 사} ^{갑 오} ^{을 미} ^{병 신} ^{정 유} ^{무 술}
己丑宮 庚寅 辛卯 壬辰 癸巳 甲午 乙未 丙申 丁酉 戊戌

^{기 해 궁} ^{경 자} ^{신 축} ^{임 인} ^{계 묘} ^{갑 진} ^{을 사} ^{병 오} ^{정 미} ^{무 신}
己亥宮 庚子 辛丑 壬寅 癸卯 甲辰 乙巳 丙午 丁未 戊申

^{기 유 궁} ^{경 술} ^{신 해} ^{임 자} ^{계 축} ^{갑 인} ^{을 묘} ^{병 진} ^{정 사} ^{무 오}
己酉宮 庚戌 辛亥 壬子 癸丑 甲寅 乙卯 丙辰 丁巳 戊午

^{기 미 궁} ^{경 신} ^{신 유} ^{임 술} ^{계 해} ^{갑 자} ^{을 축} ^{병 인} ^{정 묘} ^{무 진}
己未宮 庚申 辛酉 壬戌 癸亥 甲子 乙丑 丙寅 丁卯 戊辰

^{기 사 궁} ^{경 오} ^{신 미} ^{임 신} ^{계 유} ^{갑 술} ^{을 해} ^{병 자} ^{정 축} ^{무 인}
己巳宮 庚午 辛未 壬申 癸酉 甲戌 乙亥 丙子 丁丑 戊寅

^{기 묘 궁} ^{경 진} ^{신 사} ^{임 오} ^{계 미} ^{갑 신} ^{을 유} ^{병 술} ^{정 해} ^{무 자}
己卯宮 庚辰 辛巳 壬午 癸未 甲申 乙酉 丙戌 丁亥 戊子

^{이 십 팔 수 운 기 도}
二十八宿運氣圖

^{계 미 진 계 축}
癸未 軫 癸丑 계미 진 계축

^{무 술 실 무 진}
戊戌 室 戊辰 무술 실 무진

甲申_翼甲寅 갑신 익 갑인   己亥_危己巳 기해 위 기사

乙酉_張乙卯 을유 장 을묘   庚子_虛庚午 경자 허 경오

丙戌_星丙辰 병술 성 병진   辛丑_女辛未 신축 녀 신미

丁亥_柳丁巳 정해 류 정사   壬寅_牛壬申 임인 우 임신

戊子_鬼戊午 무자 귀 무오   癸卯_斗癸酉 계묘 두 계유

己丑_井己未 기축 정 기미   甲辰_箕甲戌 갑진 기 갑술

庚寅_參庚申 경인 삼 경신   乙巳_尾乙亥 을사 미 을해

辛卯_觜辛酉 신묘 자 신유   丙午_心丙子 병오 심 병자

壬辰_畢壬戌 임진 필 임술   丁未_房丁丑 정미 방 정축

癸巳_昴癸亥 계사 묘 계해   戊申_氐戊寅 무신 저 무인

甲午_胃甲子 갑오 위 갑자   己酉   己卯 기유   기묘

乙未_婁乙丑 을미 루 을축   庚戌   庚辰 경술   경진

丙申_奎丙寅 병신 규 병인   辛亥_亢辛巳 신해 항 신사

丁酉_壁丁卯 정유 벽 정묘   壬子_角壬午 임자 각 임오

亢角二宿尊空詩

何物能聽角 어떤 물건이 능히 뿔 소리를 들을 수 있는가?

神明氐不亢 신명이라, 저와 항을 잇지 못한다.

室張三十六莫莫莫無量 실에서 장까지 36은 막막하기가 헤아릴 수 없다.

武功平胃散文德養心湯 무공은 평위산, 문덕은 양심탕

正明金火理律呂調陰陽 금화이치를 바르게 비추고, 율려가 음양을 조율한다.

九九吟
_{구 구 음}

凡百滔滔儒雅士 무릇 수많은 도도한 선비들아
_{범 백 도 도 유 아 사}

聽我一曲放浪吟 나의 방랑 노래 한 곡을 들어보라.
_{청 아 일 곡 방 랑 음}

讀書學易先天事 책을 읽으며 역을 배우는 것이 선천의 일이었다면,
_{독 서 학 역 선 천 사}

窮理脩身后人誰 이치를 궁구하며 수신하는 것은 후천의 누구일까?
_{궁 리 수 신 후 인 수}

三絶韋編吾夫子 가죽 끈이 세 번 끊어질 정도로 주역을 공부하신 공자는
_{삼 절 위 편 오 부 자}

不言无極有意存 무극은 말씀하지 않으시고 뜻만을 두셨도다.
_{불 언 무 극 유 의 존}

六十平生狂一夫 60 평생 미친 일부는
_{육 십 평 생 광 일 부}

自笑人笑恒多笑 스스로도 웃고, 사람들도 웃었으니, 웃음이 항상 많았다.
_{자 소 인 소 항 다 소}

笑中有笑笑何笑 웃음 속에 웃음 있으니 무슨 웃음을 그리 웃었던가?
_{소 중 유 소 소 하 소}

能笑其笑笑而歌 능히 그 웃음 잘 웃으며 웃고 노래하였도다.
_{능 소 기 소 소 이 가}

三百六十當朞日 이제 1년 360일을 만나게 되니
_{삼 백 육 십 당 기 일}

大一元三百數九九中排列 대일원 300수는 구구 중에서 나오고
_{대 일 원 삼 백 수 구 구 중 배 열}

无无位六十數一六宮分張 무무위 60수는 1, 6궁에 분장한다.
_{무 무 위 육 십 수 일 육 궁 분 장}

單五歸空五十五點昭昭 무무위 60수에서 5를 귀공하면 55점 소소하고,
_{단 오 귀 공 오 십 오 점 소 소}

十五歸空四十五點斑斑 무무위 60수에서 15를 귀공하면 45점 반반하다.
_{십 오 귀 공 사 십 오 점 반 반}

我摩道正理玄玄眞經 아마도 바른 이치 현현진경이
_{아 마 도 정 리 현 현 진 경}

只在此宮中 다만 이 궁 가운데에 있는 것이니
_{지 재 차 궁 중}

誠意正心終始无怠 정성스런 마음으로 처음부터 끝까지 태만하지 않으면
_{성 의 정 심 종 시 무 태}

丁寧我化化翁必親施教 정녕 화옹께서 반드시 친히 가르쳐주실 것이니
_{정 녕 아 화 화 옹 필 친 시 교}

是非是好吾好 내가 정성을 쏟는 것을 화옹께서 가상히 여기시지 않겠는가?
_{시 비 시 호 오 호}

十五歌 ^{십 오 가}

水火旣濟兮火水未濟 수화기제, 화수미제

旣濟未濟兮天地三元 기제미제, 천지삼원

未濟旣濟兮地天五元 미제기제, 지천오원

天地地天兮三元五元 천지지천, 삼원오원

三元五元兮上元元元 삼원오원, 상원·중원·하원

上元元元兮十五一言 상원·중원·하원이니 십오일언

十五一言兮金火而易 십오일언이니 금화가 교역하네.

金火而易兮萬曆而圖 금화가 교역하니 만세력이 그려지네.

萬曆而圖兮咸兮恒兮 만세력이 그려지니 택산함, 뇌풍항.

咸兮恒兮兮十兮五兮 복희 택산함이 정역의 뇌풍항되니, 그 수가 10과 5.

先后天正閏度數 ^{선 후 천 정 윤 도 수}

先天體方用圓 선천은 체가 방이고, 용이 원이니

二十七朔而閏 27삭에 윤달이고

后天體圓用方 후천은 체가 원이고, 용이 방이니

三百六旬而正原天无量 360으로 바르니 원천이 무량하다.

先后天周回度數 ^{선후천주회도수}

先天二百一十六萬里 ^{선천이백일십육만리} 선천은 216만리 (108×2 = 6×6×6 = 36×6)

后天三百二十四萬里 ^{후천삼백이십사만리} 후천은 324만리 (108×3 = 6×9×6 = 36×9)

先后天合計數五百四十萬里 ^{선후천합계수오백사십만리} 선후천을 합하면 540만리이다.

盤古五化元年壬寅 ^{반고오화원년임인} 반고 오화 원년 임인년부터

至大淸光緖十年甲申 ^{지대청광서십년갑신} 청나라 광서 10년인 갑신년에 이르기까지

十一萬八千六百四十三年 ^{십일만팔천육백사십삼년} **118,643년이다.**

余年三十六始從蓮潭李先生 ^{여년삼십육시종연담이선생} 내가 36세에 비로소 연담 선생을 따르니

先生賜號二字曰觀碧 ^{선생사호이자왈관벽} 선생이 두 글자 호를 내리시되 관벽이라 하시고

賜詩一絶曰觀淡莫如水 ^{사시일절왈관담막여수} 시를 내리되, 맑음을 보는 데는 물만한 게 없고,

好德宜行仁 ^{호덕의행인} 덕을 가까이하려면 어질게 행하는 것이 마땅하다.

影動天心月 ^{영동천심월} 그림자가 천심월을 움직이게 하니

勸君尋此眞 ^{권군심차진} 이 이치를 찾아보시게.

立道詩 ^{입도시}

靜觀萬變一蒼空 ^{정관만변일창공} 만 가지 변화무쌍한 푸른 하늘을 고요히 바라보니,

六九之年始見工 ^{육구지년시견공} 육구 54세 되던 해에 비로소 평생의 공부를 이루었네.

妙妙玄玄玄妙理 ^{묘묘현현현묘리} 묘묘현현, 현묘한 이치는

无无有有无中 ^{무무유유무무중} 없고 없음, 있고 있음, 그 있음과 없음의 한 가운데로구나.

无位詩

무 위 시

道乃分三理自然 진리가 셋으로 나뉘는 것은 본래 이치가 그러함이니,

斯儒斯佛又斯仙 이에 유교도 되고, 불교도 되고, 선교도 되는 것이다.

誰識一夫眞蹈此 일부가 참으로 이 셋을 다 겪은 줄을 누가 알겠는가?

无人則守有人傳 사람 없으면 홀로 지키고, 사람 있으면 전할 것이다.

歲甲申月丙子日戊辰二十八書正 1885년1월13일 바르게 씀

正易詩

정 역 시

天地之數數日月 하늘과 땅의 수로 해와 달을 세어보네.

日月不正易匪易 해와 달이 바르지 않으면 역이 제대로 된 역이 아니고,

易爲正易易爲易 역이 바른 역이 되어야만 역다운 역이 되는 것이니,

原易何常用閏易 원래 역이란 것이 어찌 늘 윤역 만을 쓰는 것이겠는가?

布圖詩

포 도 시

萬古文章日月明 만고의 문장이 해와 달 같이 밝으니,

一張圖畵雷風生 한 장의 그림이 우레와 바람을 일으키네.

靜觀宇宙无中碧 고요히 우주의 무중벽을 바라보니,

誰識天工待人成 천공이 사람을 기다려 이룰 줄을 그 누가 알았을까.

十一一言

<ruby>十<rt>십</rt></ruby><ruby>土<rt>토</rt></ruby><ruby>六<rt>육</rt></ruby><ruby>水<rt>수</rt></ruby><ruby>不<rt>불</rt></ruby><ruby>易<rt>역</rt></ruby><ruby>之<rt>지</rt></ruby><ruby>地<rt>지</rt></ruby> 10토6수는 불역의 땅

<ruby>一<rt>일</rt></ruby><ruby>水<rt>수</rt></ruby><ruby>五<rt>오</rt></ruby><ruby>土<rt>토</rt></ruby><ruby>不<rt>불</rt></ruby><ruby>易<rt>역</rt></ruby><ruby>之<rt>지</rt></ruby><ruby>天<rt>천</rt></ruby> 1수5토는 불역의 하늘

天政開子地政闢丑 하늘 정사는 자에서 열리고, 땅의 정사는 축에서 열린다.

丑運五六子運一八 축운은 5와 6이고, 자운은 1과 8이다.

一八復上月影生數 1과 8은 복상월의 영생수(그림자가 낳는 수)이며,

五六皇中月體成數 5와 6은 황중월의 체성수(몸체를 이루는 수)이다.

九七五三一奇 9, 7, 5, 3, 1은 홀수

二四六八十偶 2, 4, 6, 8, 10은 짝수

奇偶之數二五 홀짝의 수가 두 가지 경우의 5개이니

先五天道后五地德 먼젓번 홀수 5개는 천도, 뒤의 짝수 5개는 지덕이다.

一三五次度天 또한 1, 3, 5차는 도천이고,

第七九次數地 7, 9차는 수지이다.

三天兩地 삼천양지, 즉 천은 3개이고, 지는 2개이다.

天地地天后天先天 천지이고 지천이며, 후천이며 선천이다.

先天之易交易之易 선천의 역은 교역의 역이고,

后天之易變易之易 후천의 역은 변역의 역이다.

易易九宮易易八卦 역은 구궁을 바꾸고, 역은 팔괘도 바꾼다.

卦之離乾數之三一東北正位 이괘와 건괘는 3, 1이니 동과 북에 정위하고,

卦之坎坤數之六八北東維位 감괘와 곤괘는 6, 8이니 북동 유위하고,

卦之兌艮數之二七西南互位 태괘와 간괘는 2, 7이니 서남 호위하고,

卦之震巽數之十五 팔괘의 진괘와 손괘는 숫자로 10과 5이니,

五行之宗六宗之長中位正易 5행의 우두머리며 6종의 으뜸, 정역에서 중위한다.

干之庚申數之九四南西交位 천간의 경신은 9, 4이니 남서 교위한다.

洛書九宮生成數

天一生壬水地一成子水 천1은 임수를 생하고, 지1은 자수를 성한다.

天三生甲木地三成寅木 천3은 갑목을 생하고, 지3은 인목을 성한다.

天七生丙火地七成午火 천7은 병화를 생하고, 지7은 오화를 성한다.

天五生戊土地五成辰土 천5는 무토를 생하고, 지5는 진토를 성하니,

戊五空 술5는 공이다.

天九生庚金地九成申金 천9는 경금을 생하고, 지9는 신금을 성한다.

三五錯綜三元數

甲己夜半生甲子丙寅頭 갑기야반에 갑자가 생하니 병인으로 머리한다.

乙庚夜半生丙子戊寅頭 을경야반에 병자가 생하니 무인으로 머리한다.

丙辛夜半生戊子庚寅頭 병신야반에 무자가 생하니 경인으로 머리한다.

丁壬夜半生庚子壬寅頭 정임야반에 경자가 생하니 임인으로 머리한다.

戊癸夜半生壬子甲寅頭 무계야반에 임자가 생하니 갑인으로 머리한다.

하 도 팔 괘 생 성 수
河圖八卦生成數

지 십 생 기 토 천 십 성 축 토
地十生己土天十成丑土　지10은 기토를 생하고, 천10은 축토를 성한다.

지 사 생 신 금 천 사 성 유 금
地四生辛金天四成酉金　지4는 신금을 생하고, 천4는 유금을 성한다.

지 륙 생 계 수 천 륙 성 해 수
地六生癸水天六成亥水　지6은 계수를 생하고, 천6은 해수를 성한다.

지 팔 생 을 목 천 팔 성 미 목
地八生乙木天八成未木　지8은 을목을 생하고, 천8은 미목을 성하고,

묘 팔 공
卯八空　묘8은 공이다.

지 이 생 정 화 천 이 성 사 화
地二生丁火天二成巳火　지2는 정화를 생하고, 천2는 사화를 성한다.

구 이 착 종 오 원 수
九二錯綜五元數

기 갑 야 반 생 계 해 정 묘 두
己甲夜半生癸亥丁卯頭　기갑야반에 계해가 생하니 정묘로 머리한다.

경 을 야 반 생 을 해 기 묘 두
庚乙夜半生乙亥己卯頭　경을야반에 을해가 생하니 기묘로 머리한다.

신 병 야 반 생 정 해 신 묘 두
辛丙夜半生丁亥辛卯頭　신병야반에 정해가 생하니 신묘로 머리한다.

임 정 야 반 생 기 해 계 묘 두
壬丁夜半生己亥癸卯頭　임정야반에 기해가 생하니 계묘로 머리한다.

계 무 야 반 생 신 해 을 묘 두
癸戊夜半生辛亥乙卯頭　계무야반에 신해가 생하니 을묘로 머리한다.

십 일 귀 체 시
十一歸體詩

화 입 금 향 금 입 화
火入金鄕金入火　화가 금의 마을로 들어가니, 금이 화로 들어가고

금 입 화 향 화 입 금
金入火鄕火入金　금이 화의 마을로 들어가니, 화가 금으로 들어간다.

화 금 금 화 원 천 도
火金金火原天道　화금금화하는 것은 본래 하늘의 도이니

誰遺龍華歲月今 지금 이 용화의 세월을 누가 남겼는가?

政令己庚壬甲丙 정령은 기, 경, 임, 갑, 병

呂律戊丁乙癸辛 율려는 무, 정, 을, 계, 신

地十爲天天五地 지10이 하늘이니, 천5는 땅이다.

卯兮歸丑戌依申 묘에 축이 돌아가니, 술에 의지하는 것은 신이다.

十十九之中 10은 19의 중이고

九十七之中 9는 17의 중이고

八十五之中 8은 15의 중이고

七十三之中 7은 13의 중이고

六十一之中 6은 11의 중이요

五一九之中 5는 단9의 중이고

四一七之中 4는 단7의 중이고

三一五之中 3은 단5의 중이고

二一三之中 2는 단3의 중이고

一一一之中 1은 단1의 중이다.

中十十一一之空 중궁은 십십일일의 공이니

堯舜之厥中之中 요순의 궐중의 중이고,

孔子之時中之中 공자의 시중의 중이고,

一夫所謂包五含六 일부가 일컫는 바, 5를 덮고 6을 머금으며,

十退一進之位 10이 물러나고 1이 나아가는 자리이다.

小子明聽吾一言小子 부디 나의 한마디 말을 밝게 새겨들어라, 소자여!

雷風正位用政數
뇌 풍 정 위 용 정 수

己位四金一水八木七火之中无極 己 자리는 4금 1수, 8목 7화의 중이니, 무극이다.
기 위 사 금 일 수 팔 목 칠 화 지 중 무 극

无極而太極十一 무극이면서 태극이니 10, 그리고 1이다.
무 극 이 태 극 십 일

十一地德而天道 10과 1은 지덕이면서 천도
십 일 지 덕 이 천 도

天道圓庚壬甲丙 천도라서 둥근 원이니 경, 임, 갑, 병
천 도 원 경 임 갑 병

地德方二四六八 지덕이라 각진 방이니 2, 4, 6, 8
지 덕 방 이 사 육 팔

戊位二火三木六水九金之中皇極 戊 자리는 2화 3목, 6수 9금의 중이니 황극이다.
무 위 이 화 삼 목 육 수 구 금 지 중 황 극

皇極而无極五十 황극이면서 무극이니 5, 그리고 10이다.
황 극 이 무 극 오 십

五十天度而地數 5와 10은 천도이며 지수
오 십 천 도 이 지 수

地數方丁乙癸辛 지수는 각진 방이니 정, 을, 계, 신
지 수 방 정 을 계 신

天度圓九七五三 천도는 둥근 원이니 9, 7, 5, 3
천 도 원 구 칠 오 삼

四正七宿用中數
사 정 칠 수 용 중 수

先天五九逆而用八錯閏中 선천 5, 9는 역행, 8을 쓰니 윤이 중간에 섞이고,
선 천 오 구 역 이 용 팔 착 윤 중

后天十五順而用六合正中 후천 10, 5는 순행, 6을 쓰니 정중에 들어맞는다.
후 천 십 오 순 이 용 육 합 정 중

五九太陰之政一八七 5, 9 태음지정은 1, 8, 7이고,
오 구 태 음 지 정 일 팔 칠

十五太陽之政一七四 10, 5 태양지정은 1, 7, 4이다.
십 오 태 양 지 정 일 칠 사

易三 역은 모두 3가지
역 삼

乾坤卦八 건괘, 곤괘를 비롯해 모두 8개의 괘가 있으니
건 곤 괘 팔

否泰損益咸恒旣濟未濟 천지비, 지천태, 산택손, 풍뢰익, 택산함, 뇌풍항, 수화
비 태 손 익 함 항 기 제 미 제

기제, 화수미제

^{오 호 기 순 기 역}
嗚呼旣順旣逆 아아, 이미 순하고 이미 역하여

^{극 종 극 시 십 역 만 력}
克終克始十易萬曆 능히 마치고 능히 시작되니 십역이 만세력이다.

^{십 일 음}
十一吟

^{십 일 귀 체 혜 오 팔 존 공}
十一歸體兮五八尊空 십일귀체이고 5와 8이 존공이네.

^{오 팔 존 공 혜 구 이 착 종}
五八尊空兮九二錯綜 5와 8이 존공이고 9와 2가 착종하네.

^{구 이 착 종 혜 화 명 금 청}
九二錯綜兮火明金淸 9와 2가 착종하고 화가 밝고 금이 맑네.

^{화 명 금 청 혜 천 지 청 명}
火明金淸兮天地淸明 화가 밝고 금이 맑고 하늘과 땅도 맑고 밝네.

^{천 지 청 명 혜 일 월 광 화}
天地淸明兮日月光華 하늘과 땅이 맑고 밝고 해와 달도 아름답게 빛나네.

^{일 월 광 화 혜 유 리 세 계}
日月光華兮琉璃世界 해와 달이 아름답게 빛나니 유리세계 되는구나.

^{세 계 세 계 혜 상 제 조 림}
世界世界兮上帝照臨 세계세계여 상제께서 비추어 내려다보시네.

^{상 제 조 림 혜 우 우 이 이}
上帝照臨兮于于而而 상제께서 내려다보시니 우우이이

^{우 우 이 이 혜 정 정 방 방}
于于而而兮正正方方 우우이이이니 정정하고 방방하네.

^{정 정 방 방 혜 호 호 무 량}
正正方方兮好好无量 정정하고 방방하니 좋고 좋음이 헤아릴 수 없네.

^{을 유 세 계 미 월 을 미 일 이 십 팔 불 초 자 김 항 근 봉 서}
乙酉歲癸未月乙未日二十八不肖子金恒謹奉書 1885년8월8일(음력6월28일)

불초자 김항 삼가 받들어 씁니다.

^{십 이 월 이 십 사 절 기 후 도 수}
十二月二十四節氣候度數

^{묘 월 초 삼 일 을 유 유 정 일 각 십 일 분 원 화}
卯月初三日乙酉酉正一刻十一分元和 묘월 초3일 을유 유정 1각11분 원화

^{십 팔 일 경 자 자 정 일 각 십 일 분 중 화}
十八日庚子子正一刻十一分中化 묘월 18일 을유 자정 1각11분 중화

^{진 월 초 삼 일 을 묘 묘 정 일 각 십 일 분 대 화}
辰月初三日乙卯卯正一刻十一分大和 진월 초3일 을묘 묘정 1각11분 대화

^{십 팔 일 경 오 오 정 일 각 십 일 분 포 화}
十八日庚午午正一刻十一分布化 진월 18일 경오 오정 1각11분 포화

^{사 월 초 삼 일 을 유 유 정 일 각 십 일 분 뇌 화}
巳月初三日乙酉酉正一刻十一分雷和 사월 초3일 을유 유정 1각11분 뇌화

^{십 팔 일 경 자 자 정 일 각 십 일 분 풍 화}
十八日庚子子正一刻十一分風化 사월 18일 경자 자정 1각11분 풍화

^{오 월 초 삼 일 을 묘 묘 정 일 각 십 일 분 립 화}
午月初三日乙卯卯正一刻十一分立和 오월 초3일 을묘 묘정 1각11분 입화

^{십 팔 일 경 오 오 정 일 각 십 일 분 행 화}
十八日庚午午正一刻十一分行化 오월 18일 경오 자정 1각11분 행화

^{미 월 초 삼 일 을 유 유 정 일 각 십 일 분 건 화}
未月初三日乙酉酉正一刻十一分建和 미월 초3일 을유 유정 1각11분 건화

^{십 팔 일 경 자 자 정 일 각 십 일 분 보 화}
十八日庚子子正一刻十一分普化 미월 18일 경자 자정 1각11분 보화

^{신 월 초 삼 일 을 묘 묘 정 일 각 십 일 분 청 화}
申月初三日乙卯卯正一刻十一分淸和 신월 초3일 을묘 묘정 1각11분 청화

^{십 팔 일 경 오 오 정 일 각 십 일 분 평 화}
十八日庚午午正一刻十一分平化 신월 18일 경오 오정 1각11분 평화

^{유 월 초 삼 일 을 유 유 정 일 각 십 일 분 성 화}
酉月初三日乙酉酉正一刻十一分成和 유월 초3일 을유 유정 1각11분 성화

^{십 팔 일 경 자 자 정 일 각 십 일 분 입 화}
十八日庚子子正一刻十一分入化 유월 18일 경자 자정 1각11분 입화

^{술 월 초 삼 일 을 묘 묘 정 일 각 십 일 분 함 화}
戌月初三日乙卯卯正一刻十一分咸和 술월 초3일 을묘 묘정 1각11분 함화

^{십 팔 일 경 오 오 정 일 각 십 일 분 형 화}
十八日庚午午正一刻十一分亨化 술월 18일 경오 오정 1각11분 형화

^{해 월 초 삼 일 을 유 유 정 일 각 십 일 분 정 화}
亥月初三日乙酉酉正一刻十一分正和 해월 초3일 을유 유정 1각11분 정화

^{십 팔 일 경 자 자 정 일 각 십 일 분 명 화}
十八日庚子子正一刻十一分明化 해월 18일 을유 자정 1각11분 명화

^{자 월 초 삼 일 을 묘 묘 정 일 각 십 일 분 지 화}
子月初三日乙卯卯正一刻十一分至和 자월 초3일 을묘 묘정 1각11분 지화

^{십 팔 일 경 오 오 정 일 각 십 일 분 정 화}
十八日庚午午正一刻十一分貞化 자월 18일 경오 오정 1각11분 정화

^{축 월 초 삼 일 을 유 유 정 일 각 십 일 분 태 화}
丑月初三日乙酉酉正一刻十一分太和 축월 초3일 을유 유정 1각11분 태화

^{십 팔 일 경 자 자 정 일 각 십 일 분 체 화}
十八日庚子子正一刻十一分體化 축월 18일 경자 자정 1각11분 체화

^{인 월 초 삼 일 을 묘 묘 정 일 각 십 일 분 인 화}
寅月初三日乙卯卯正一刻十一分仁和 인월 초3일 을묘 묘정 1각11분 인화

^{십 팔 일 경 오 오 정 일 각 십 일 분 성 화}
十八日庚午午正一刻十一分性化 인월 18일 경오 오정 1각11분 성화

금시명

　1966년 서울 출생으로 금시명은 필명이다. 1985년 고려대학교 입학, 1992년 졸업하였으며, 이후 줄곧 반도체 분야에 종사하고 있다. 하도와 낙서에 숨겨진 원리부터 시작해서 복희팔괘, 문왕팔괘, 정역팔괘의 이치, 천부경에 담겨있는 묘리, 정역에 숨겨져 있던 비밀의 정원을 모두 찾아내는데 12년의 세월을 바쳤고, 그 결과물들이 바로 이 책들이다.

동방의 빛 ❹　정역(正易) 下

초판 인쇄　2015년　04월　20일
초판 발행　2015년　04월　30일

지 은 이 | 금시명
펴 낸 이 | 하운근
펴 낸 곳 | 學古房

주　　소 | 서울시 은평구 대조동 213-5 우편번호 122-843
전　　화 | (02)353-9907　편집부(02)353-9908
팩　　스 | (02)386-8308
홈페이지 | http://hakgobang.co.kr/
전자우편 | hakgobang@naver.com,　hakgobang@chol.com
등록번호 | 제311-1994-000001호

ISBN　　978-89-6071-502-8　94140
　　　　978-89-6071-498-4　(세트)

값 : 18,000원

이 도서의 국립중앙도서관 출판시도서목록(CIP)은 서지정보유통지원시스템 홈페이지 (http://seoji.nl.go.kr)와 국가자료공동목록시스템(http://www.nl.go.kr/kolisnet)에서 이용하실 수 있습니다.(CIP제어번호: CIP2015011610)